Diary

Die SCHLEIM-Tagebücher 6

Story Fuse
Artwork Shiba
Character Design Mitz Vah

AF639275

Story

Dieses Tagebuch gibt euch
einen anderen Einblick in das
Leben von Rimuru Tempest.

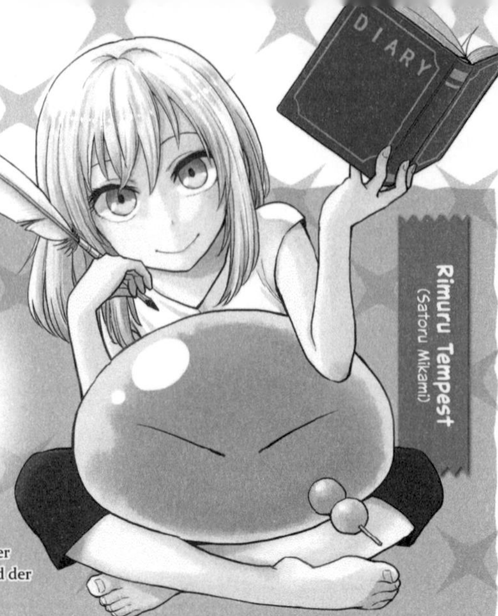

▶ Mensch aus einer anderen Welt, der als Schleim wiedergeboren wurde, und der Hauptcharakter dieser Geschichte.

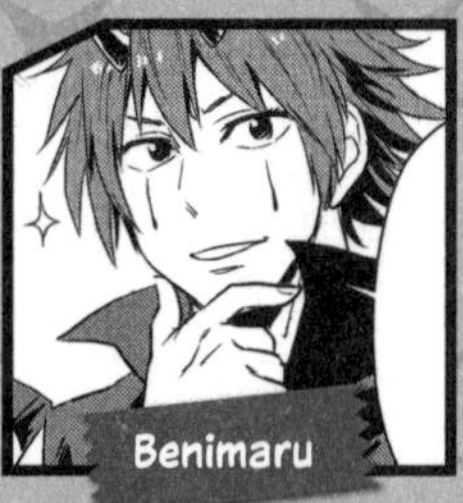

▶ Teufel und Samurai-General.

Auch wenn er nicht kämpft, ist er immer am Arbeiten … Glaube ich …

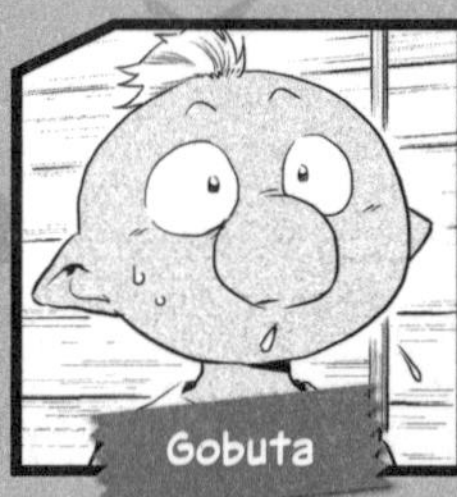

▶ Ein Idiot oder doch ein Genie? Hobgoblin.

Irgendwie scheint er echt Potenzial zu haben … Ich häng gern mit ihm rum!

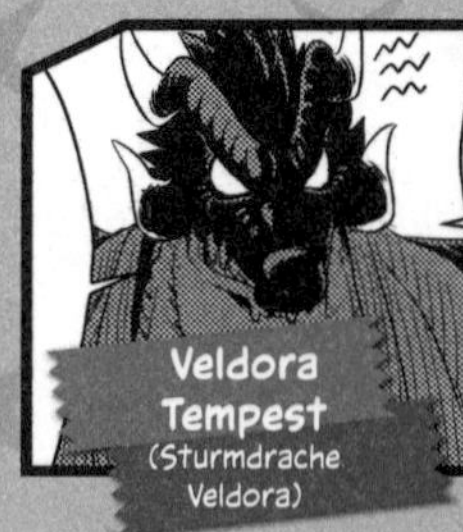

▶ Rimurus Namensgeber und bester Freund.

Er gibt gerade sein Bestes, um aus dem »Ewigen Kerker« auszubrechen.

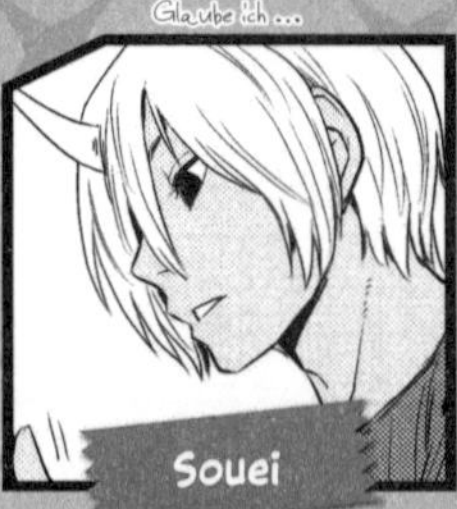

▶ Teufel-Spion.

Er ist ein richtiges Sahneschnittchen und versteht was von seiner Arbeit. Wirkt bisweilen unantastbar.

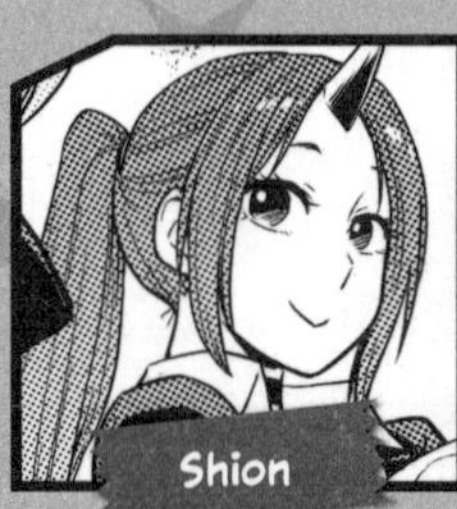

▶ Teufelin, Kriegerin und Rimurus Leibwächterin.

Sie ist meine tollpatschige Sekretärin. Egal was ich ihr auftrage, sie vermasselt es … So rette mich doch jemand!

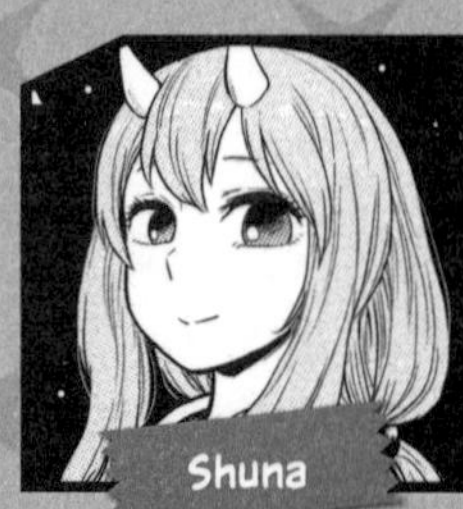

▶ Teufel-Schamanin.

Sie macht immer einen großartigen Job, wirkt aber bisweilen wie eine strenge Mutter.

Character

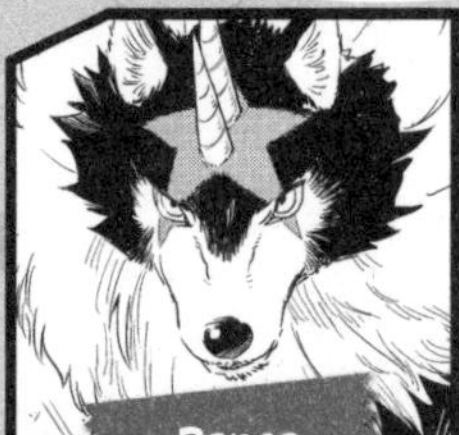

Ranga

▶ Wolf, der in Rimurus Schatten weilt.
Er ist immer bei mir, ein süßes Haustier, aber auch ein guter Partner.

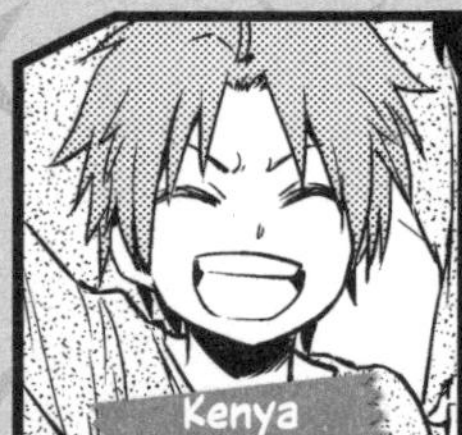

Kenya Misaki

Eines der Kinder, um die sich Shizu gekümmert hat. Ein junger Schwertkämpfer, der ein Held werden will.

Yuki Kagurazaka

Großmeister der Gilde und ein Beschwörener. Er ist gutmütig, aber auch zu eigensinnig …

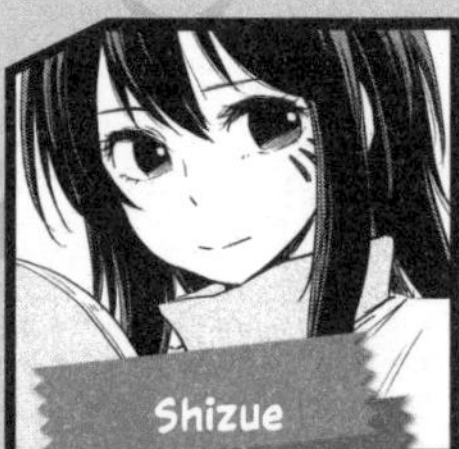

Shizue Izawa

▶ Japanerin, die während des Zweiten Weltkriegs in die andere Welt beschworen wurde.
Sie war meine schicksalhafte Person …

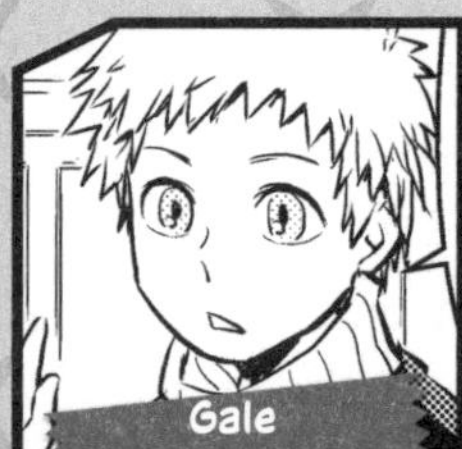

Gale Gibson

Eines der Kinder, um die sich Shizu gekümmert hat. Er ist wie ein großer Bruder für die anderen Kids.

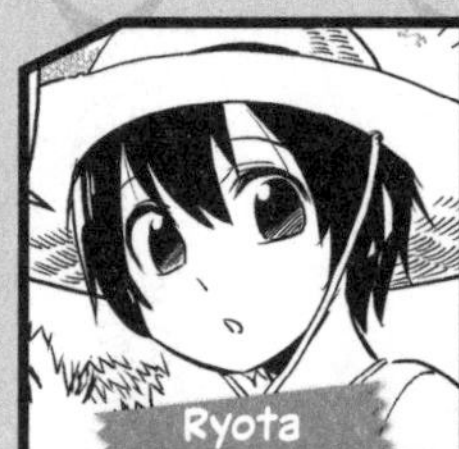

Ryota Sekiguchi

Eines der Kinder, um die sich Shizu gekümmert hat. Er ist ruhig, besitzt aber einen Blick für das Besondere.

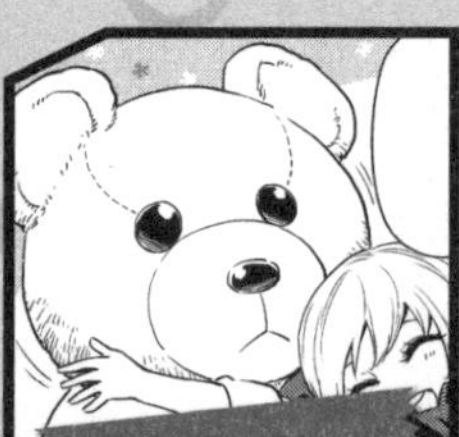

Roosevelt

Alices Golem und ein Kuscheltier … Oder so?

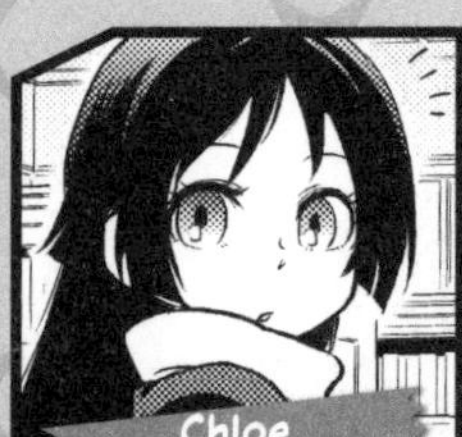

Chloe Aubert

Eines der Kinder, um die sich Shizu gekümmert hat. Sie mag Bilderbücher und sie steckt voller Überraschungen.

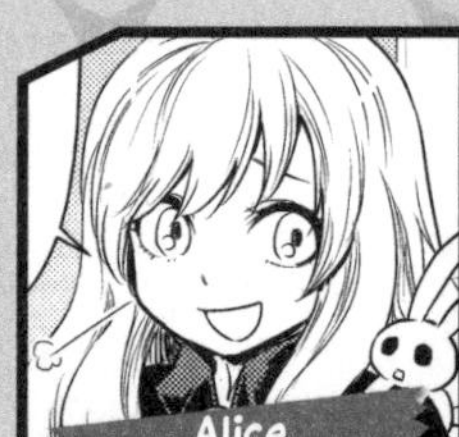

Alice Rondo

Eines der Kinder, um die sich Shizu gekümmert hat. Sie gibt sich altklug und ist eine kleine Diva.

Die Schleim-Tagebücher 6
Inhalt

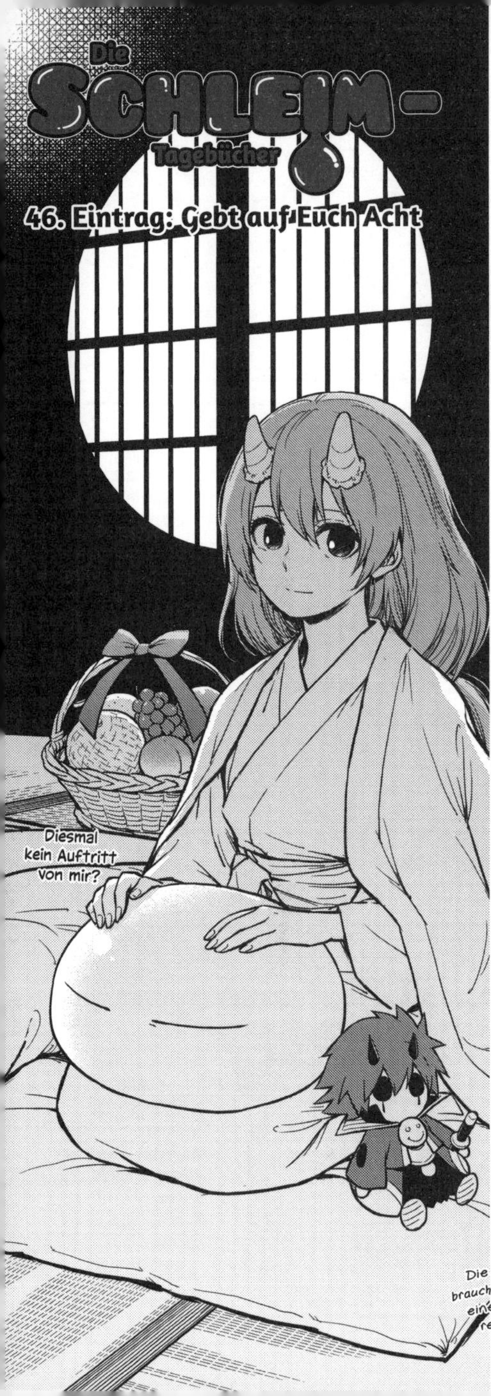
Die SCHLEIM-Tagebücher
46. Eintrag: Gebt auf Euch Acht
Diesmal kein Auftritt von mir?

So bricht man jemandes Willen

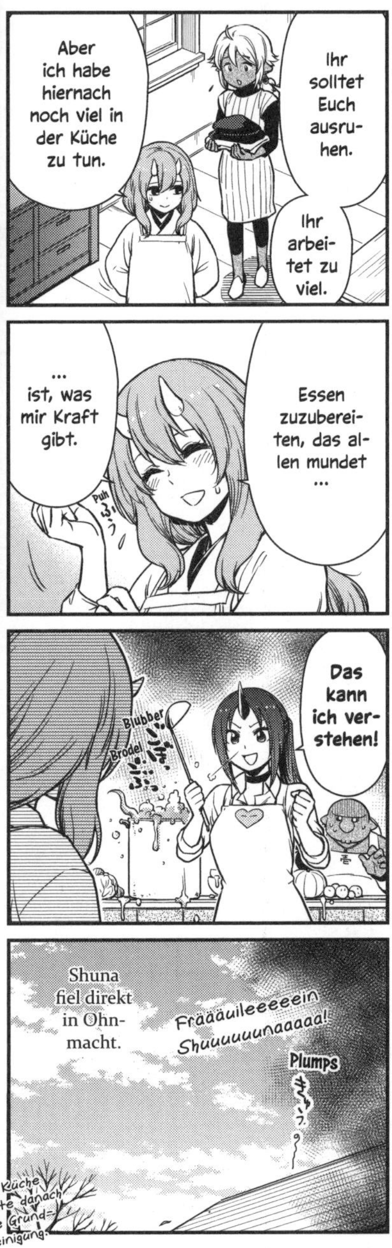
Ihr solltet Euch ausruhen.
Ihr arbeitet zu viel.
Aber ich habe hiernach noch viel in der Küche zu tun.
Essen zuzubereiten, das allen mundet ...
Puh
... ist, was mir Kraft gibt.
Das kann ich verstehen!
Blubber
Brodel
Shuna fiel direkt in Ohnmacht.
Fräääuileeeeein Shuuuuuunaaaaa!
Plumps
Die Küche brauchte danach eine Grundreinigung.

Hausbesuch von Dr. Bester

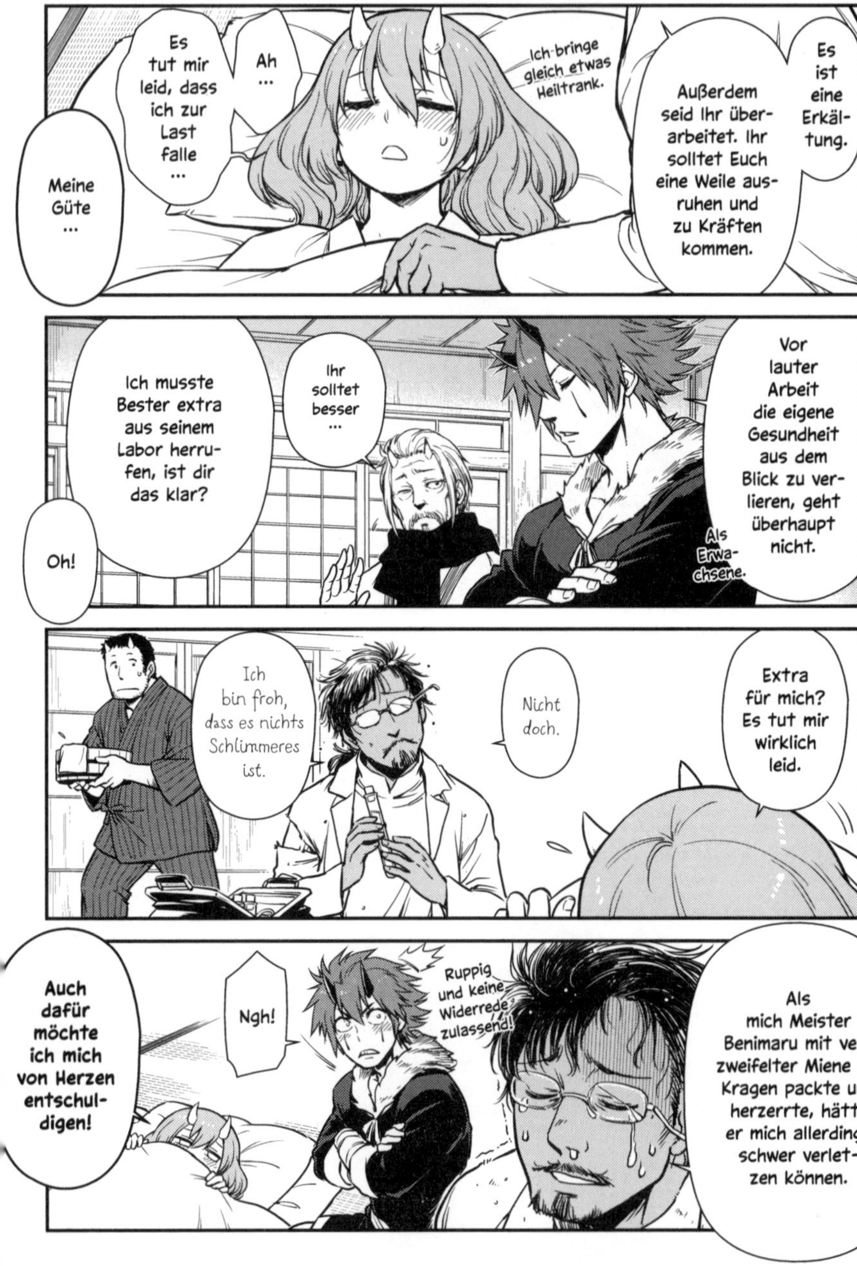
Es ist eine Erkältung.
Außerdem seid Ihr überarbeitet. Ihr solltet Euch eine Weile ausruhen und zu Kräften kommen.
Ich bringe gleich etwas Heiltrank.
Ah …
Es tut mir leid, dass ich zur Last falle …
Meine Güte …
Vor lauter Arbeit die eigene Gesundheit aus dem Blick zu verlieren, geht überhaupt nicht.
Als Erwachsene.
Ihr solltet besser …
Ich musste Bester extra aus seinem Labor herrufen, ist dir das klar?
Oh!
Extra für mich? Es tut mir wirklich leid.
Nicht doch.
Ich bin froh, dass es nichts Schlimmeres ist.
Als mich Meister Benimaru mit verzweifelter Miene am Kragen packte und herzerrte, hätte er mich allerdings schwer verletzen können.
Ruppig und keine Widerrede zulassend!
Ngh!
Auch dafür möchte ich mich von Herzen entschuldigen!

Ich suche eine Blume

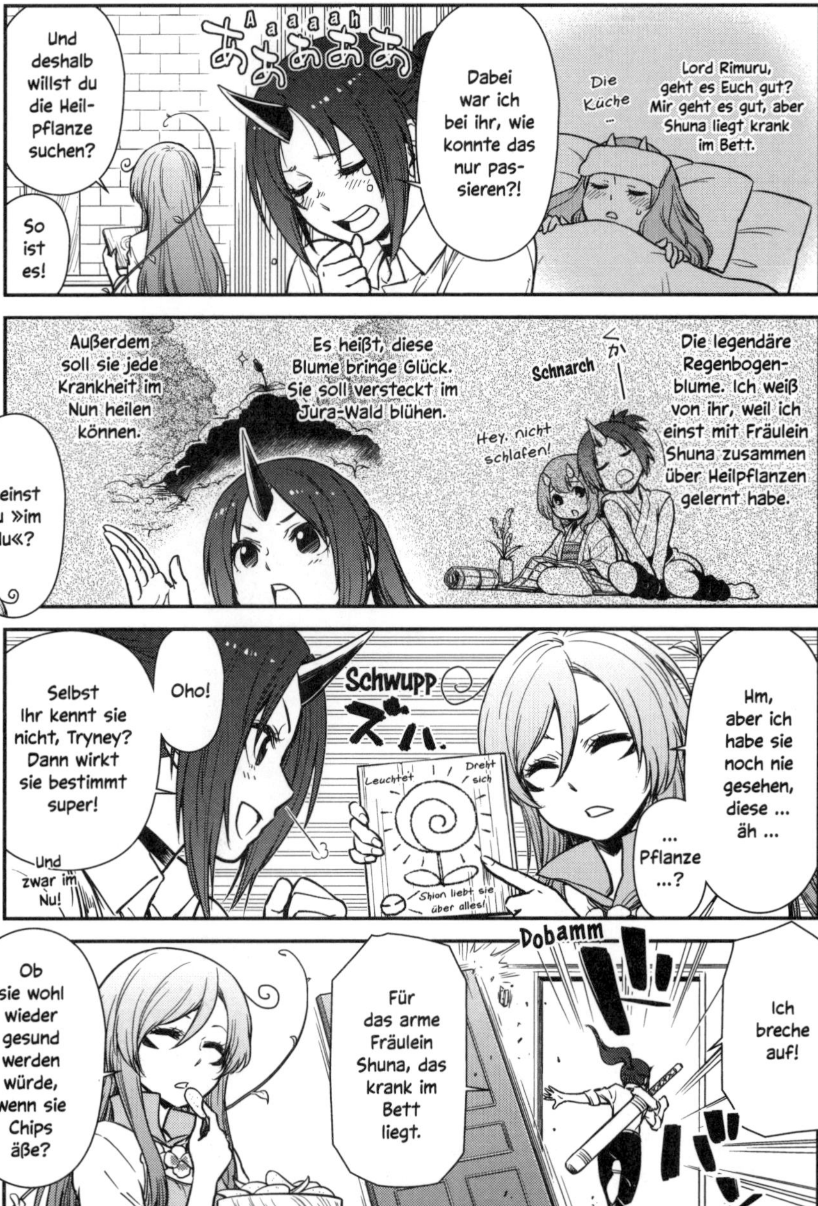
Lord Rimuru, geht es Euch gut? Mir geht es gut, aber Shuna liegt krank im Bett.
Die Küche ...
Dabei war ich bei ihr, wie konnte das nur passieren?!
Aaaaah
Und deshalb willst du die Heilpflanze suchen?
So ist es!
Die legendäre Regenbogenblume. Ich weiß von ihr, weil ich einst mit Fräulein Shuna zusammen über Heilpflanzen gelernt habe.
Schnarch
Hey, nicht schlafen!
Es heißt, diese Blume bringe Glück. Sie soll versteckt im Jura-Wald blühen.
Außerdem soll sie jede Krankheit im Nun heilen können.
Meinst du »im Nu«?
Hm, aber ich habe sie noch nie gesehen, diese ... äh ...
... Pflanze ...?
Schwupp
Leuchtet
Dreht sich
Shion liebt sie über alles!
Oho!
Selbst Ihr kennt sie nicht, Tryney? Dann wirkt sie bestimmt super!
Und zwar im Nu!
Ich breche auf!
Dobamm
Für das arme Fräulein Shuna, das krank im Bett liegt.
Ob sie wohl wieder gesund werden würde, wenn sie Chips äße?

Geständnis

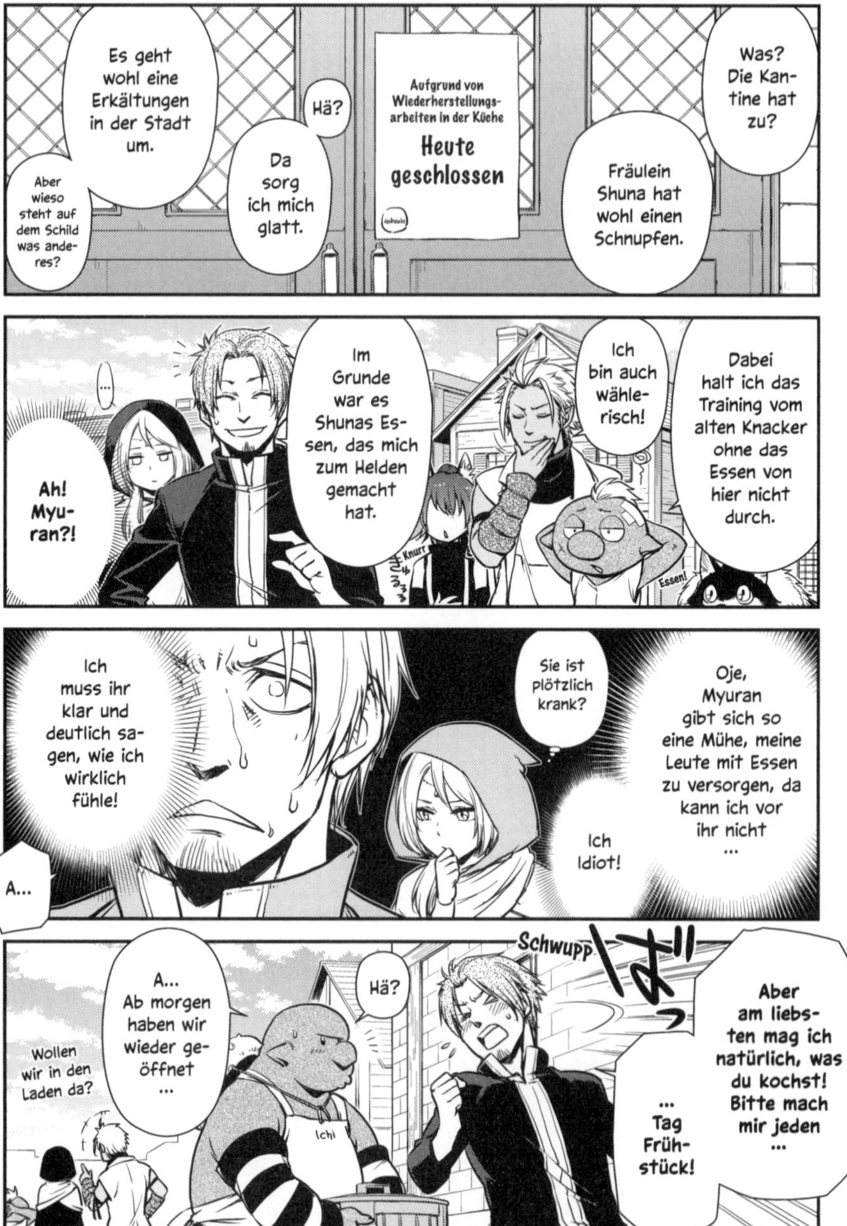

Was? Die Kantine hat zu?
Fräulein Shuna hat wohl einen Schnupfen.
Aufgrund von Wiederherstellungsarbeiten in der Küche
Heute geschlossen
Hä?
Da sorg ich mich glatt.
Es geht wohl eine Erkältungen in der Stadt um.
Aber wieso steht auf dem Schild was anderes?
Dabei halt ich das Training vom alten Knacker ohne das Essen von hier nicht durch.
Ich bin auch wählerisch!
Im Grunde war es Shunas Essen, das mich zum Helden gemacht hat.
Knurr
Essen!
...
Ah! Myuran?!
Oje, Myuran gibt sich so eine Mühe, meine Leute mit Essen zu versorgen, da kann ich vor ihr nicht ...
Ich Idiot!
Sie ist plötzlich krank?
Ich muss ihr klar und deutlich sagen, wie ich wirklich fühle!
A...
Schwupp
Aber am liebsten mag ich natürlich, was du kochst! Bitte mach mir jeden ...
... Tag Frühstück!
Hä?
A... Ab morgen haben wir wieder geöffnet ...
Ichi
Wollen wir in den Laden da?

Chaos am Arbeitsplatz

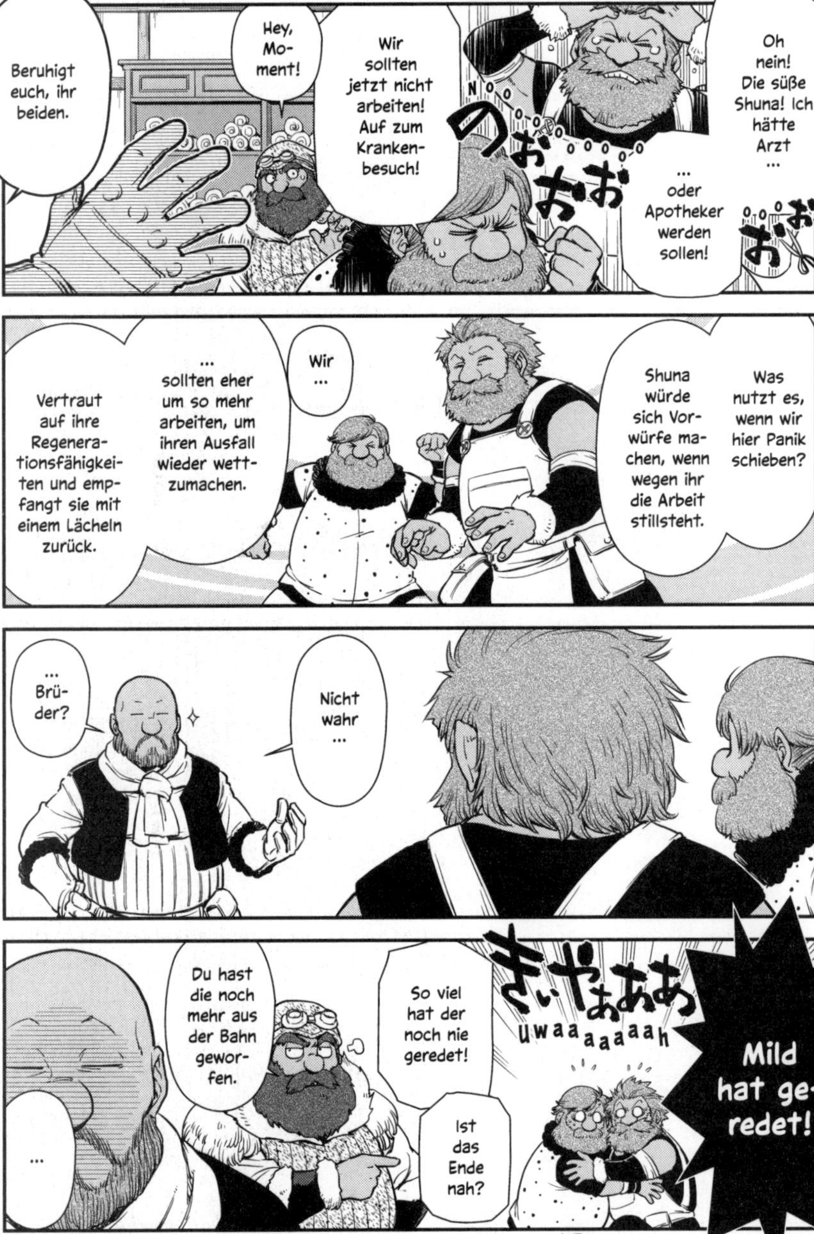

Oh nein! Die süße Shuna! Ich hätte Arzt ...
... oder Apotheker werden sollen!
Noooooooo
Wir sollten jetzt nicht arbeiten! Auf zum Krankenbesuch!
Hey, Moment!
Beruhigt euch, ihr beiden.
Was nutzt es, wenn wir hier Panik schieben?
Shuna würde sich Vorwürfe machen, wenn wegen ihr die Arbeit stillsteht.
Wir ...
... sollten eher um so mehr arbeiten, um ihren Ausfall wieder wettzumachen.
Vertraut auf ihre Regenerationsfähigkeiten und empfangt sie mit einem Lächeln zurück.
Nicht wahr ...
... Brüder?
Mild hat geredet!
きいやあああ
Uwaaaaaaah
So viel hat der noch nie geredet!
Ist das Ende nah?
Du hast die noch mehr aus der Bahn geworfen.
...

Die Patientin schläft

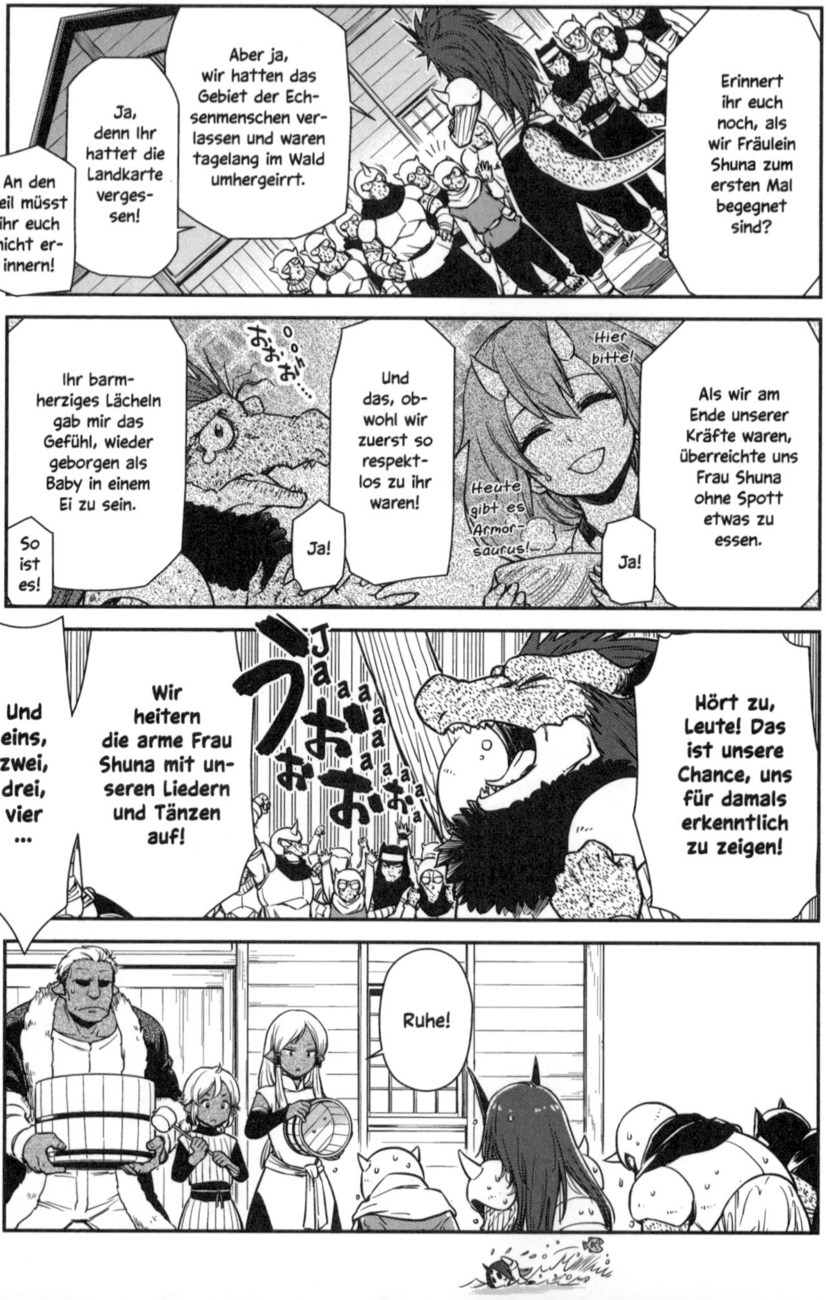
Erinnert ihr euch noch, als wir Fräulein Shuna zum ersten Mal begegnet sind?
Aber ja, wir hatten das Gebiet der Echsenmenschen verlassen und waren tagelang im Wald umhergeirrt.
Ja, denn Ihr hattet die Landkarte vergessen!
An den Teil müsst ihr euch nicht erinnern!
Als wir am Ende unserer Kräfte waren, überreichte uns Frau Shuna ohne Spott etwas zu essen.
Hier bitte!
Heute gibt es Armorsaurus!
Ja!
Und das, obwohl wir zuerst so respektlos zu ihr waren!
Ja!
Ihr barmherziges Lächeln gab mir das Gefühl, wieder geborgen als Baby in einem Ei zu sein.
Ooohh...
So ist es!
Hört zu, Leute! Das ist unsere Chance, uns für damals erkenntlich zu zeigen!
Jaaaaaaaaaa
Wir heitern die arme Frau Shuna mit unseren Liedern und Tänzen auf!
Und eins, zwei, drei, vier ...
Ruhe!

Warme Kleidung

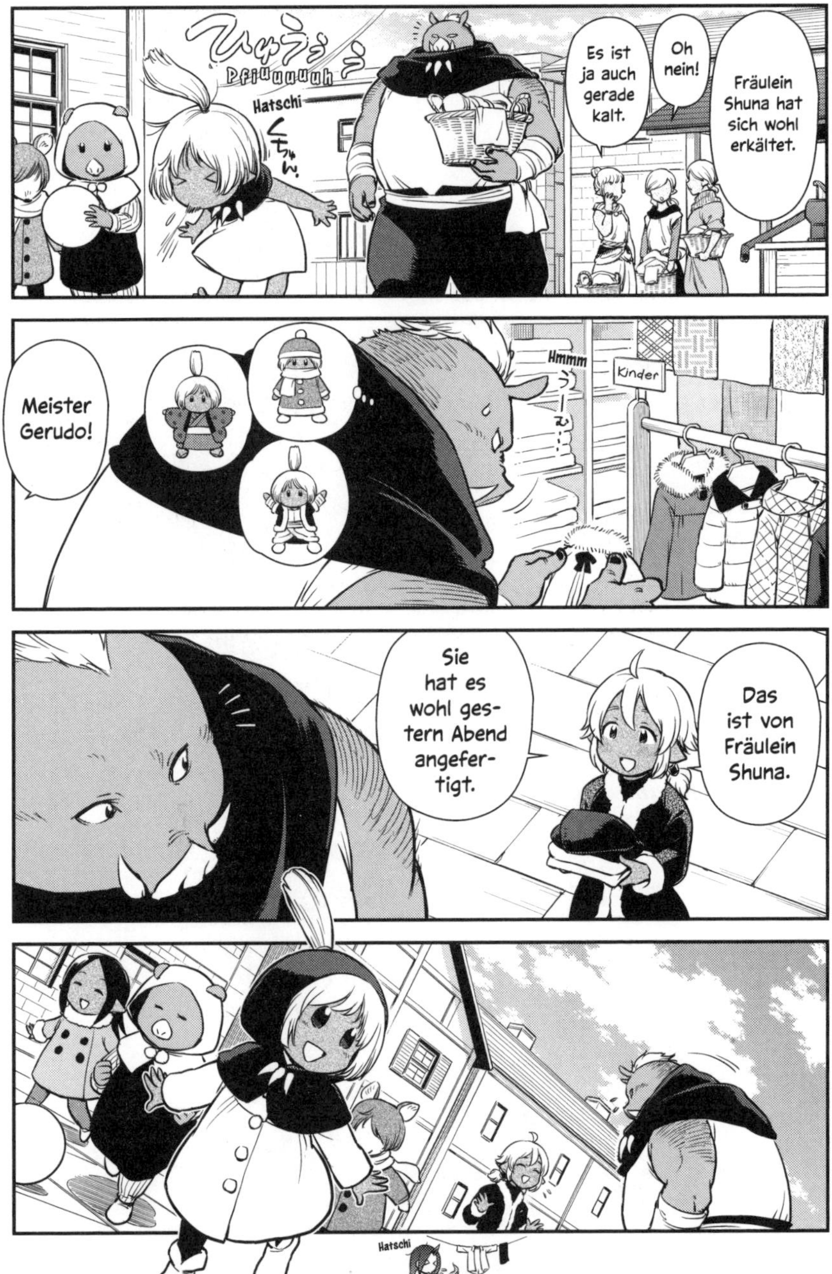
Fräulein Shuna hat sich wohl erkältet.
Oh nein!
Es ist ja auch gerade kalt.
Pfiuuuuuh
Hatschi
Meister Gerudo!
Hmmm
Kinder
Das ist von Fräulein Shuna.
Sie hat es wohl gestern Abend angefertigt.
Hatschi

So einfach ist das nicht

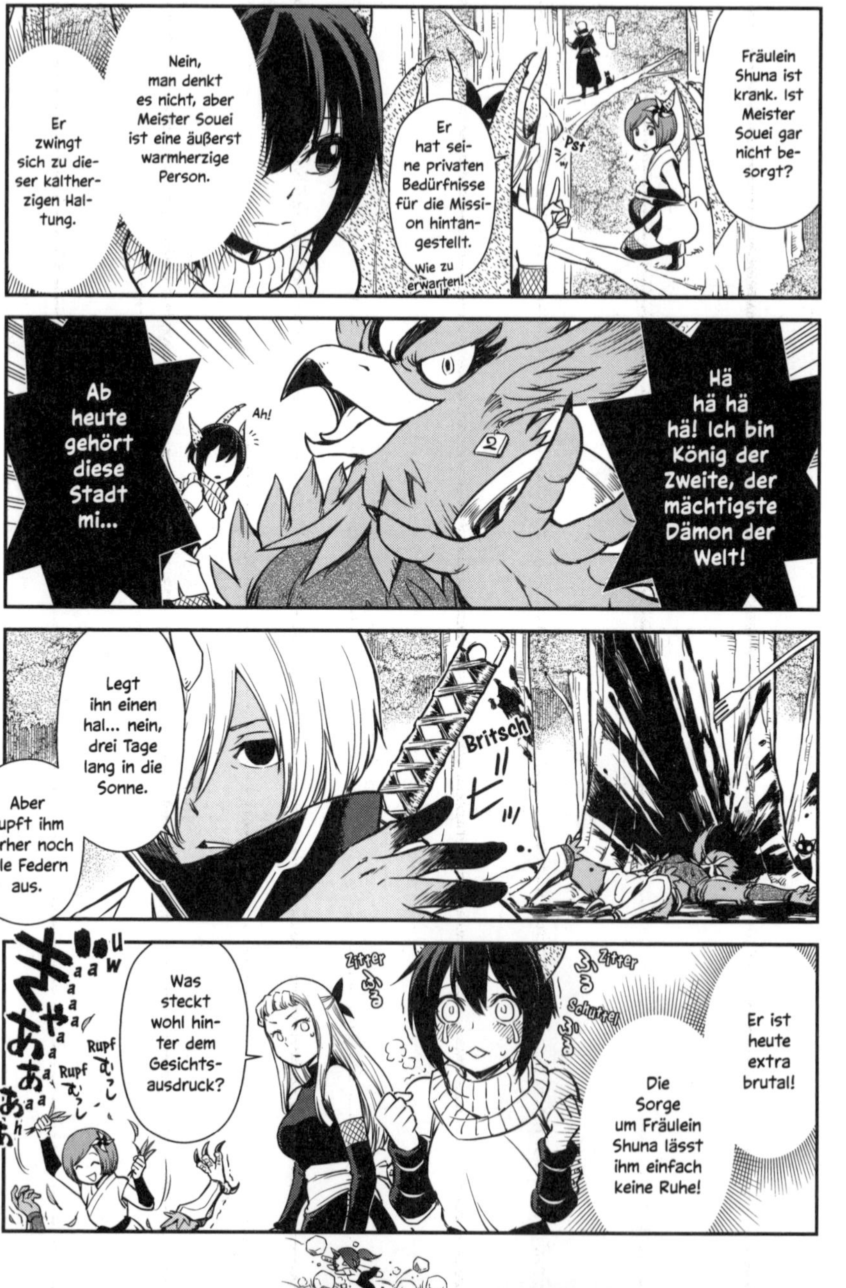
Fräulein Shuna ist krank. Ist Meister Souei gar nicht besorgt?
…
Pst
Er hat seine privaten Bedürfnisse für die Mission hintangestellt.
Wie zu erwarten!
Nein, man denkt es nicht, aber Meister Souei ist eine äußerst warmherzige Person.
Er zwingt sich zu dieser kaltherzigen Haltung.
Hä hä hä hä! Ich bin König der Zweite, der mächtigste Dämon der Welt!
Ah!
Ab heute gehört diese Stadt mi…
Britsch
Legt ihn einen hal… nein, drei Tage lang in die Sonne.
Aber rupft ihm vorher noch alle Federn aus.
Er ist heute extra brutal!
Die Sorge um Fräulein Shuna lässt ihm einfach keine Ruhe!
Zitter
Schüttel
Zitter
Was steckt wohl hinter dem Gesichtsausdruck?
Rupf
Rupf

Der Myuran-Bericht

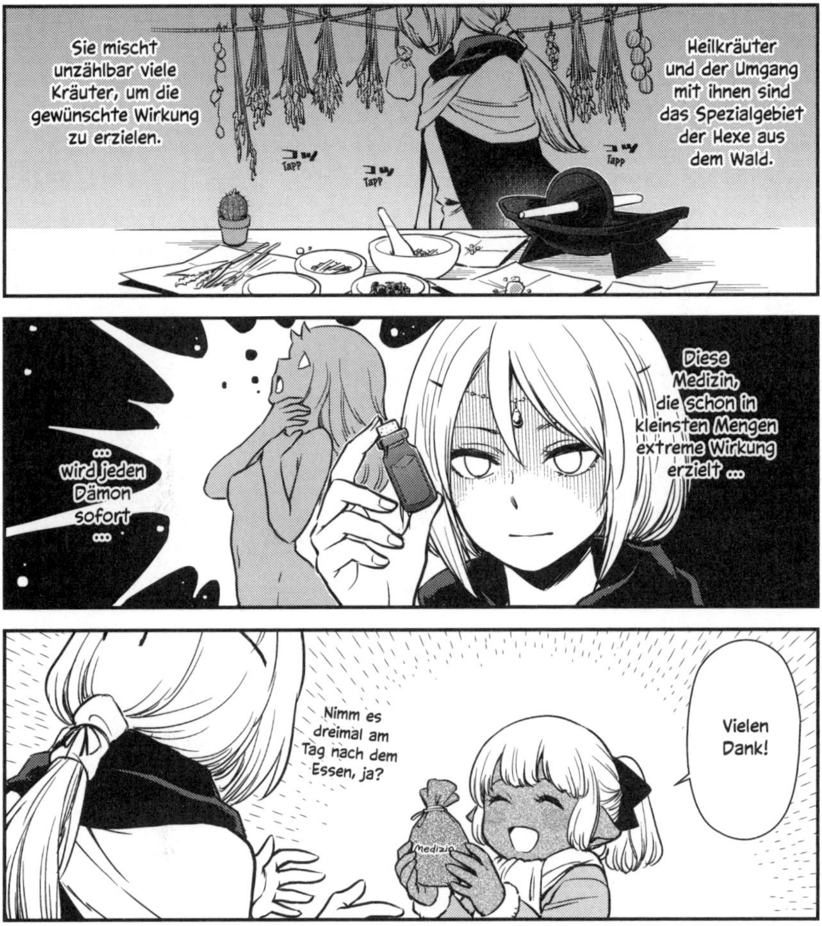
Heilkräuter und der Umgang mit ihnen sind das Spezialgebiet der Hexe aus dem Wald.
Tapp
Tapp
Tapp
Sie mischt unzählbar viele Kräuter, um die gewünschte Wirkung zu erzielen.
Diese Medizin, die schon in kleinsten Mengen extreme Wirkung erzielt …
… wird jeden Dämon sofort …
Vielen Dank!
Nimm es dreimal am Tag nach dem Essen, ja?
Medizin
Diese Erkältungsmedizin hat Tempest den Winter überstehen lassen.
Schnief
Bringt Fräulein Shuna auch etwas davon.
Erkältungsmedizin im Angebot
Ich mache das alles, um meine Mission zu erfüllen!
So gewinne ich ihr Vertrauen!
Badumm
Badumm
Aber was ist das für ein Gefühl?

Die Geschwister unter sich

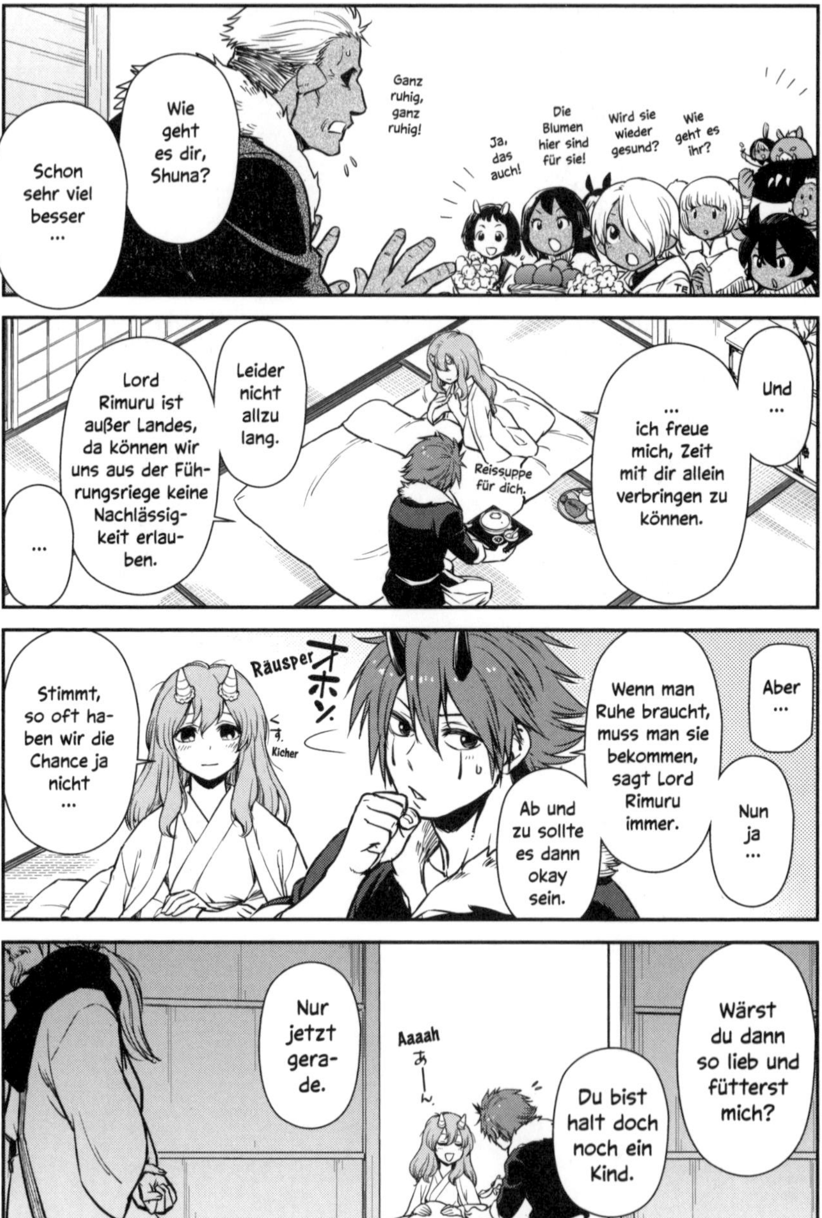
Wie geht es dir, Shuna?
Schon sehr viel besser …
Ganz ruhig, ganz ruhig!
Ja, das auch!
Die Blumen hier sind für sie!
Wird sie wieder gesund?
Wie geht es ihr?
Leider nicht allzu lang.
Lord Rimuru ist außer Landes, da können wir uns aus der Führungsriege keine Nachlässigkeit erlauben.
…
Reissuppe für dich.
Und …
… ich freue mich, Zeit mit dir allein verbringen zu können.
Räusper
Stimmt, so oft haben wir die Chance ja nicht …
Kicher
Aber …
Wenn man Ruhe braucht, muss man sie bekommen, sagt Lord Rimuru immer.
Nun ja …
Ab und zu sollte es dann okay sein.
Wärst du dann so lieb und fütterst mich?
Du bist halt doch noch ein Kind.
Aaaah
Nur jetzt gerade.

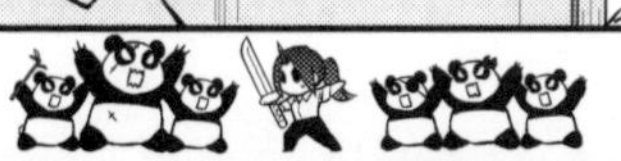

Das Prinzip eines Wunders

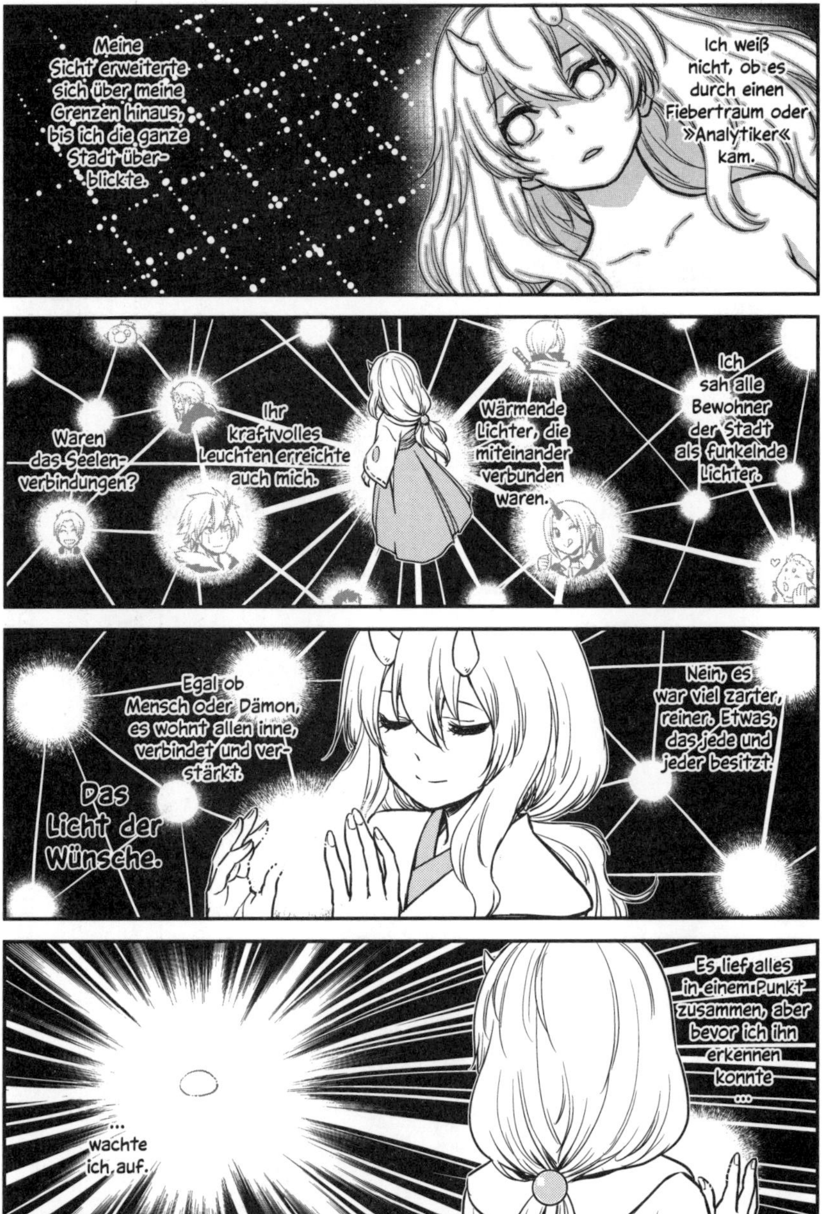
Ich weiß nicht, ob es durch einen Fiebertraum oder »Analytiker« kam.
Meine Sicht erweiterte sich über meine Grenzen hinaus, bis ich die ganze Stadt überblickte.
Ich sah alle Bewohner der Stadt als funkelnde Lichter.
Wärmende Lichter, die miteinander verbunden waren.
Ihr kraftvolles Leuchten erreichte auch mich.
Waren das Seelenverbindungen?
Nein, es war viel zarter, reiner. Etwas, das jede und jeder besitzt.
Egal ob Mensch oder Dämon, es wohnt allen inne, verbindet und verstärkt.
Das Licht der Wünsche.
Es lief alles in einem Punkt zusammen, aber bevor ich ihn erkennen konnte …
… wachte ich auf.

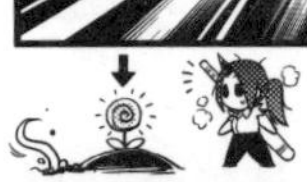

Ein gesundes Herz

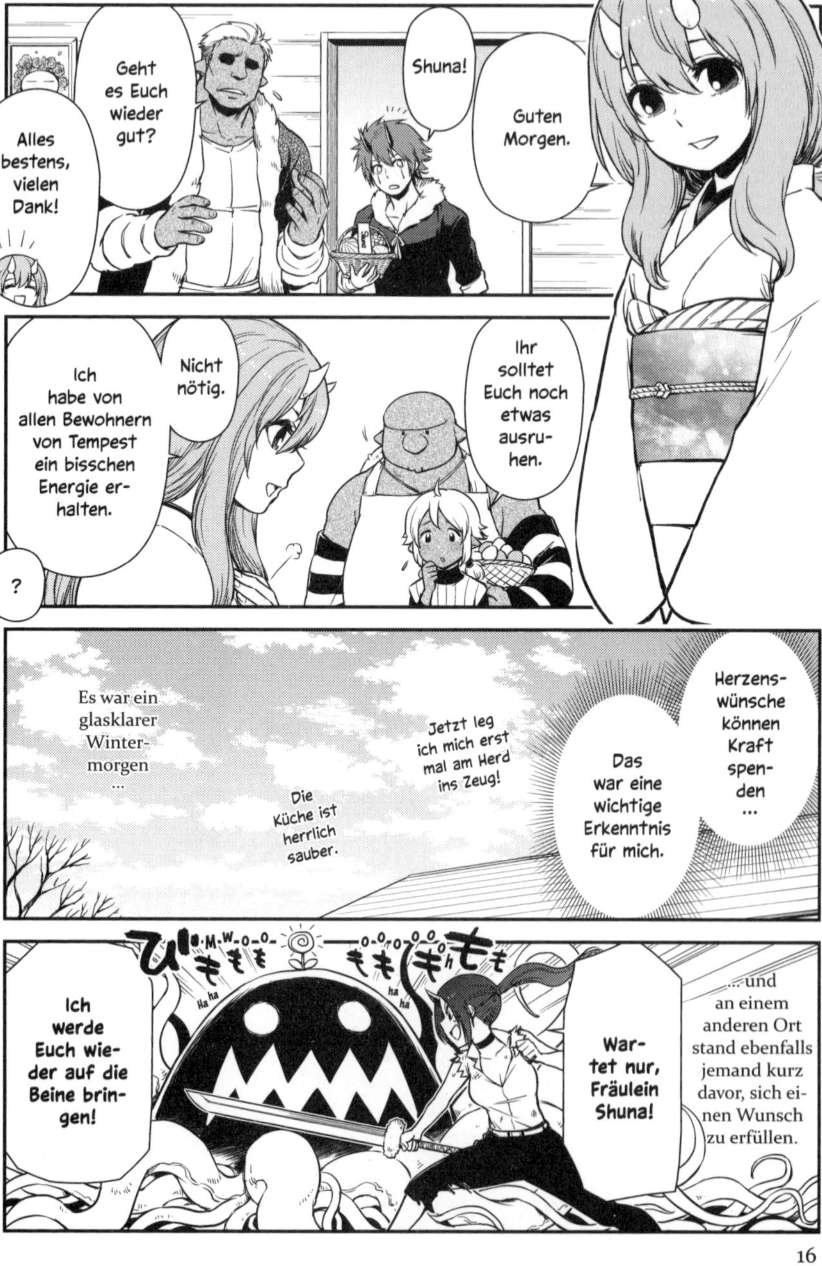
Guten Morgen.
Shuna!
Geht es Euch wieder gut?
Alles bestens, vielen Dank!
Ihr solltet Euch noch etwas ausruhen.
Nicht nötig.
Ich habe von allen Bewohnern von Tempest ein bisschen Energie erhalten.
?
Herzenswünsche können Kraft spenden …
Das war eine wichtige Erkenntnis für mich.
Jetzt leg ich mich erst mal am Herd ins Zeug!
Die Küche ist herrlich sauber.
Es war ein glasklarer Wintermorgen …
… und an einem anderen Ort stand ebenfalls jemand kurz davor, sich einen Wunsch zu erfüllen.
Wartet nur, Fräulein Shuna!
Ich werde Euch wieder auf die Beine bringen!
Haha
haha

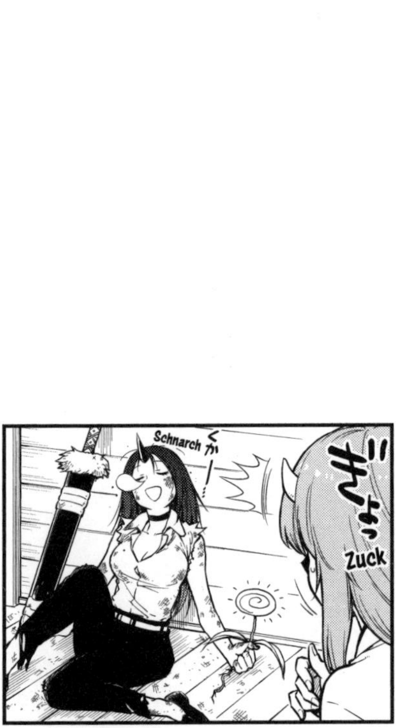
ぎょっ
Zuck
くかー…
Schnarch

Die SCHLEIM-Tagebücher

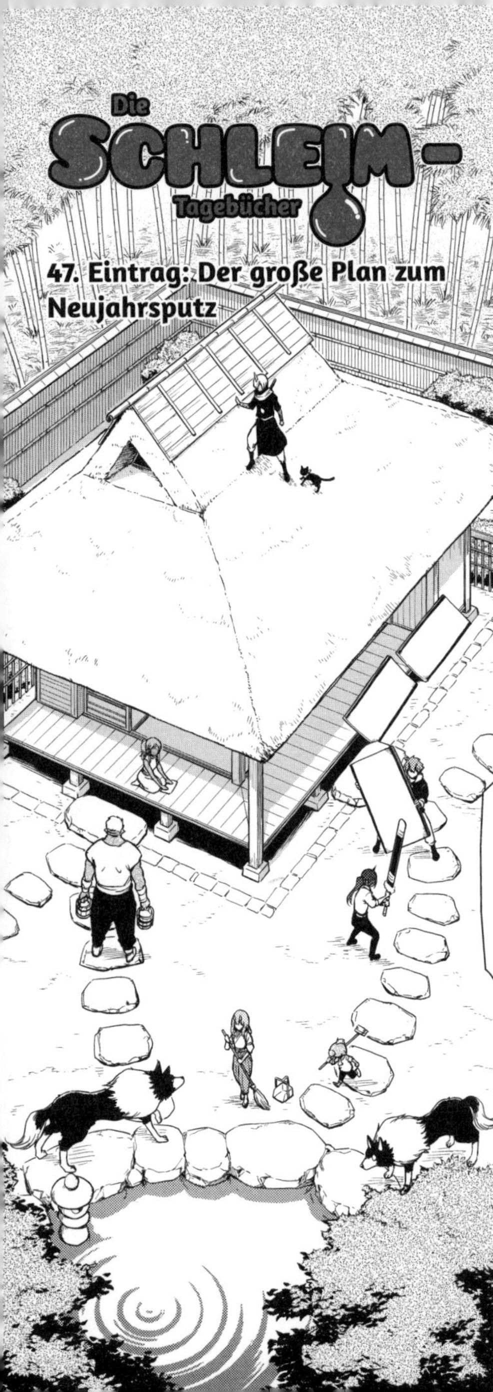
Die SCHLEIM-Tagebücher
47. Eintrag: Der große Plan zum Neujahrsputz

Die Zügel in der Hand

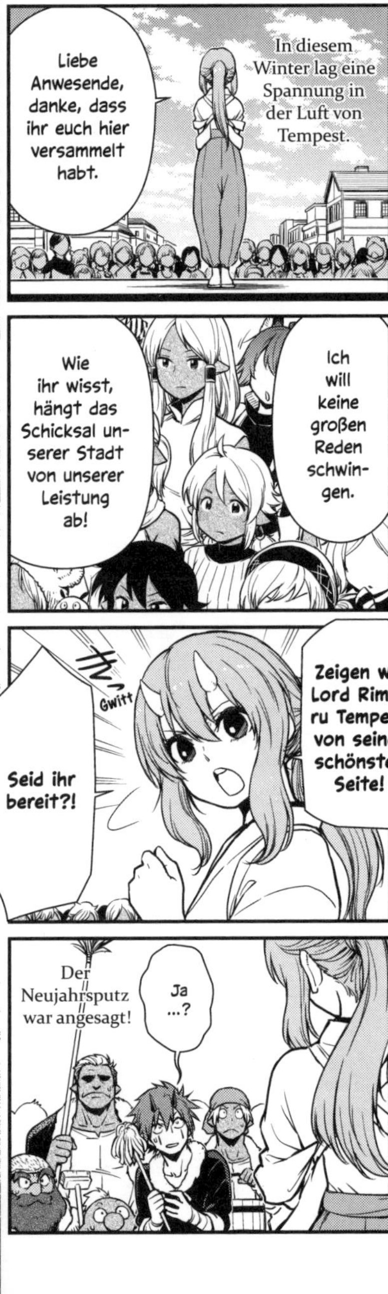
In diesem Winter lag eine Spannung in der Luft von Tempest.
Liebe Anwesende, danke, dass ihr euch hier versammelt habt.
Ich will keine großen Reden schwingen.
Wie ihr wisst, hängt das Schicksal unserer Stadt von unserer Leistung ab!
Zeigen wir Lord Rimuru Tempest von seiner schönsten Seite!
Gwitt
Seid ihr bereit?!
Ja ...?
Der Neujahrsputz war angesagt!

Nicht anerkannt von Lord Rimuru

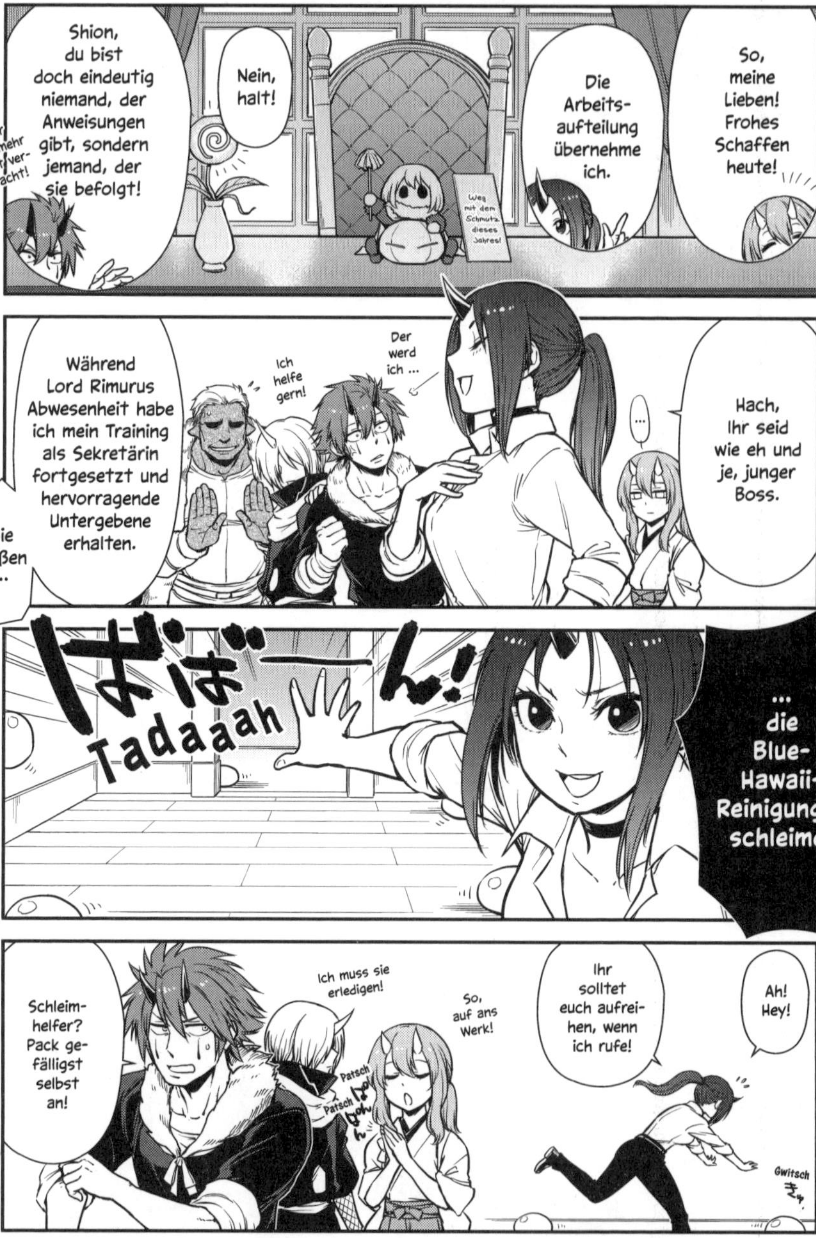
So, meine Lieben! Frohes Schaffen heute!
Die Arbeits-aufteilung übernehme ich.
Weg mit dem Schmutz dieses Jahres!
Nein, halt!
Shion, du bist doch eindeutig niemand, der Anweisungen gibt, sondern jemand, der sie befolgt!
Oder noch mehr Arbeit verursacht!
Hach, Ihr seid wie eh und je, junger Boss.
…
Der werd ich …
Ich helfe gern!
Während Lord Rimurus Abwesenheit habe ich mein Training als Sekretärin fortgesetzt und hervorragende Untergebene erhalten.
Sie heißen …
… die Blue-Hawaii-Reinigungs-schleime!
Tadaaah
Ah! Hey!
Ihr solltet euch aufreihen, wenn ich rufe!
So, auf ans Werk!
Ich muss sie erledigen!
Patsch Patsch
Schleim-helfer? Pack gefälligst selbst an!
Gwitsch

Der Aufseher: Schwertteufel Hakuro

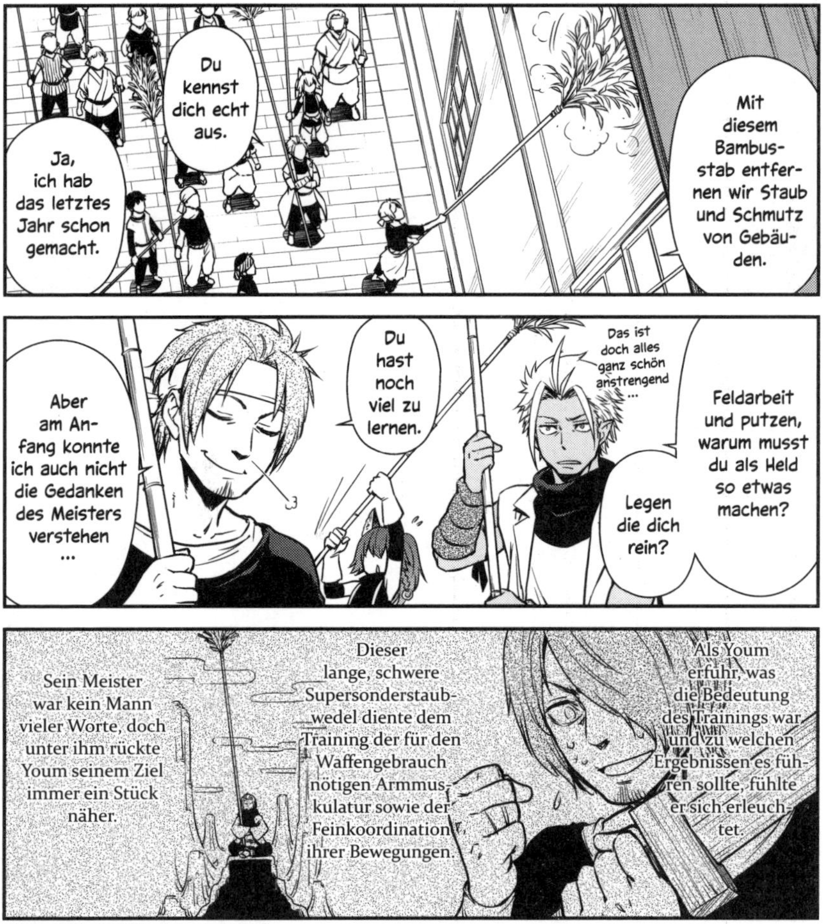
Mit diesem Bambusstab entfernen wir Staub und Schmutz von Gebäuden.
Du kennst dich echt aus.
Ja, ich hab das letztes Jahr schon gemacht.
Feldarbeit und putzen, warum musst du als Held so etwas machen?
Legen die dich rein?
Das ist doch alles ganz schön anstrengend …
Du hast noch viel zu lernen.
Aber am Anfang konnte ich auch nicht die Gedanken des Meisters verstehen …
Als Youm erfuhr, was die Bedeutung des Trainings war und zu welchen Ergebnissen es führen sollte, fühlte er sich erleuchtet.
Dieser lange, schwere Supersonderstaubwedel diente dem Training der für den Waffengebrauch nötigen Armmuskulatur sowie der Feinkoordination ihrer Bewegungen.
Sein Meister war kein Mann vieler Worte, doch unter ihm rückte Youm seinem Ziel immer ein Stück näher.

Die Geschichte des Helden Youm von Rommel

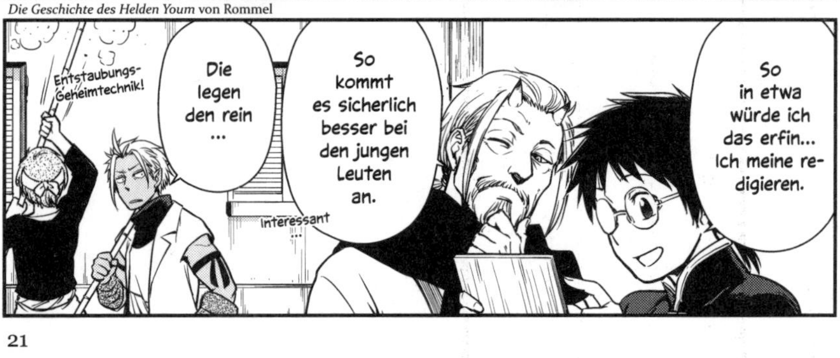
So in etwa würde ich das erfin... Ich meine redigieren.
So kommt es sicherlich besser bei den jungen Leuten an.
Interessant …
Die legen den rein …
Entstaubungs-Geheimtechnik!

Wie schade drum

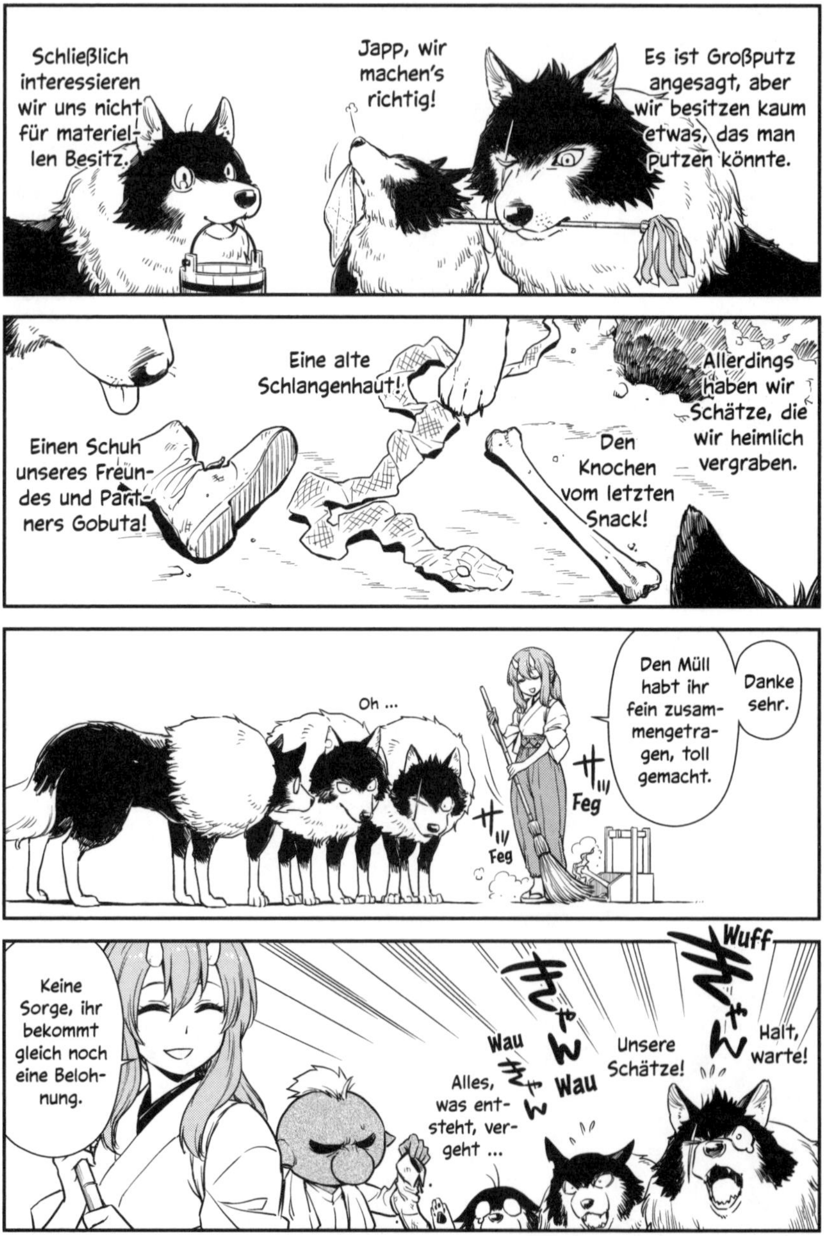
Es ist Großputz angesagt, aber wir besitzen kaum etwas, das man putzen könnte.
Japp, wir machen's richtig!
Schließlich interessieren wir uns nicht für materiellen Besitz.
Allerdings haben wir Schätze, die wir heimlich vergraben.
Den Knochen vom letzten Snack!
Eine alte Schlangenhaut!
Einen Schuh unseres Freundes und Partners Gobuta!
Danke sehr.
Den Müll habt ihr fein zusammengetragen, toll gemacht.
Feg
Feg
Oh ...
Wuff
Halt, warte!
Unsere Schätze!
Wau
Wau
Alles, was entsteht, vergeht ...
Keine Sorge, ihr bekommt gleich noch eine Belohnung.

Die Stadt, in der das Mädchen lebt

Das Goblin-Apartment (Beiname)

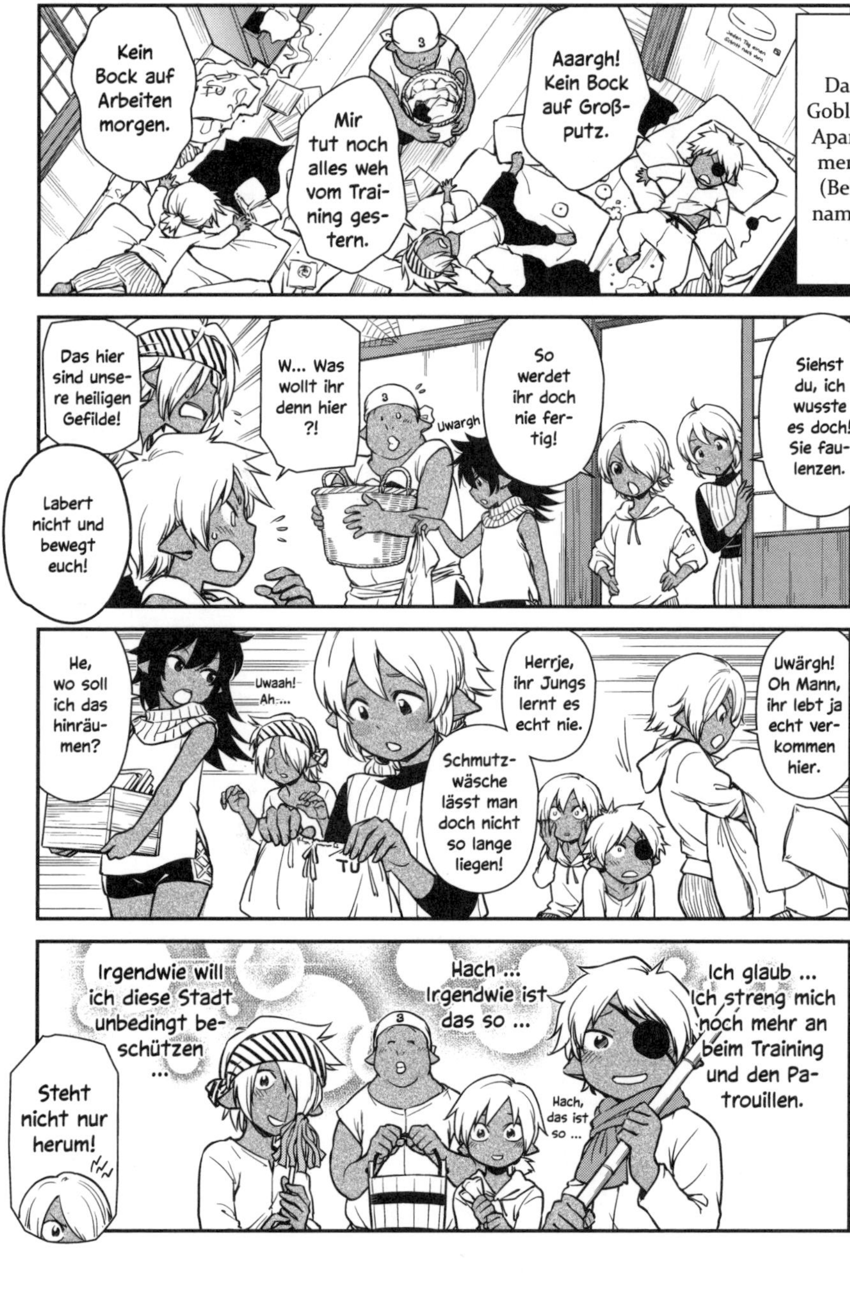

Aaargh! Kein Bock auf Großputz.
Mir tut noch alles weh vom Training gestern.
Kein Bock auf Arbeiten morgen.
Siehst du, ich wusste es doch! Sie faulenzen.
So werdet ihr doch nie fertig!
Uwargh
W... Was wollt ihr denn hier ?!
Das hier sind unsere heiligen Gefilde!
Labert nicht und bewegt euch!
Uwärgh! Oh Mann, ihr lebt ja echt verkommen hier.
Herrje, ihr Jungs lernt es echt nie.
Schmutzwäsche lässt man doch nicht so lange liegen!
Uwaah!
Ah ...
He, wo soll ich das hinräumen?
Ich glaub ... Ich streng mich noch mehr an beim Training und den Patrouillen.
Hach, das ist so ...
Hach ... Irgendwie ist das so ...
Irgendwie will ich diese Stadt unbedingt beschützen ...
Steht nicht nur herum!

Gobuemon, der Kopf der Hundert-Mann-Einheit

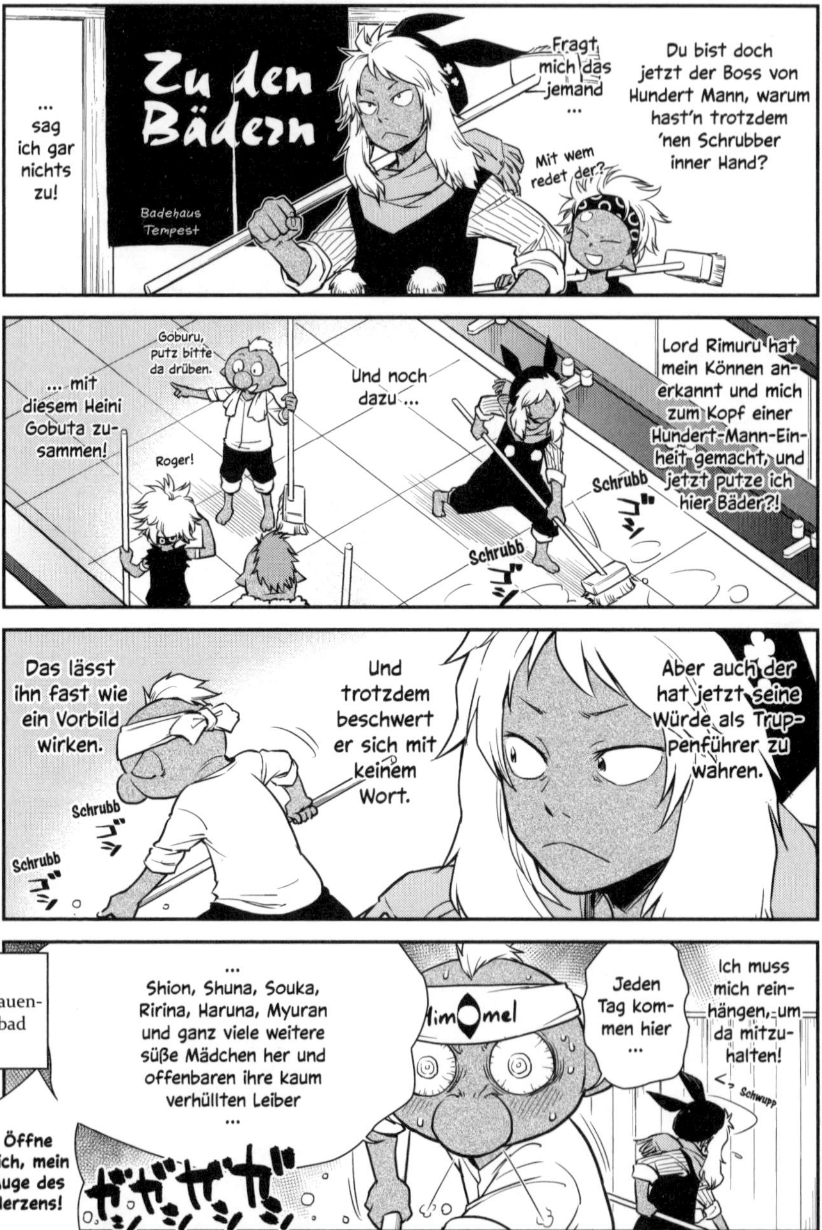
Du bist doch jetzt der Boss von Hundert Mann, warum hast'n trotzdem 'nen Schrubber inner Hand?
Fragt mich das jemand …
Mit wem redet der?
Zu den Bädern
Badehaus Tempest
… sag ich gar nichts zu!
Lord Rimuru hat mein Können anerkannt und mich zum Kopf einer Hundert-Mann-Einheit gemacht, und jetzt putze ich hier Bäder?!
Schrubb
Schrubb
Und noch dazu …
Goburu, putz bitte da drüben.
Roger!
… mit diesem Heini Gobuta zusammen!
Aber auch der hat jetzt seine Würde als Truppenführer zu wahren.
Und trotzdem beschwert er sich mit keinem Wort.
Das lässt ihn fast wie ein Vorbild wirken.
Schrubb
Schrubb
Ich muss mich reinhängen, um da mitzuhalten!
Schwupp
Jeden Tag kommen hier …
Himmel
… Shion, Shuna, Souka, Ririna, Haruna, Myuran und ganz viele weitere süße Mädchen her und offenbaren ihre kaum verhüllten Leiber …
Frauenbad
Öffne dich, mein Auge des Herzens!
Rubbel Schrubb Rubbel Schrubb

Die Schornstein-Putzeinheit

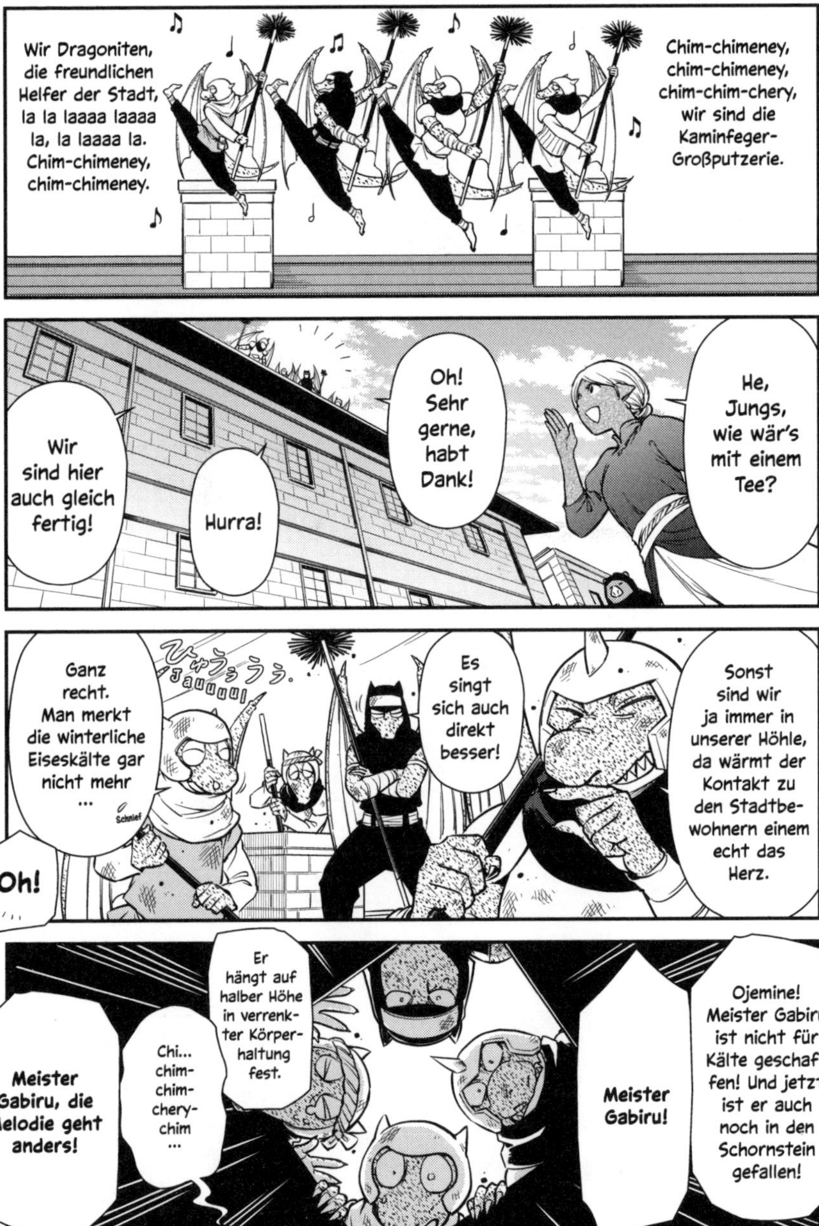
Wir Dragoniten, die freundlichen Helfer der Stadt, la la laaaa laaaa la, la laaaa la. Chim-chimeney, chim-chimeney.
Chim-chimeney, chim-chimeney, chim-chim-chery, wir sind die Kaminfeger-Großputzerie.
He, Jungs, wie wär's mit einem Tee?
Oh! Sehr gerne, habt Dank!
Hurra!
Wir sind hier auch gleich fertig!
Sonst sind wir ja immer in unserer Höhle, da wärmt der Kontakt zu den Stadtbewohnern einem echt das Herz.
Es singt sich auch direkt besser!
Jauuuuu!
Ganz recht. Man merkt die winterliche Eiseskälte gar nicht mehr …
Schnief
Oh!
Ojemine! Meister Gabiru ist nicht für Kälte geschaffen! Und jetzt ist er auch noch in den Schornstein gefallen!
Meister Gabiru!
Er hängt auf halber Höhe in verrenkter Körperhaltung fest.
Chi… chim-chim-chery-chim …
Meister Gabiru, die Melodie geht anders!

Meister Gabiru ist sensibel und erstarrt an kalten Tagen zur Bewegungsunfähigkeit – Yashichi

Zu Hause

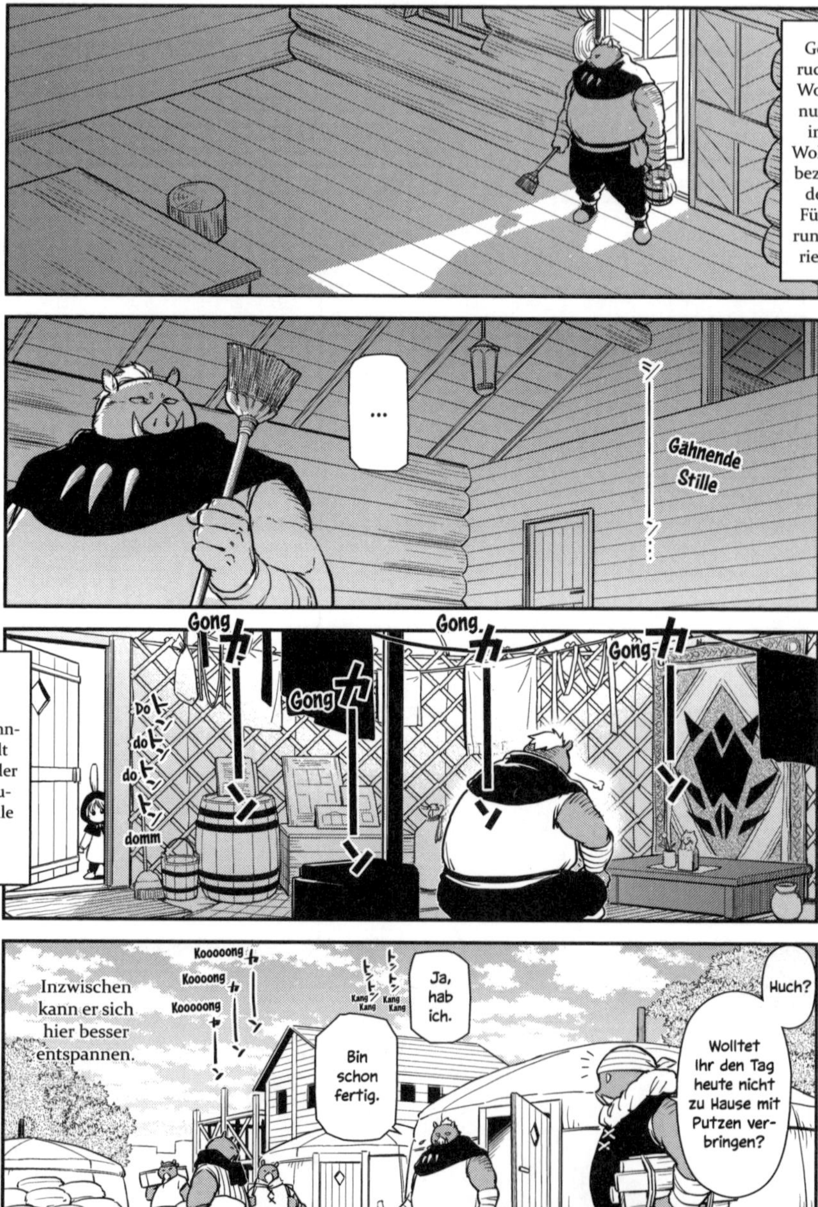

Gerudos Wohnung im Wohnbezirk der Führungsriege
...
Gähnende Stille
Gong
Gong.
Gong
Gong
Wohnzelt an der Baustelle
Do
do
do
domm
Huch?
Wolltet Ihr den Tag heute nicht zu Hause mit Putzen verbringen?
Ja, hab ich.
Kang Kang
Kang Kang
Bin schon fertig.
Kooooong
Koooong
Kooooong
Inzwischen kann er sich hier besser entspannen.

Bis zum Tag der Wiederauferstehung

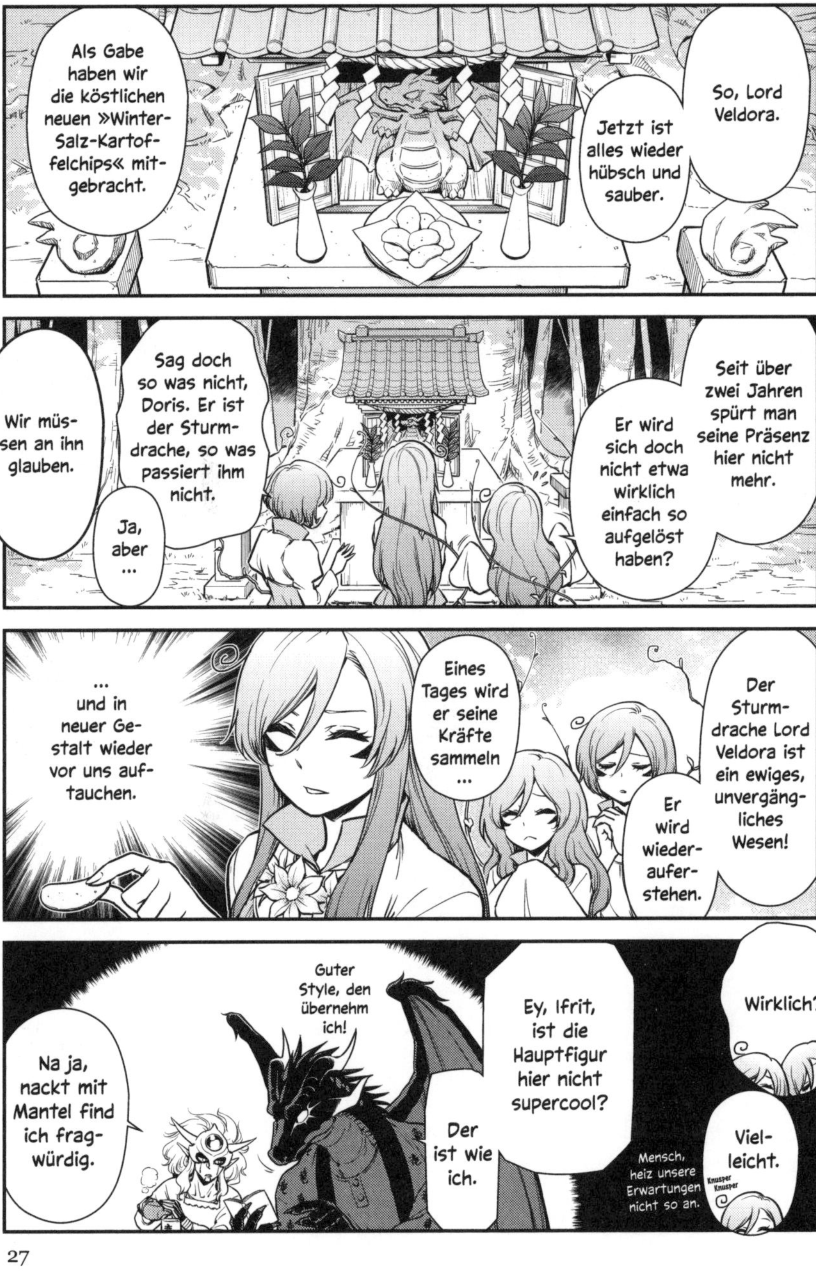
So, Lord Veldora.
Jetzt ist alles wieder hübsch und sauber.
Als Gabe haben wir die köstlichen neuen »Winter-Salz-Kartoffelchips« mitgebracht.
Seit über zwei Jahren spürt man seine Präsenz hier nicht mehr.
Er wird sich doch nicht etwa wirklich einfach so aufgelöst haben?
Sag doch so was nicht, Doris. Er ist der Sturmdrache, so was passiert ihm nicht.
Ja, aber …
Wir müssen an ihn glauben.
Der Sturmdrache Lord Veldora ist ein ewiges, unvergängliches Wesen!
Er wird wiederauferstehen.
Eines Tages wird er seine Kräfte sammeln …
… und in neuer Gestalt wieder vor uns auftauchen.
Wirklich?
Vielleicht.
Mensch, heiz unsere Erwartungen nicht so an.
Knusper Knusper
Ey, Ifrit, ist die Hauptfigur hier nicht supercool?
Der ist wie ich.
Guter Style, den übernehm ich!
Na ja, nackt mit Mantel find ich fragwürdig.

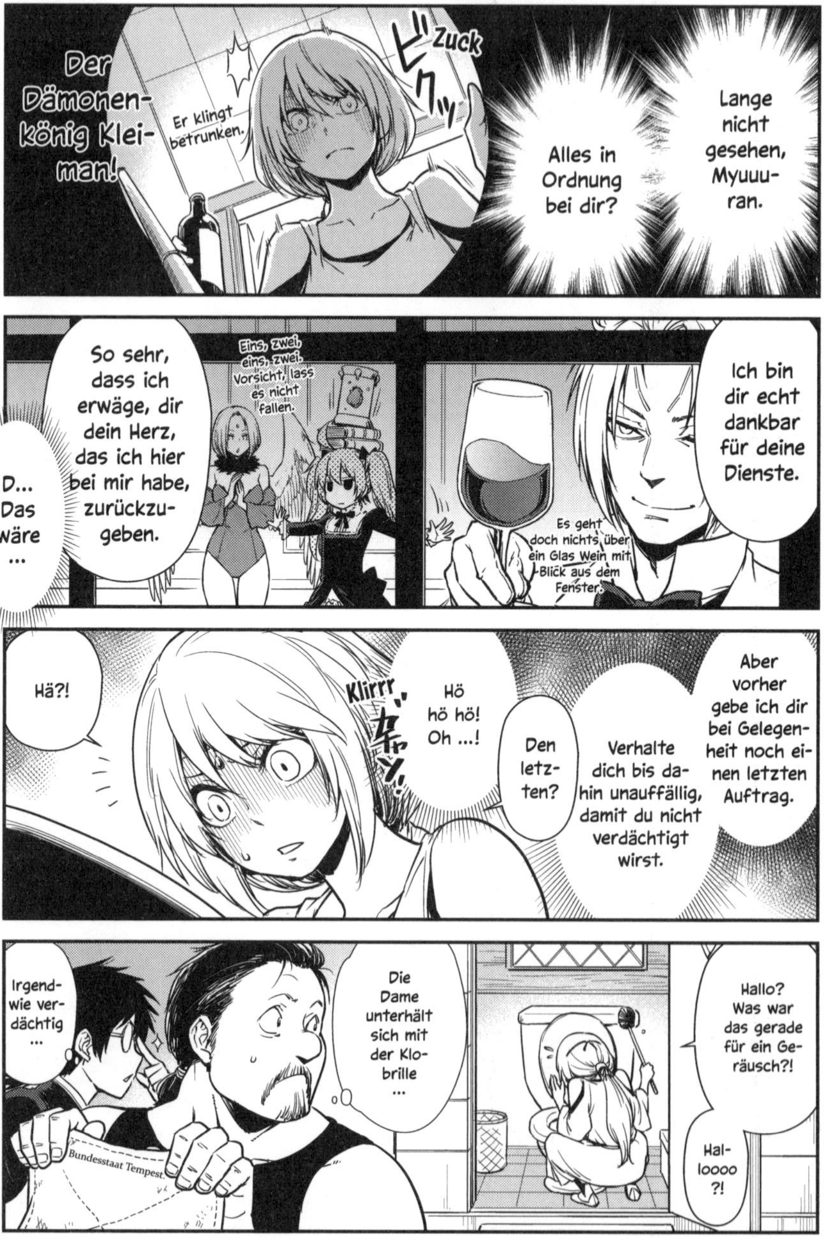
Lange nicht gesehen, Myuuuran.
Alles in Ordnung bei dir?
Zuck
Der Dämonenkönig Kleiman!
Er klingt betrunken.
Ich bin dir echt dankbar für deine Dienste.
Es geht doch nichts über ein Glas Wein mit Blick aus dem Fenster.
So sehr, dass ich erwäge, dir dein Herz, das ich hier bei mir habe, zurückzugeben.
Eins, zwei, eins, zwei. Vorsicht, lass es nicht fallen.
D... Das wäre ...
Aber vorher gebe ich dir bei Gelegenheit noch einen letzten Auftrag.
Verhalte dich bis dahin unauffällig, damit du nicht verdächtigt wirst.
Den letzten?
Hö hö hö! Oh ...!
Klirrr
Hä?!
Hallo? Was war das gerade für ein Geräusch?!
Hallooo ?!
Die Dame unterhält sich mit der Klobrille ...
Irgendwie verdächtig ...
Bundesstaat Tempest

Nächstes Jahr

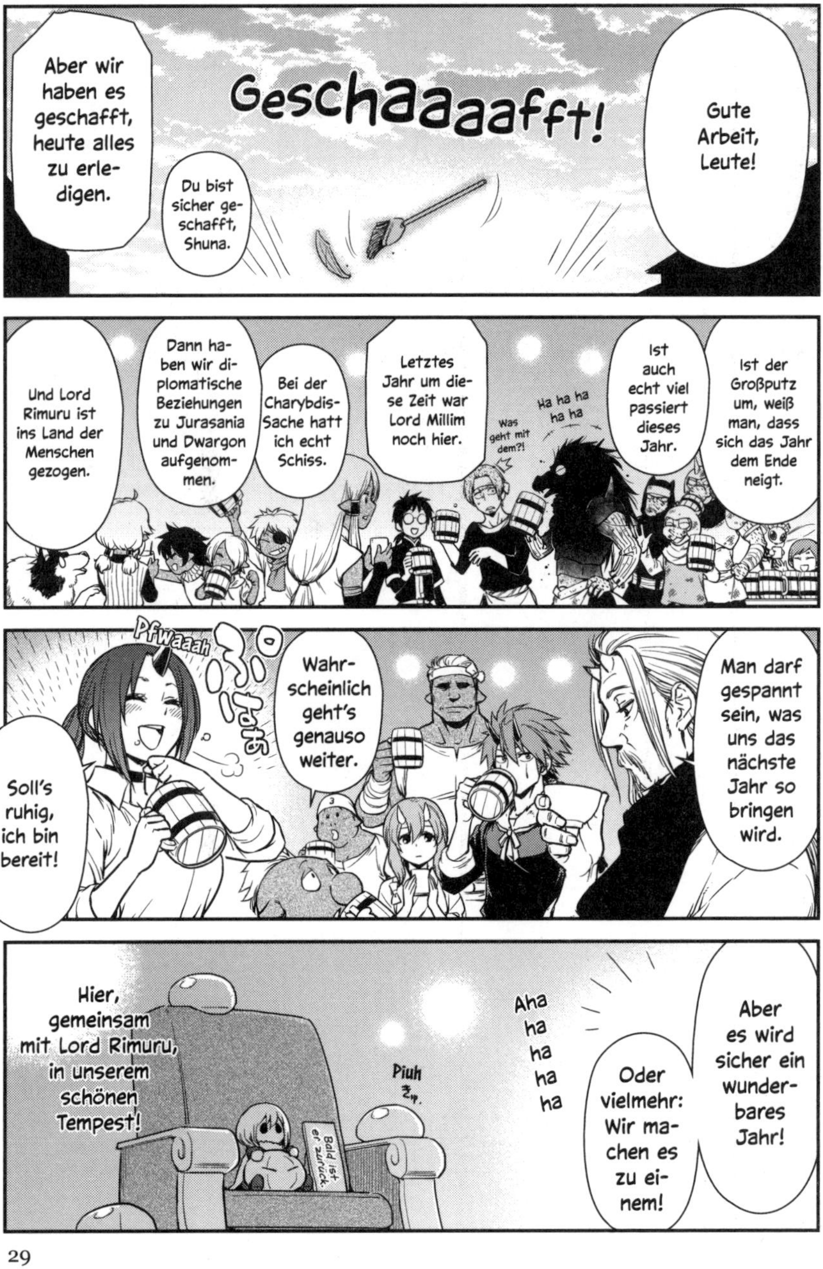
Gute Arbeit, Leute!
Geschaaaafft!
Du bist sicher geschafft, Shuna.
Aber wir haben es geschafft, heute alles zu erledigen.
Ist der Großputz um, weiß man, dass sich das Jahr dem Ende neigt.
Ist auch echt viel passiert dieses Jahr.
Ha ha ha ha ha
Was geht mit dem?!
Letztes Jahr um diese Zeit war Lord Millim noch hier.
Bei der Charybdis-Sache hatt ich echt Schiss.
Dann haben wir diplomatische Beziehungen zu Jurasania und Dwargon aufgenommen.
Und Lord Rimuru ist ins Land der Menschen gezogen.
Man darf gespannt sein, was uns das nächste Jahr so bringen wird.
Wahrscheinlich geht's genauso weiter.
Pfwaaah
Soll's ruhig, ich bin bereit!
Aber es wird sicher ein wunderbares Jahr!
Oder vielmehr: Wir machen es zu einem!
Aha ha ha ha ha
Piuh
Hier, gemeinsam mit Lord Rimuru, in unserem schönen Tempest!
Bald ist er zurück.

Die drei aus der anderen Welt

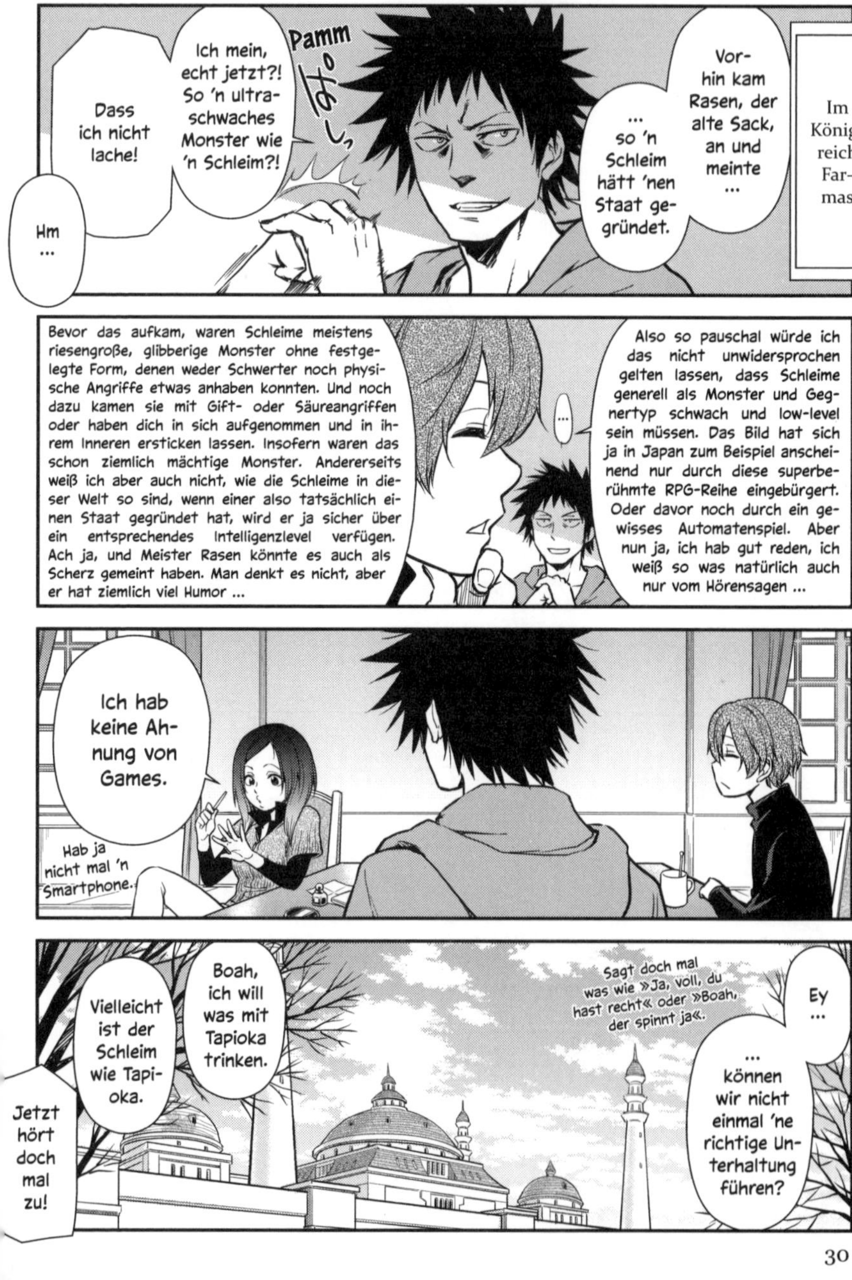
Im Königreich Farmas
Vorhin kam Rasen, der alte Sack, an und meinte …
… so 'n Schleim hätt 'nen Staat gegründet.
Pamm
Ich mein, echt jetzt?! So 'n ultraschwaches Monster wie 'n Schleim?!
Dass ich nicht lache!
Hm …
Also so pauschal würde ich das nicht unwidersprochen gelten lassen, dass Schleime generell als Monster und Gegnertyp schwach und low-level sein müssen. Das Bild hat sich ja in Japan zum Beispiel anscheinend nur durch diese superberühmte RPG-Reihe eingebürgert. Oder davor noch durch ein gewisses Automatenspiel. Aber nun ja, ich hab gut reden, ich weiß so was natürlich auch nur vom Hörensagen …
…
Bevor das aufkam, waren Schleime meistens riesengroße, glibberige Monster ohne festgelegte Form, denen weder Schwerter noch physische Angriffe etwas anhaben konnten. Und noch dazu kamen sie mit Gift- oder Säureangriffen oder haben dich in sich aufgenommen und in ihrem Inneren ersticken lassen. Insofern waren das schon ziemlich mächtige Monster. Andererseits weiß ich aber auch nicht, wie die Schleime in dieser Welt so sind, wenn einer also tatsächlich einen Staat gegründet hat, wird er ja sicher über ein entsprechendes Intelligenzlevel verfügen. Ach ja, und Meister Rasen könnte es auch als Scherz gemeint haben. Man denkt es nicht, aber er hat ziemlich viel Humor …
Ich hab keine Ahnung von Games.
Hab ja nicht mal 'n Smartphone.
Ey …
… können wir nicht einmal 'ne richtige Unterhaltung führen?
Sagt doch mal was wie »Ja, voll, du hast recht« oder »Boah, der spinnt ja«.
Boah, ich will was mit Tapioka trinken.
Vielleicht ist der Schleim wie Tapioka.
Jetzt hört doch mal zu!

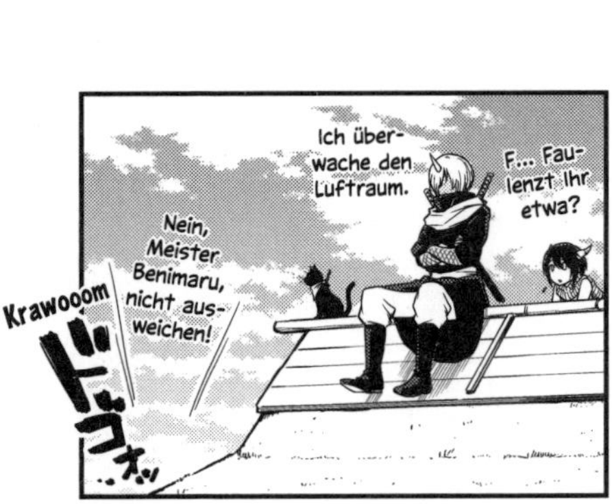
F... Faulenzt Ihr etwa?
Ich überwache den Luftraum.
Nein, Meister Benimaru, nicht ausweichen!
Krawooom

Die SCHLEIM-Tagebücher

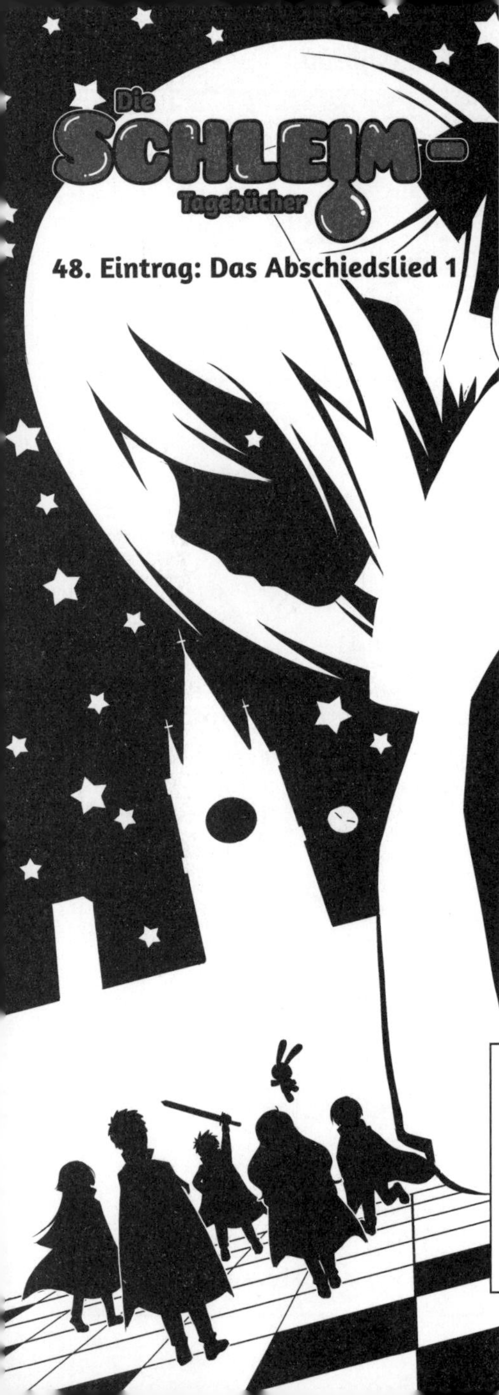
Die SCHLEIM-Tagebücher
48. Eintrag: Das Abschiedslied 1

Shizus Entschuldigung unter Tränen

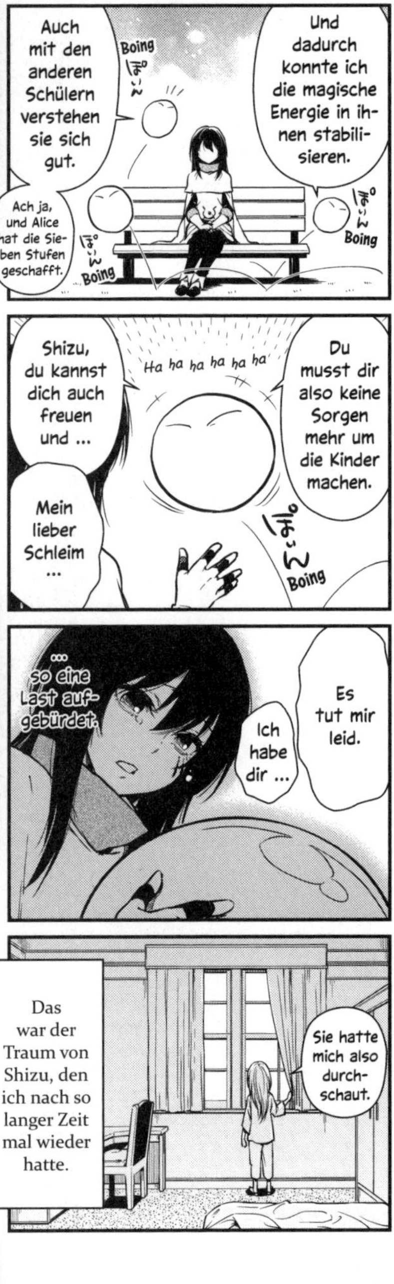
Und dadurch konnte ich die magische Energie in ihnen stabilisieren.
Auch mit den anderen Schülern verstehen sie sich gut.
Boing
Ach ja, und Alice hat die Sieben Stufen geschafft.
Boing
Boing
Du musst dir also keine Sorgen mehr um die Kinder machen.
Ha ha ha ha ha ha
Shizu, du kannst dich auch freuen und ...
Mein lieber Schleim ...
Boing
Es tut mir leid.
Ich habe dir ...
... so eine Last aufgebürdet.
Sie hatte mich also durchschaut.
Das war der Traum von Shizu, den ich nach so langer Zeit mal wieder hatte.

Ein Gespräch wie ein Déjà-vu

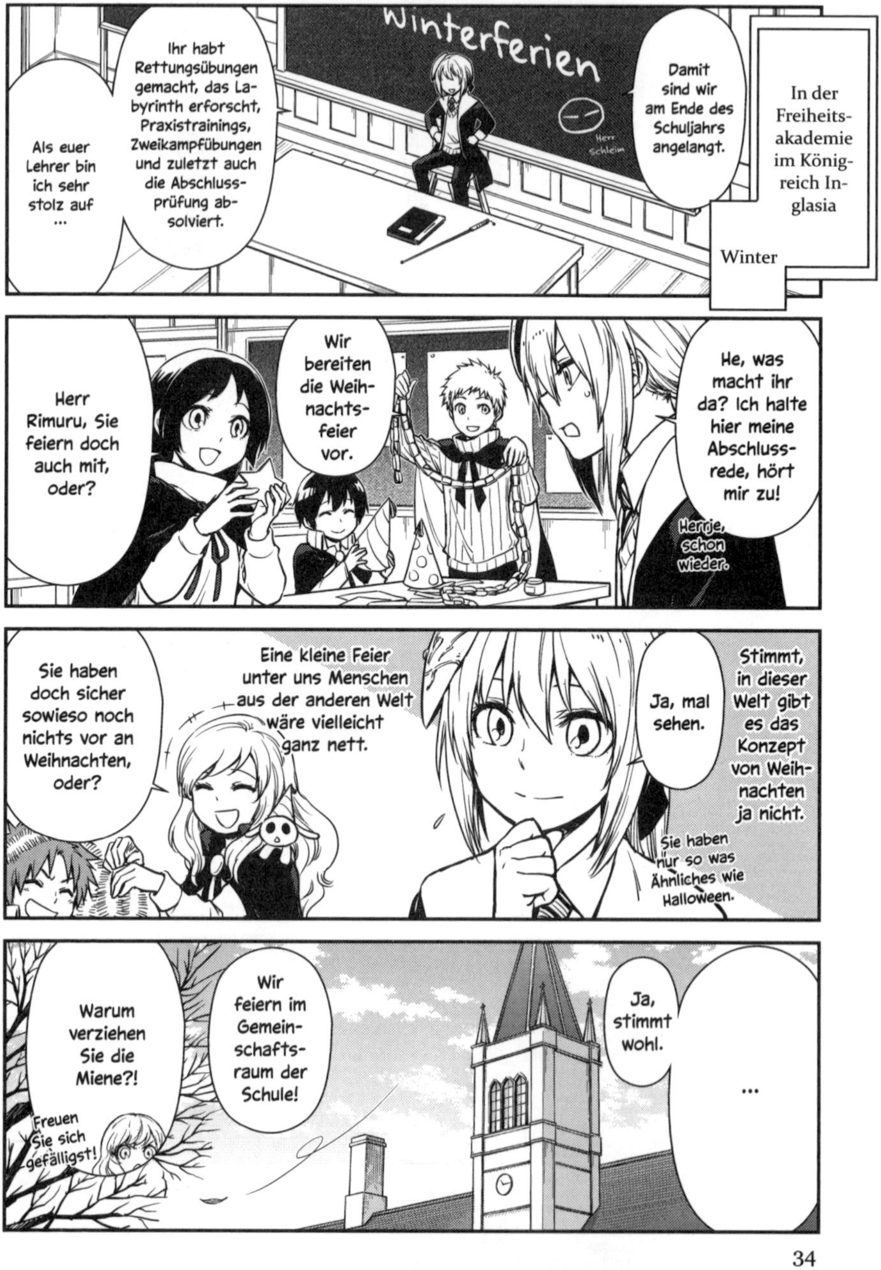
In der Freiheitsakademie im Königreich Inglasia
Winter
Damit sind wir am Ende des Schuljahrs angelangt.
Winterferien
Herr Schleim
Ihr habt Rettungsübungen gemacht, das Labyrinth erforscht, Praxistrainings, Zweikampfübungen und zuletzt auch die Abschlussprüfung absolviert.
Als euer Lehrer bin ich sehr stolz auf …
He, was macht ihr da? Ich halte hier meine Abschlussrede, hört mir zu!
Herrje, schon wieder.
Wir bereiten die Weihnachtsfeier vor.
Herr Rimuru, Sie feiern doch auch mit, oder?
Stimmt, in dieser Welt gibt es das Konzept von Weihnachten ja nicht.
Sie haben nur so was Ähnliches wie Halloween.
Ja, mal sehen.
Eine kleine Feier unter uns Menschen aus der anderen Welt wäre vielleicht ganz nett.
Sie haben doch sicher sowieso noch nichts vor an Weihnachten, oder?
…
Ja, stimmt wohl.
Wir feiern im Gemeinschaftsraum der Schule!
Warum verziehen Sie die Miene?!
Freuen Sie sich gefälligst!

Der Schulvorstand mit dem weißen Bart

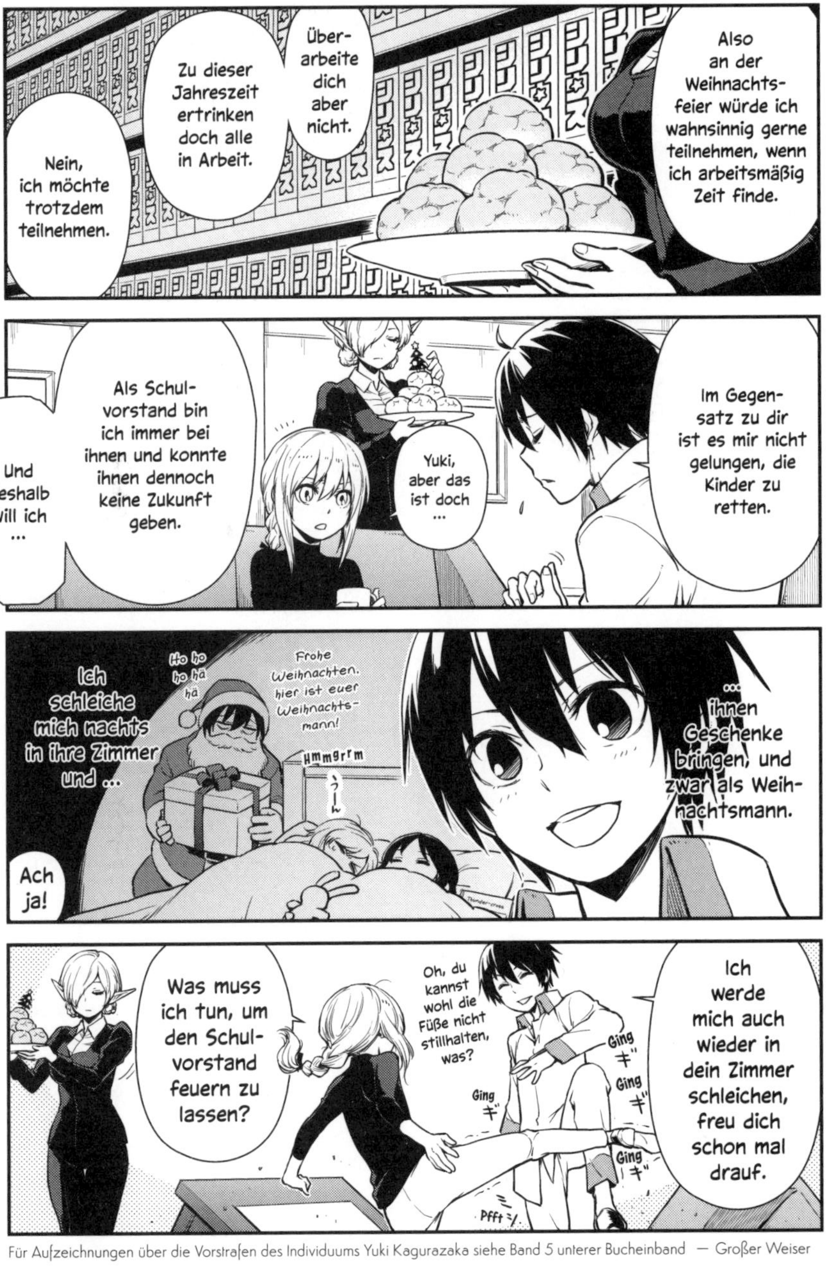

Also an der Weihnachtsfeier würde ich wahnsinnig gerne teilnehmen, wenn ich arbeitsmäßig Zeit finde.
Über-arbeite dich aber nicht.
Zu dieser Jahreszeit ertrinken doch alle in Arbeit.
Nein, ich möchte trotzdem teilnehmen.
Im Gegen-satz zu dir ist es mir nicht gelungen, die Kinder zu retten.
Yuki, aber das ist doch …
Als Schul-vorstand bin ich immer bei ihnen und konnte ihnen dennoch keine Zukunft geben.
Und deshalb will ich …
… ihnen Geschenke bringen, und zwar als Weih-nachtsmann.
Frohe Weihnachten. hier ist euer Weihnachts-mann!
Ho ho ho hä hä
Hmmgrrm
Ich schleiche mich nachts in ihre Zimmer und …
Ach ja!
Ich werde mich auch wieder in dein Zimmer schleichen, freu dich schon mal drauf.
Ging
Ging
Ging
Ging
Oh, du kannst wohl die Füße nicht stillhalten, was?
Was muss ich tun, um den Schul-vorstand feuern zu lassen?
Pfft

Für Aufzeichnungen über die Vorstrafen des Individuums Yuki Kagurazaka siehe Band 5 unterer Bucheinband — Großer Weiser

Bis sie eines Tages wiederkommt

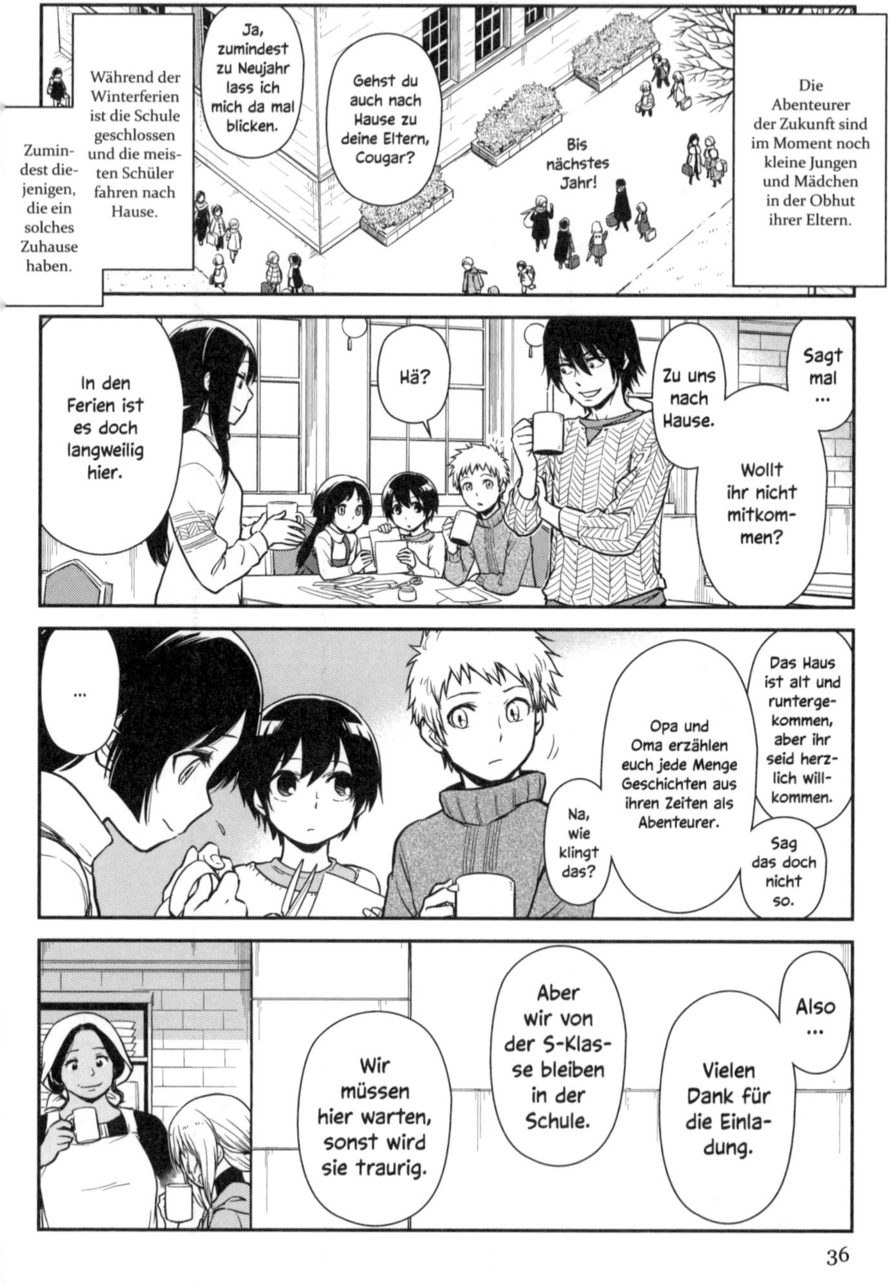

Die Abenteurer der Zukunft sind im Moment noch kleine Jungen und Mädchen in der Obhut ihrer Eltern.
Bis nächstes Jahr!
Gehst du auch nach Hause zu deine Eltern, Cougar?
Ja, zumindest zu Neujahr lass ich mich da mal blicken.
Während der Winterferien ist die Schule geschlossen und die meisten Schüler fahren nach Hause.
Zumindest diejenigen, die ein solches Zuhause haben.
Sagt mal ...
Zu uns nach Hause.
Wollt ihr nicht mitkommen?
Hä?
In den Ferien ist es doch langweilig hier.
Das Haus ist alt und runtergekommen, aber ihr seid herzlich willkommen.
Sag das doch nicht so.
Opa und Oma erzählen euch jede Menge Geschichten aus ihren Zeiten als Abenteurer.
Na, wie klingt das?
...
Also ...
Vielen Dank für die Einladung.
Aber wir von der S-Klasse bleiben in der Schule.
Wir müssen hier warten, sonst wird sie traurig.

Naschereien, die Glückseligkeit verheißen

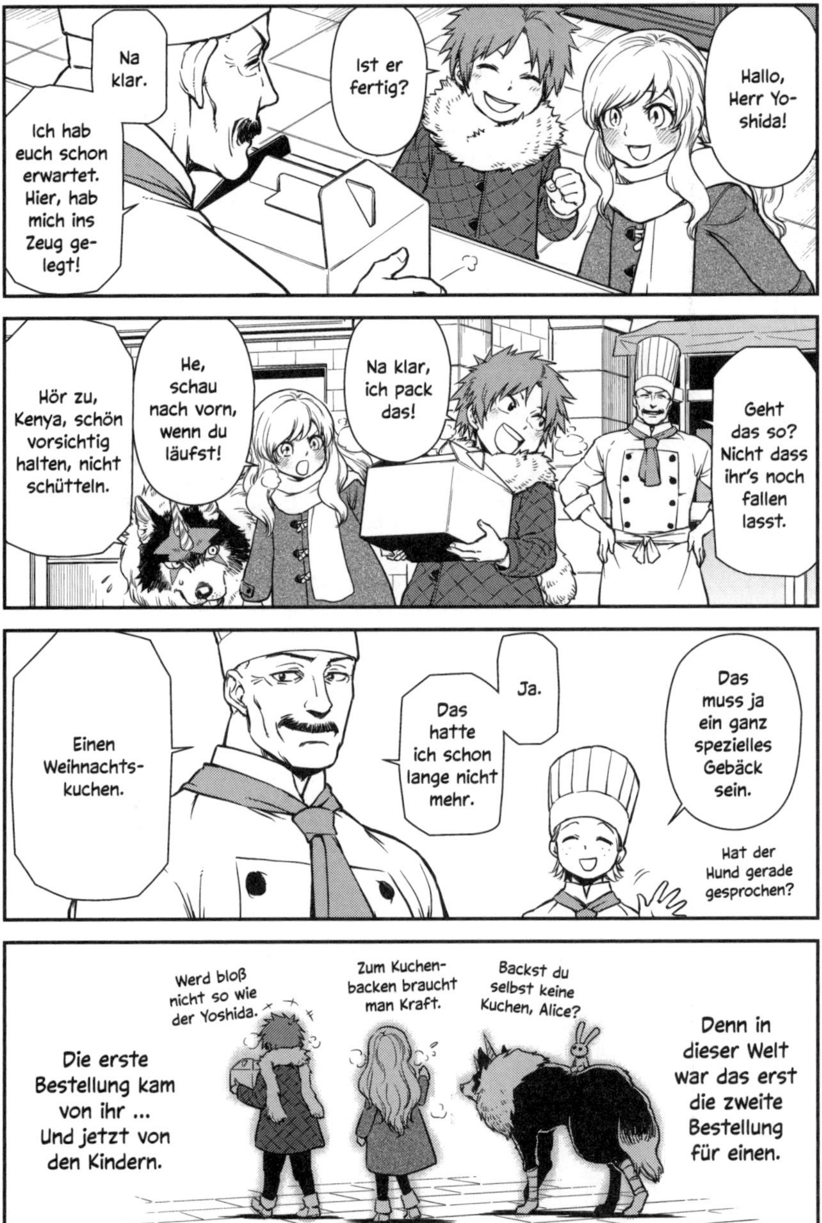
Hallo, Herr Yo-shida!
Ist er fertig?
Na klar.
Ich hab euch schon erwartet. Hier, hab mich ins Zeug ge-legt!
Geht das so? Nicht dass ihr's noch fallen lasst.
Na klar, ich pack das!
He, schau nach vorn, wenn du läufst!
Hör zu, Kenya, schön vorsichtig halten, nicht schütteln.
Das muss ja ein ganz spezielles Gebäck sein.
Hat der Hund gerade gesprochen?
Ja.
Das hatte ich schon lange nicht mehr.
Einen Weihnachts-kuchen.
Denn in dieser Welt war das erst die zweite Bestellung für einen.
Backst du selbst keine Kuchen, Alice?
Zum Kuchen-backen braucht man Kraft.
Werd bloß nicht so wie der Yoshida.
Die erste Bestellung kam von ihr ... Und jetzt von den Kindern.

Die Elfen-Wahrsagerin

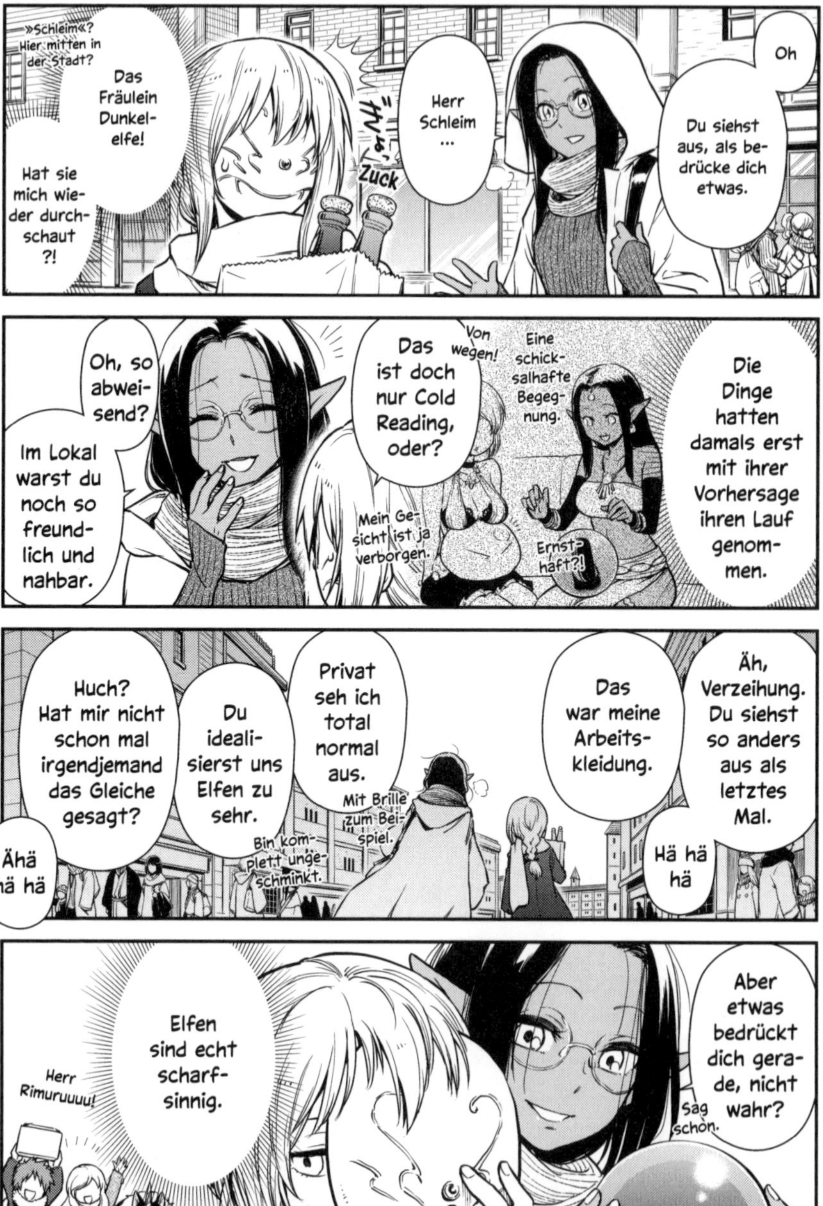
Oh
Du siehst aus, als bedrücke dich etwas.
Herr Schleim …
Zuck
Das Fräulein Dunkelelfe!
»Schleim«? Hier mitten in der Stadt?
Hat sie mich wieder durchschaut?!
Die Dinge hatten damals erst mit ihrer Vorhersage ihren Lauf genommen.
Eine schicksalhafte Begegnung.
Ernsthaft?!
Von wegen!
Das ist doch nur Cold Reading, oder?
Mein Gesicht ist ja verborgen.
Oh, so abweisend?
Im Lokal warst du noch so freundlich und nahbar.
Äh, Verzeihung. Du siehst so anders aus als letztes Mal.
Hä hä hä
Das war meine Arbeitskleidung.
Privat seh ich total normal aus.
Mit Brille zum Beispiel.
Bin komplett ungeschminkt.
Du idealisierst uns Elfen zu sehr.
Huch? Hat mir nicht schon mal irgendjemand das Gleiche gesagt?
Ähä hä hä
Aber etwas bedrückt dich gerade, nicht wahr?
Sag schon.
Elfen sind echt scharfsinnig.
Herr Rimuruuuu!

Cold Reading: Technik, durch Gespräch und Beobachtung vorzutäuschen, die Gedanken des Gegenübers lesen zu können. Es handelt sich weder um Skills noch Magie. — Großer Weiser

Zurück an den Ort des Geschehens

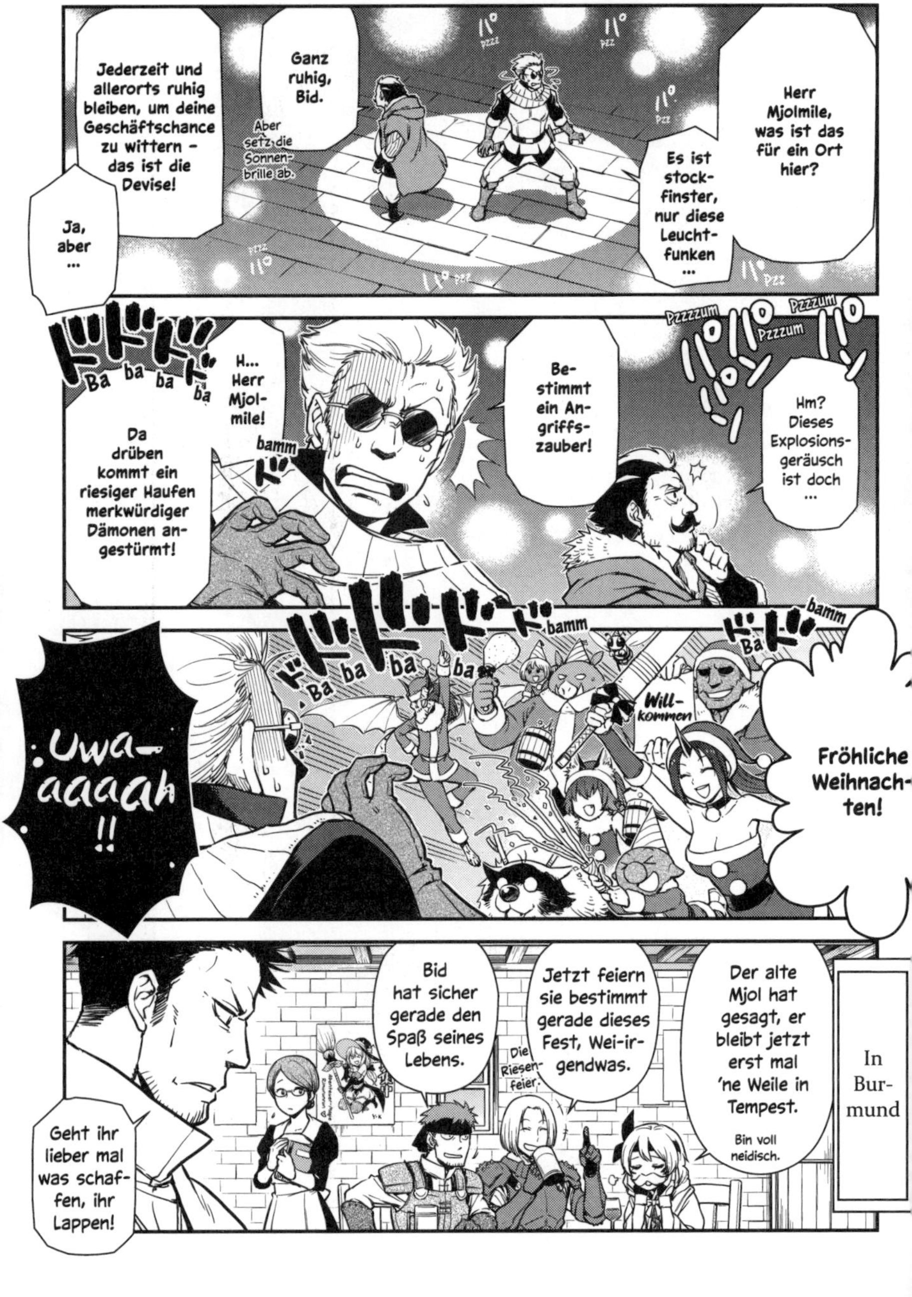
Herr Mjolmile, was ist das für ein Ort hier?
Es ist stockfinster, nur diese Leuchtfunken …
Ganz ruhig, Bid.
Aber setz die Sonnenbrille ab.
Jederzeit und allerorts ruhig bleiben, um deine Geschäftschance zu wittern – das ist die Devise!
Ja, aber …
Pzzzzum
Pzzzum
Pzzzum
Hm? Dieses Explosionsgeräusch ist doch …
Bestimmt ein Angriffszauber!
bamm
H… Herr Mjolmile!
Da drüben kommt ein riesiger Haufen merkwürdiger Dämonen angestürmt!
Ba ba ba ba
bamm
Ba
Fröhliche Weihnachten!
Willkommen
bamm
Ba ba ba ba
Uwaaaaah!!
In Burmund
Der alte Mjol hat gesagt, er bleibt jetzt erst mal 'ne Weile in Tempest.
Bin voll neidisch.
Jetzt feiern sie bestimmt gerade dieses Fest, Wei-irgendwas.
Die Riesenfeier.
Bid hat sicher gerade den Spaß seines Lebens.
Geht ihr lieber mal was schaffen, ihr Lappen!

Die Weihnachtsfeier

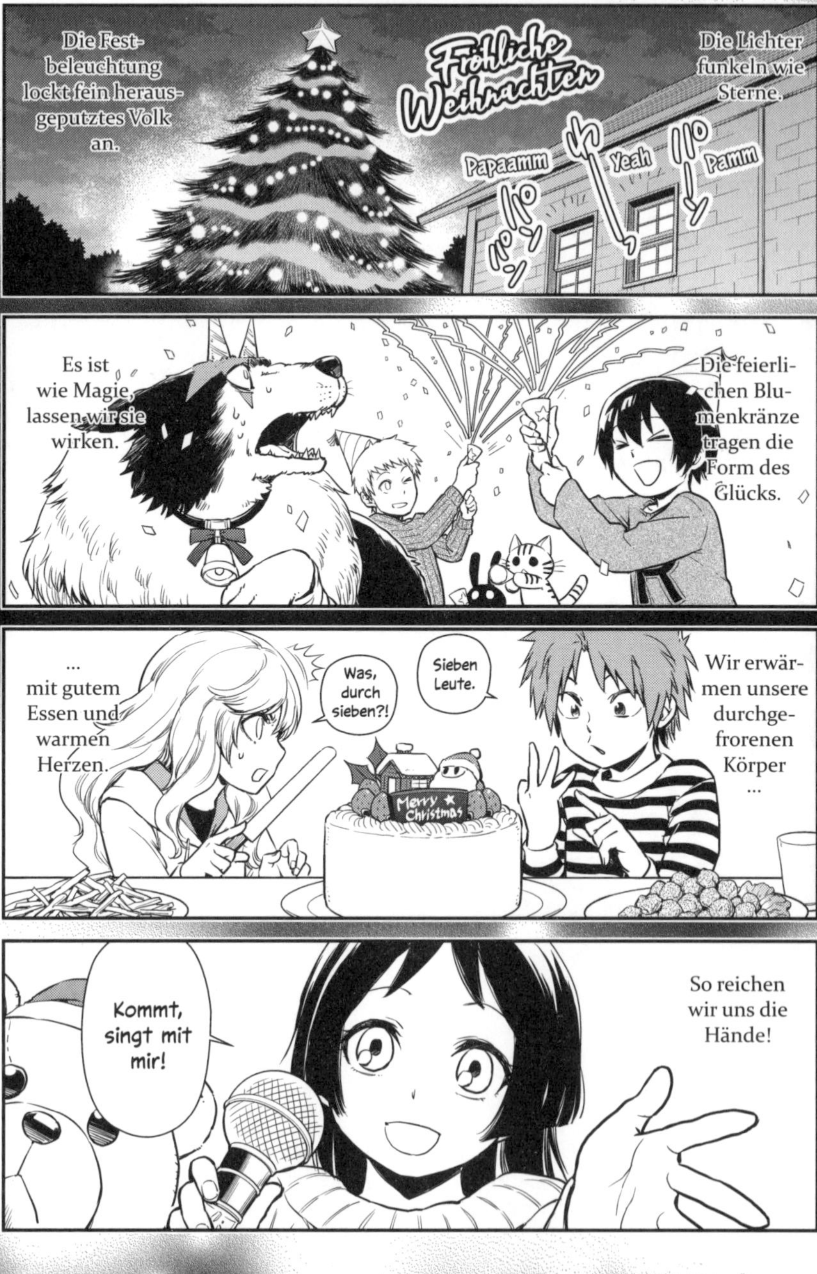
Die Lichter funkeln wie Sterne.
Fröhliche Weihnachten
Pamm
Yeah
Papaamm
Die Fest- beleuchtung lockt fein heraus- geputztes Volk an.
Die feierlichen Blumenkränze tragen die Form des Glücks.
Es ist wie Magie, lassen wir sie wirken.
Wir erwärmen unsere durchgefrorenen Körper ...
Sieben Leute.
Was, durch sieben?!
Merry Christmas
... mit gutem Essen und warmen Herzen.
So reichen wir uns die Hände!
Kommt, singt mit mir!

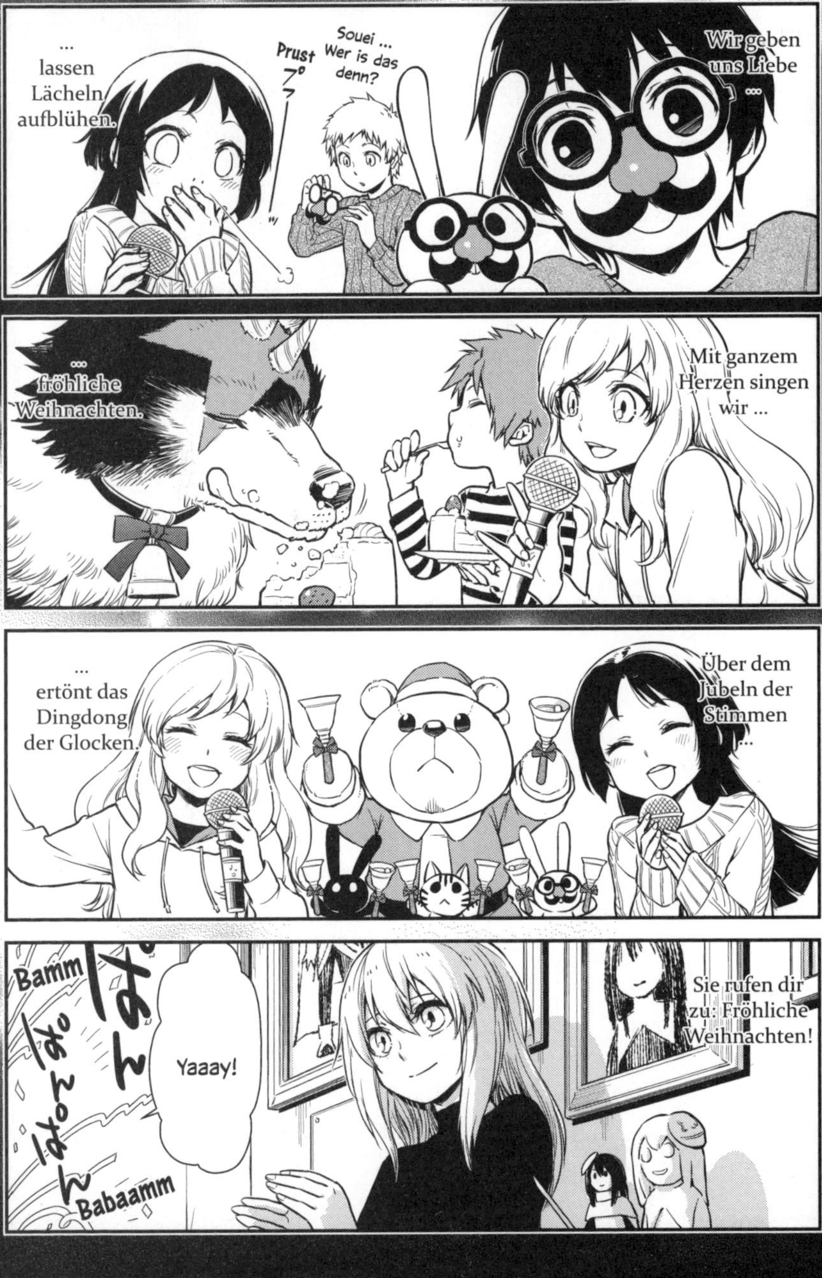
Wir geben uns Liebe ...
Souei ... Wer is das denn?
Prust
... lassen Lächeln aufblühen.
Mit ganzem Herzen singen wir ...
... fröhliche Weihnachten.
Über dem Jubeln der Stimmen ...
... ertönt das Dingdong der Glocken.
Sie rufen dir zu: Fröhliche Weihnachten!
Yaaay!
Bamm
Babaamm

Nach der Feier

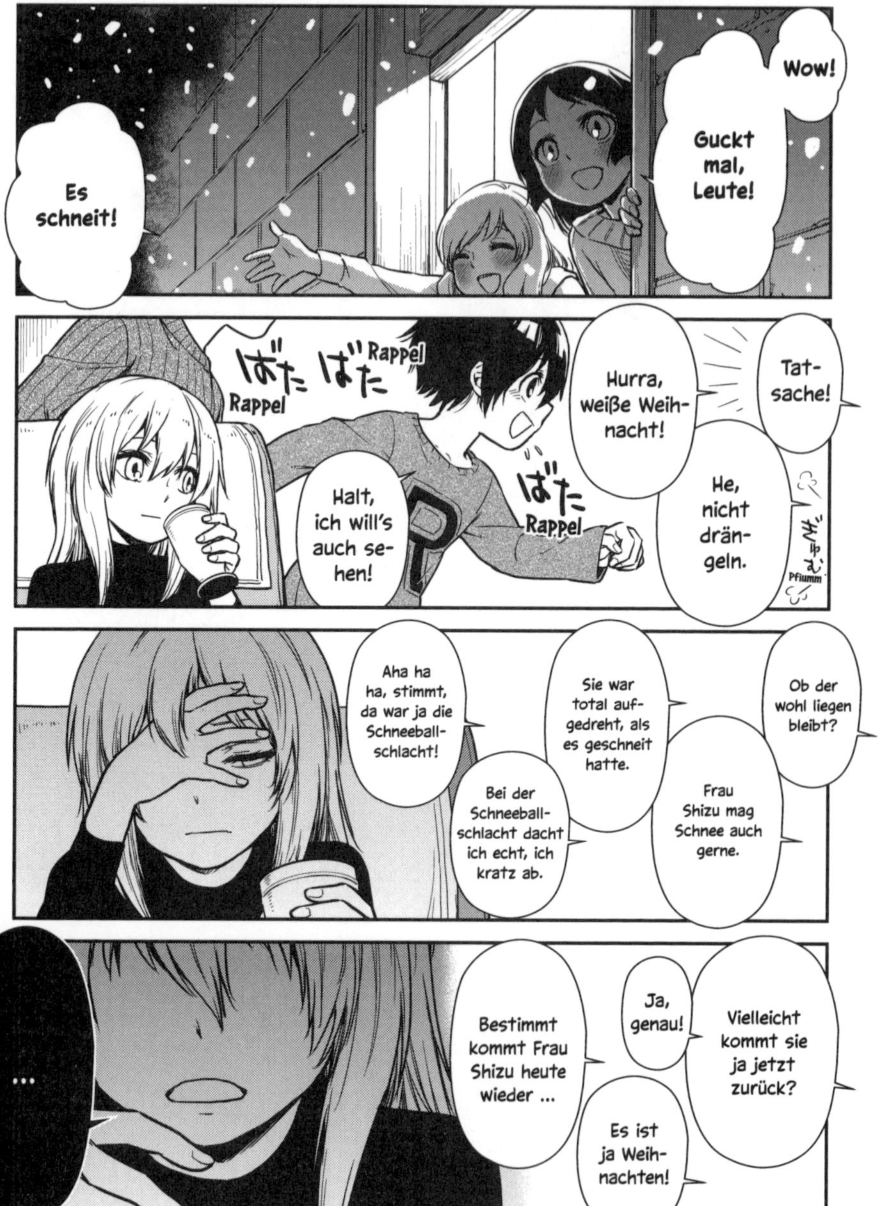
Wow!
Guckt mal, Leute!
Es schneit!
Tatsache!
Hurra, weiße Weihnacht!
Rappel
Rappel
He, nicht drängeln.
Pfiumm
Rappel
Halt, ich will's auch sehen!
Ob der wohl liegen bleibt?
Sie war total aufgedreht, als es geschneit hatte.
Aha ha ha, stimmt, da war ja die Schneeballschlacht!
Frau Shizu mag Schnee auch gerne.
Bei der Schneeballschlacht dacht ich echt, ich kratz ab.
Vielleicht kommt sie ja jetzt zurück?
Ja, genau!
Bestimmt kommt Frau Shizu heute wieder ...
Es ist ja Weihnachten!
...

Stille Nacht

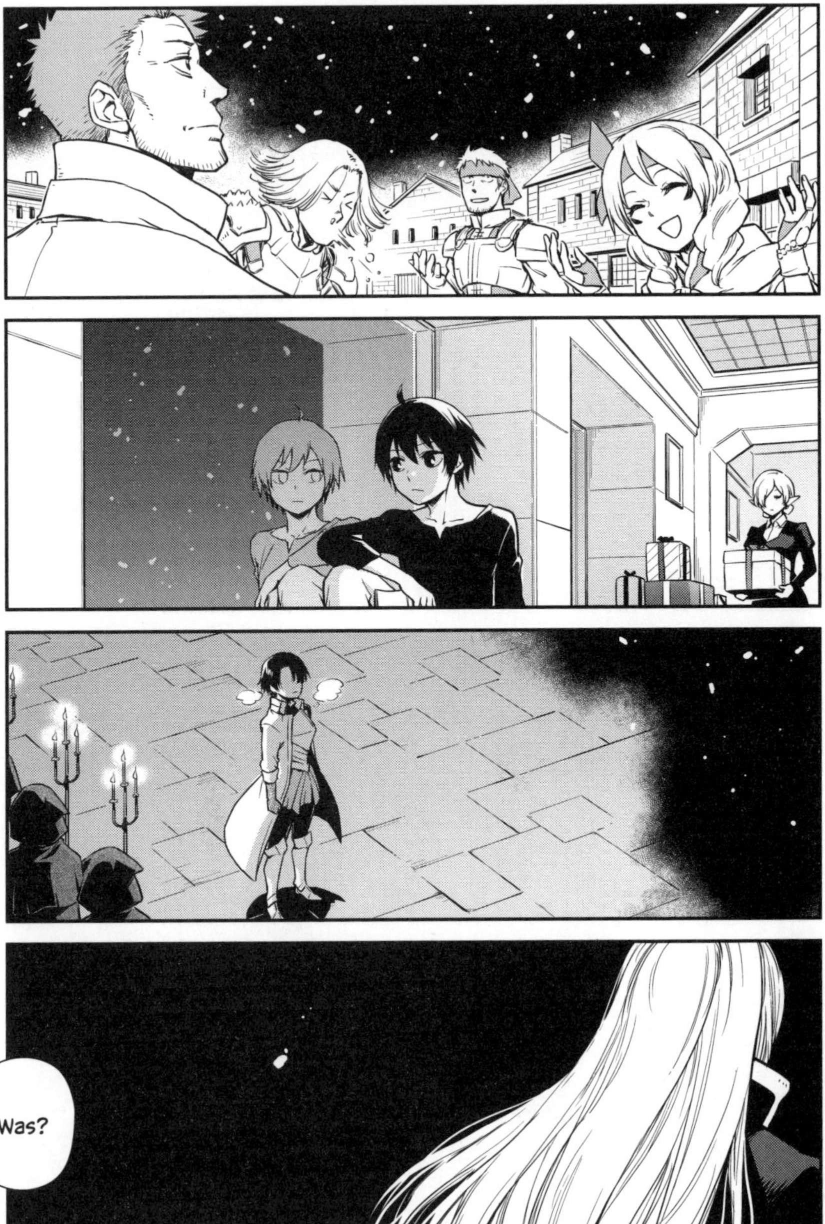

Die Beichte zum Heiligabend

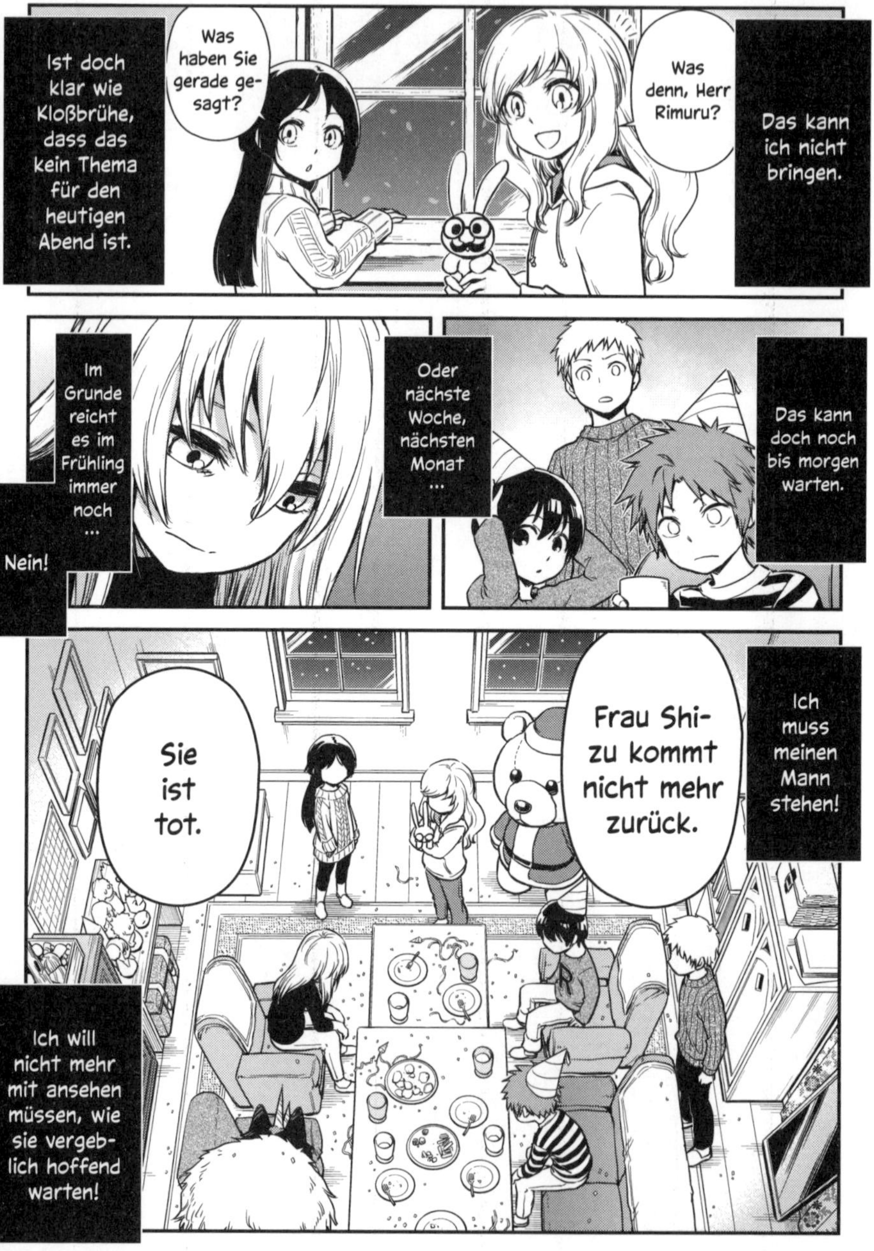

Das kann ich nicht bringen.
Was denn, Herr Rimuru?
Was haben Sie gerade gesagt?
Ist doch klar wie Kloßbrühe, dass das kein Thema für den heutigen Abend ist.
Das kann doch noch bis morgen warten.
Oder nächste Woche, nächsten Monat …
Im Grunde reicht es im Frühling immer noch …
Nein!
Ich muss meinen Mann stehen!
Frau Shizu kommt nicht mehr zurück.
Sie ist tot.
Ich will nicht mehr mit ansehen müssen, wie sie vergeblich hoffend warten!

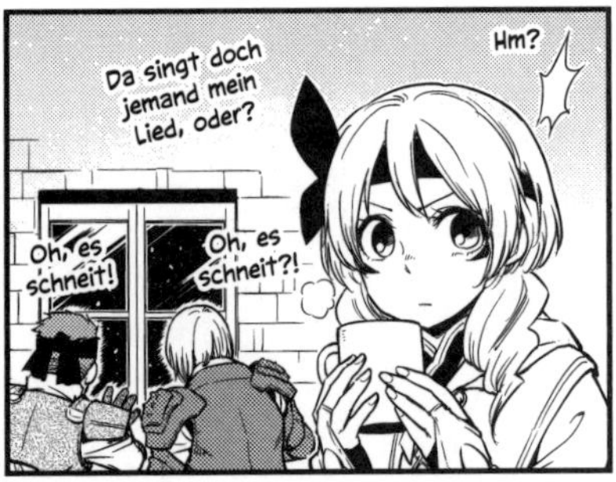
Hm?
Da singt doch jemand mein Lied, oder?
Oh, es schneit?!
Oh, es schneit!

Die SCHLEIM-Tagebücher

Das Weihnachtsfest nach über 70 Jahren

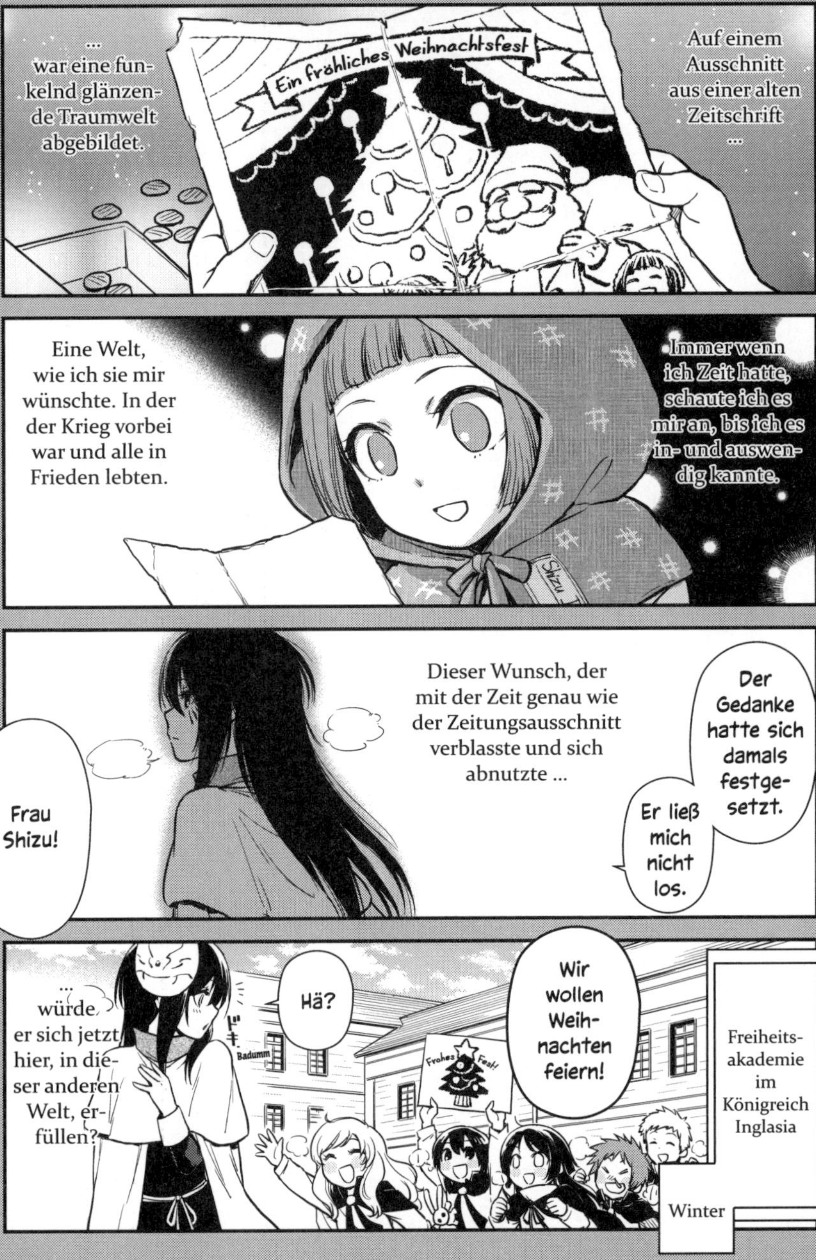
Ein fröhliches Weihnachtsfest
Auf einem Ausschnitt aus einer alten Zeitschrift ...
... war eine funkelnd glänzende Traumwelt abgebildet.
Immer wenn ich Zeit hatte, schaute ich es mir an, bis ich es in- und auswendig kannte.
Eine Welt, wie ich sie mir wünschte. In der der Krieg vorbei war und alle in Frieden lebten.
Shizu
Der Gedanke hatte sich damals festgesetzt.
Er ließ mich nicht los.
Dieser Wunsch, der mit der Zeit genau wie der Zeitungsausschnitt verblasste und sich abnutzte ...
Frau Shizu!
Winter
Freiheitsakademie im Königreich Inglasia
Wir wollen Weihnachten feiern!
Frohes Fest!
Hä?
Badumm
... würde er sich jetzt hier, in dieser anderen Welt, erfüllen?

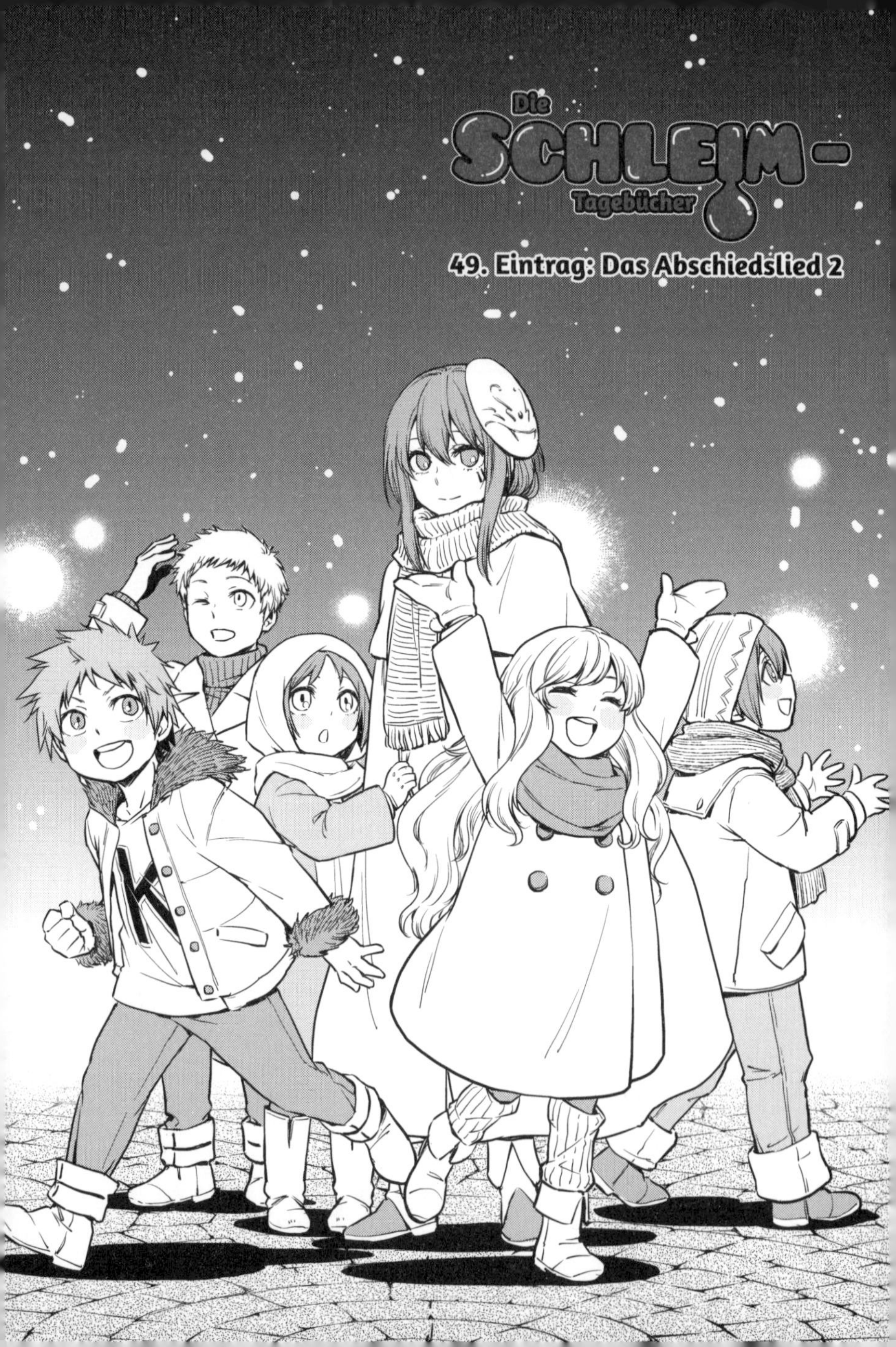
Die SCHLEIM-Tagebücher
49. Eintrag: Das Abschiedslied 2

Eine neue Erkenntnis

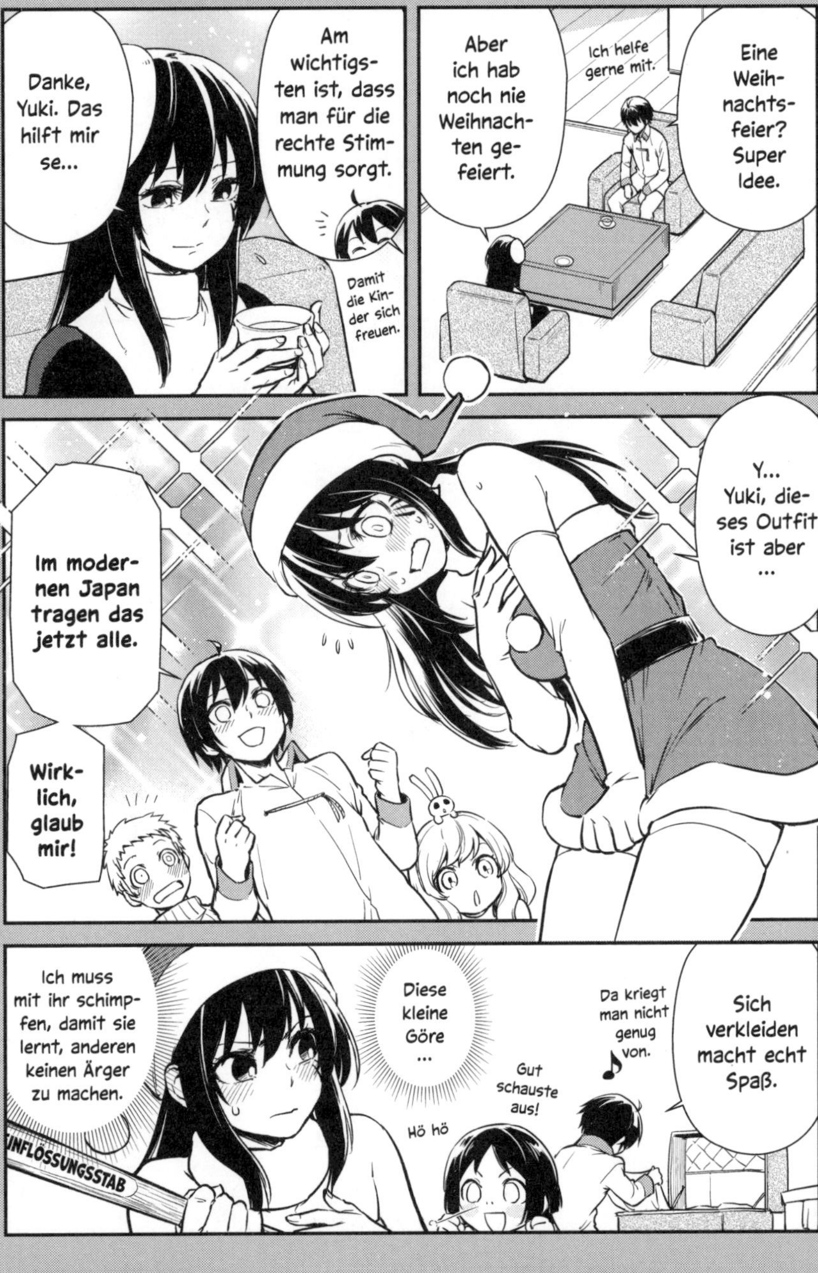

Eine Weihnachtsfeier? Super Idee.
Ich helfe gerne mit.
Aber ich hab noch nie Weihnachten gefeiert.
Am wichtigsten ist, dass man für die rechte Stimmung sorgt.
Damit die Kinder sich freuen.
Danke, Yuki. Das hilft mir se...
Y... Yuki, dieses Outfit ist aber ...
Im modernen Japan tragen das jetzt alle.
Wirklich, glaub mir!
Sich verkleiden macht echt Spaß.
Da kriegt man nicht genug von.
Gut schauste aus!
Hö hö
Diese kleine Göre ...
Ich muss mit ihr schimpfen, damit sie lernt, anderen keinen Ärger zu machen.
INFLÖSSUNGSSTAB

Der Mann mit dem weißen Bart

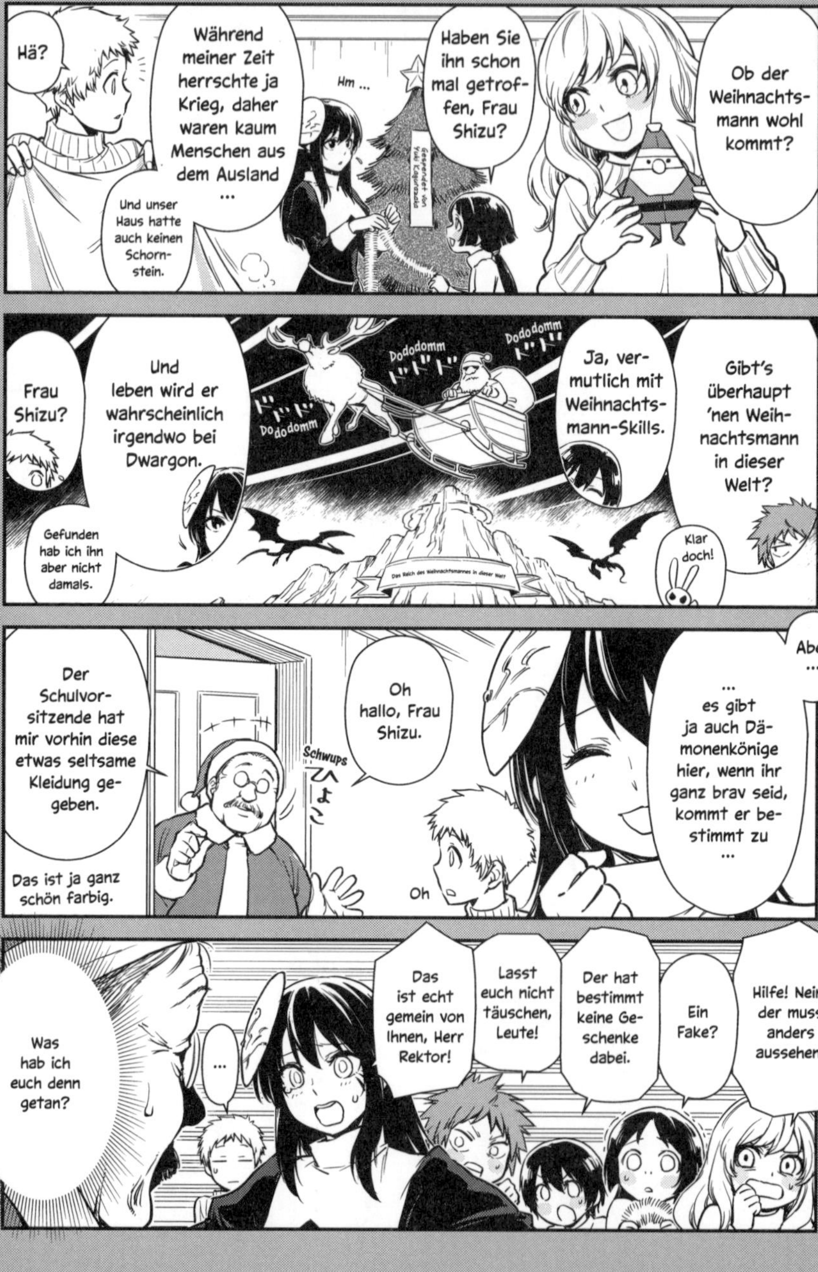

Ob der Weihnachtsmann wohl kommt?
Haben Sie ihn schon mal getroffen, Frau Shizu?
Gespendet von Yuki Kagurazaka
Hm ...
Während meiner Zeit herrschte ja Krieg, daher waren kaum Menschen aus dem Ausland ...
Und unser Haus hatte auch keinen Schornstein.
Hä?
Gibt's überhaupt 'nen Weihnachtsmann in dieser Welt?
Klar doch!
Ja, vermutlich mit Weihnachtsmann-Skills.
Dododomm
Dododomm
Dododomm
Das Reich des Weihnachtsmannes in dieser Welt
Und leben wird er wahrscheinlich irgendwo bei Dwargon.
Gefunden hab ich ihn aber nicht damals.
Frau Shizu?
Aber ...
... es gibt ja auch Dämonenkönige hier, wenn ihr ganz brav seid, kommt er bestimmt zu ...
Oh
Oh hallo, Frau Shizu.
Schwups
Der Schulvorsitzende hat mir vorhin diese etwas seltsame Kleidung gegeben.
Das ist ja ganz schön farbig.
Hilfe! Nein, der muss anders aussehen!
Ein Fake?
Der hat bestimmt keine Geschenke dabei.
Lasst euch nicht täuschen, Leute!
Das ist echt gemein von Ihnen, Herr Rektor!
...
Was hab ich euch denn getan?

Das ist mein erstes Weihnachtsgeschenk

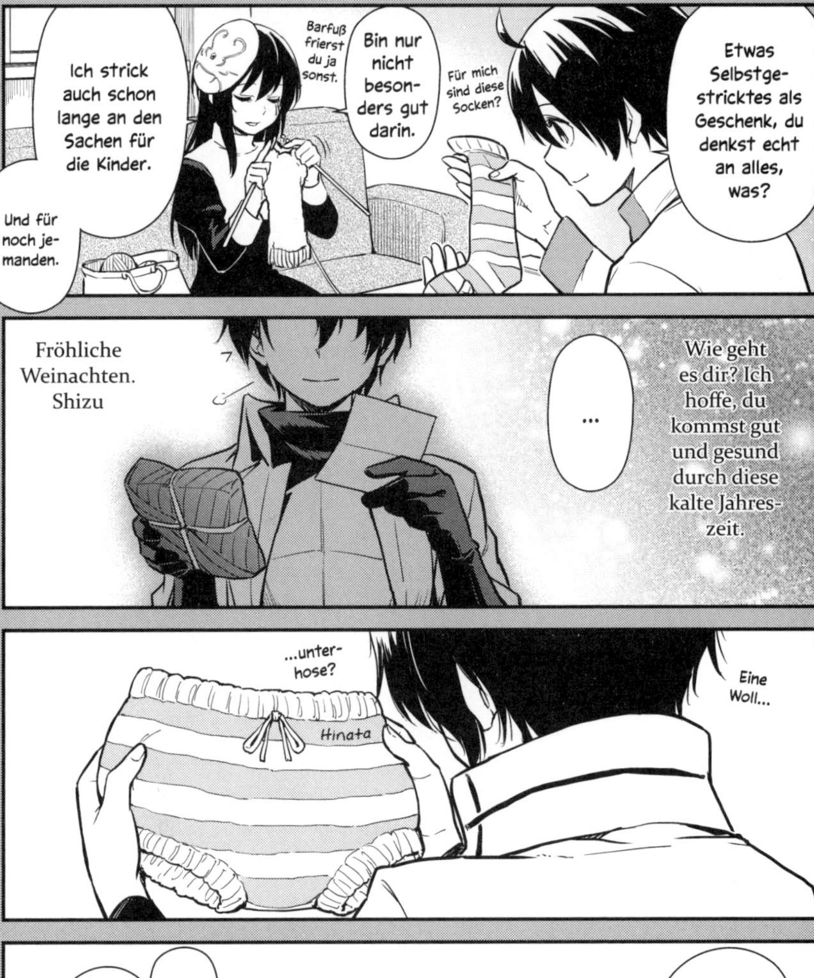
Etwas Selbstgestricktes als Geschenk, du denkst echt an alles, was?
Für mich sind diese Socken?
Bin nur nicht besonders gut darin.
Barfuß frierst du ja sonst.
Ich strick auch schon lange an den Sachen für die Kinder.
Und für noch jemanden.
Wie geht es dir? Ich hoffe, du kommst gut und gesund durch diese kalte Jahreszeit.
...
Fröhliche Weinachten. Shizu
Eine Woll...
...unterhose?
Hinata
Na, ob sie die wohl tragen wird ...
Was?
Na klar, die ist wohligwarm.
Ich trag auch so eine.

Als die Freude einen Moment lang stockte

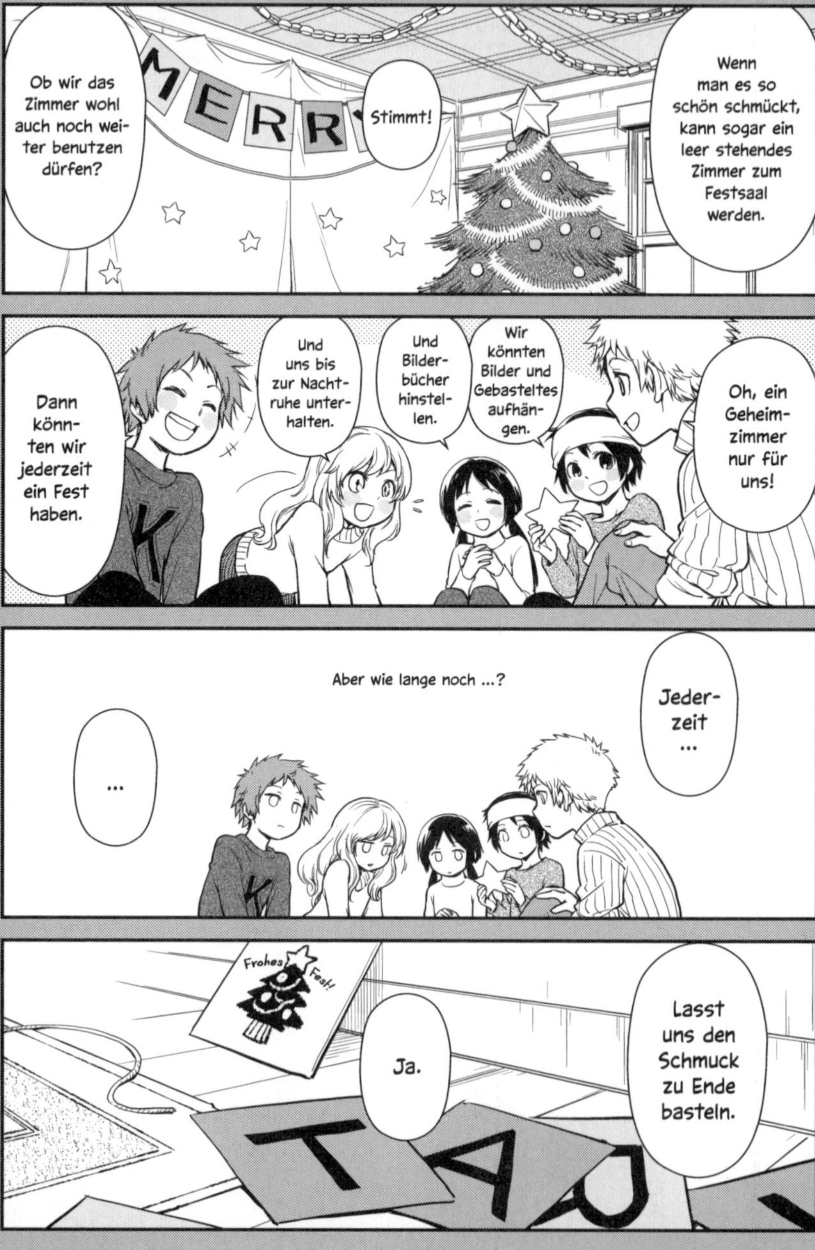
Wenn man es so schön schmückt, kann sogar ein leer stehendes Zimmer zum Festsaal werden.
Stimmt!
Ob wir das Zimmer wohl auch noch weiter benutzen dürfen?
MERRY
Oh, ein Geheimzimmer nur für uns!
Wir könnten Bilder und Gebasteltes aufhängen.
Und Bilderbücher hinstellen.
Und uns bis zur Nachtruhe unterhalten.
Dann könnten wir jederzeit ein Fest haben.
Jederzeit ...
Aber wie lange noch ...?
...
Lasst uns den Schmuck zu Ende basteln.
Ja.
Frohes Fest!

Glück im Mund schafft glückliche Stund'

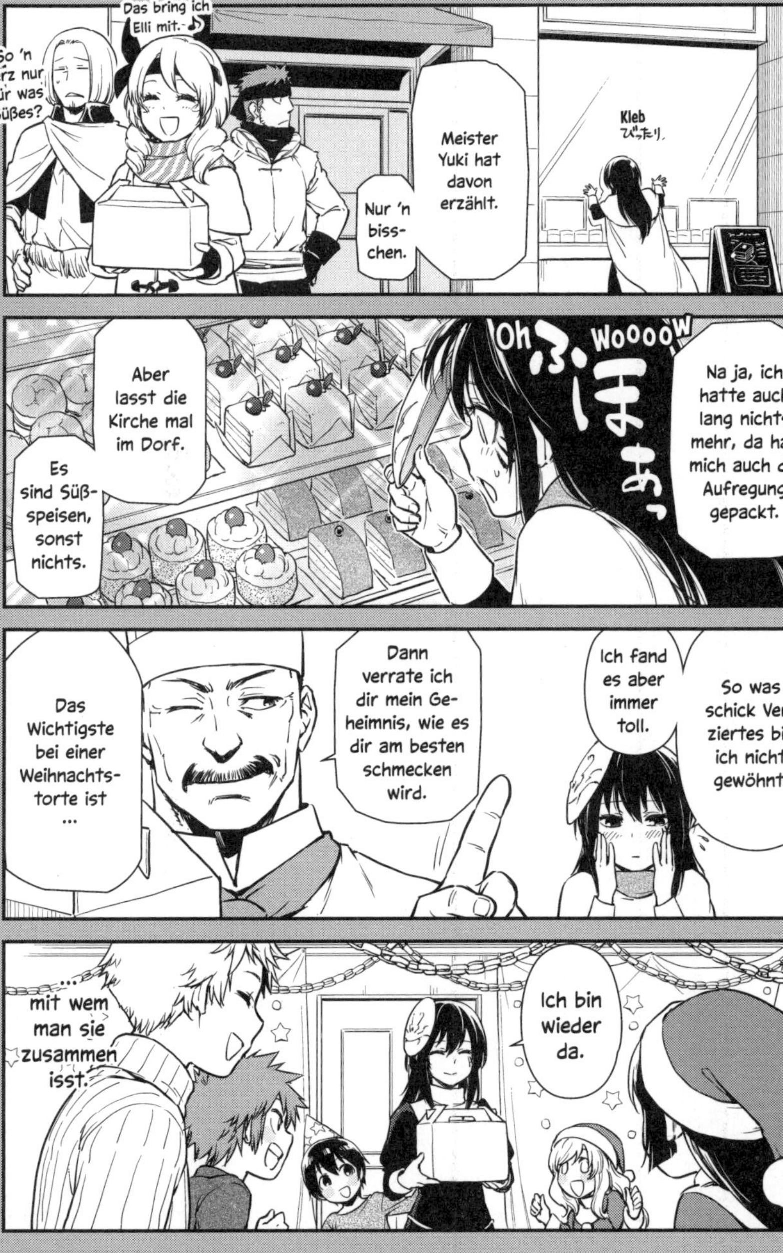

Kleb
ぴったり
Meister Yuki hat davon erzählt.
Nur 'n bisschen.
Das bring ich Elli mit. ♪
So 'n Terz nur für was Süßes?
Oh
ふほぁっ
Woooow
Na ja, ich hatte auch lang nichts mehr, da hat mich auch die Aufregung gepackt.
Aber lasst die Kirche mal im Dorf.
Es sind Süßspeisen, sonst nichts.
So was schick Verziertes bin ich nicht gewöhnt.
Ich fand es aber immer toll.
Dann verrate ich dir mein Geheimnis, wie es dir am besten schmecken wird.
Das Wichtigste bei einer Weihnachtstorte ist …
Ich bin wieder da.
… mit wem man sie zusammen isst.

Eine Zündschnur

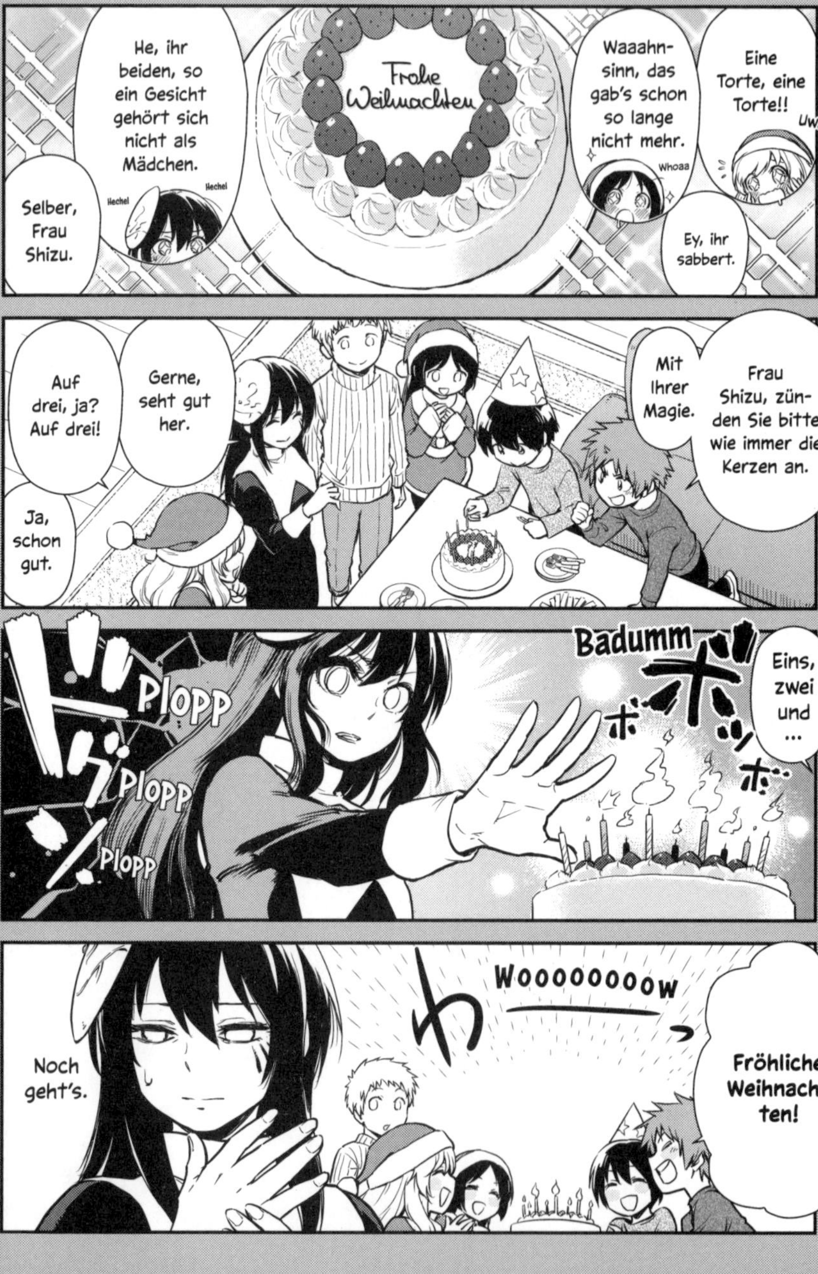
Eine Torte, eine Torte!!
Uwaah!
Waaahn-sinn, das gab's schon so lange nicht mehr.
Whoaa
Ey, ihr sabbert.
Frohe Weihnachten
He, ihr beiden, so ein Gesicht gehört sich nicht als Mädchen.
Hechel
Hechel
Selber, Frau Shizu.
Frau Shizu, zün-den Sie bitte wie immer die Kerzen an.
Mit Ihrer Magie.
Gerne, seht gut her.
Auf drei, ja? Auf drei!
Ja, schon gut.
Eins, zwei und ...
Badumm
Plopp
Plopp
Plopp
Woooooooow
Fröhliche Weihnach-ten!
Noch geht's.

Lieber Herr Weihnachtsmann

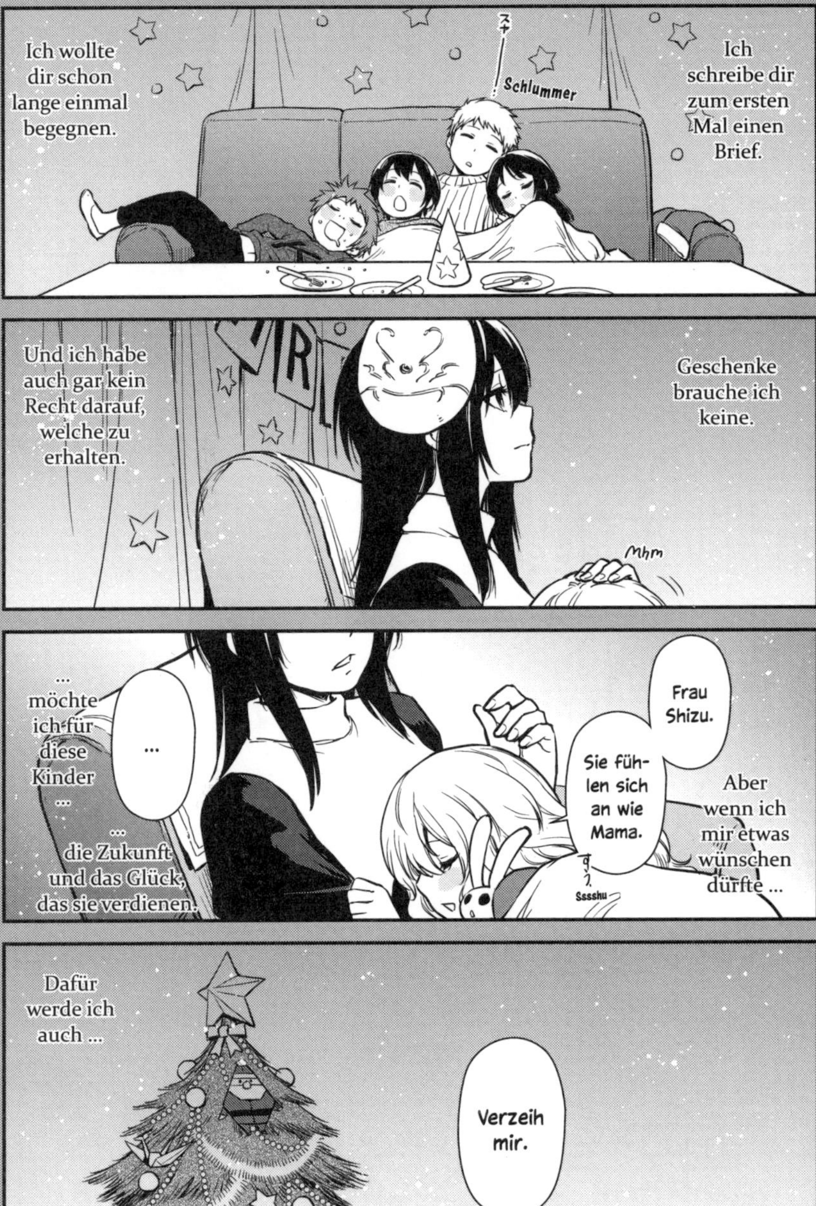
Ich schreibe dir zum ersten Mal einen Brief.
Ich wollte dir schon lange einmal begegnen.
Schlummer
Geschenke brauche ich keine.
Und ich habe auch gar kein Recht darauf, welche zu erhalten.
Mhm
Frau Shizu.
Sie fühlen sich an wie Mama.
Aber wenn ich mir etwas wünschen dürfte …
Sssshu
…
… möchte ich für diese Kinder …
… die Zukunft und das Glück, das sie verdienen.
Verzeih mir.
Dafür werde ich auch …

Die Wütende

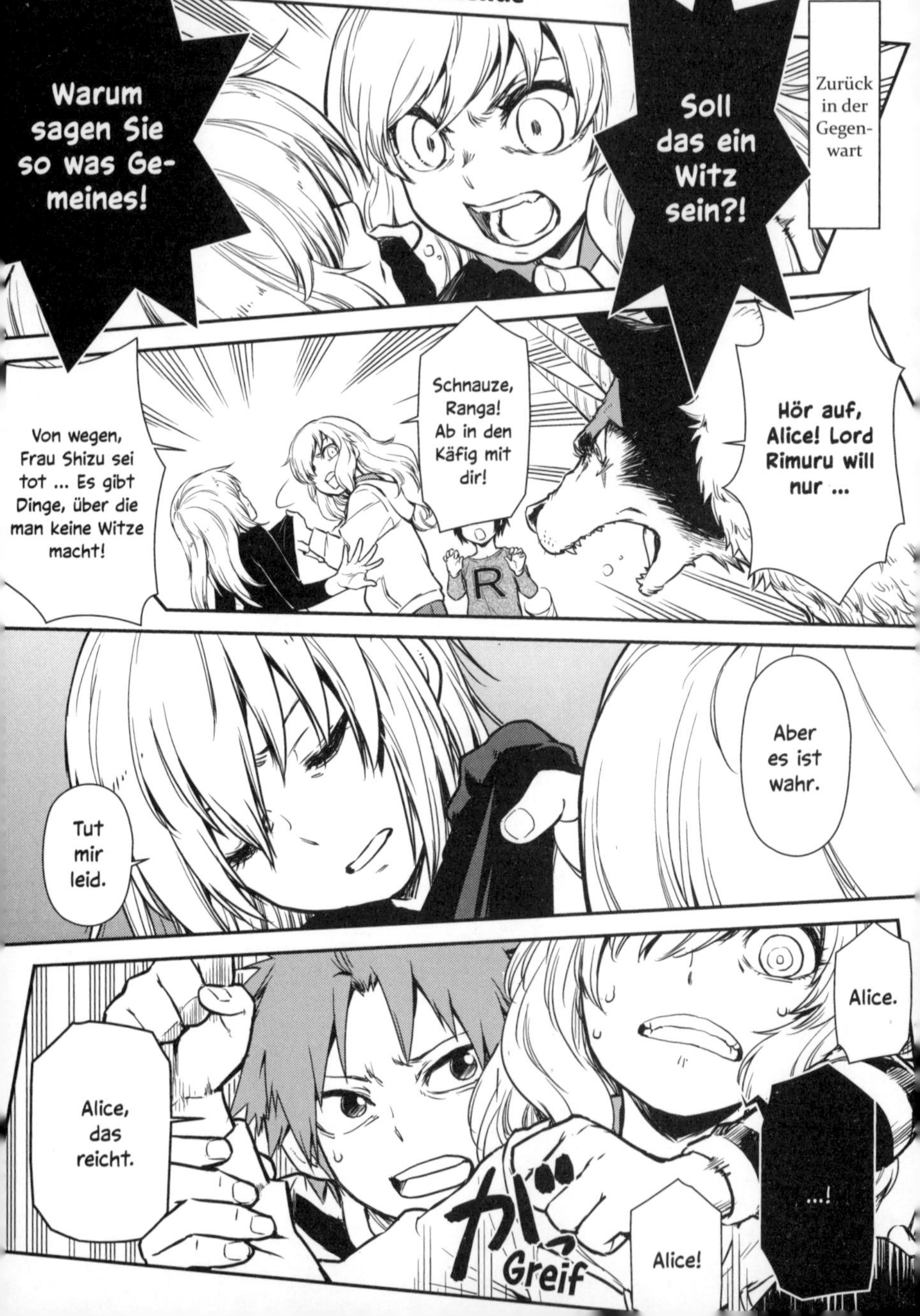
Zurück in der Gegenwart
Soll das ein Witz sein?!
Warum sagen Sie so was Gemeines!
Hör auf, Alice! Lord Rimuru will nur ...
Schnauze, Ranga! Ab in den Käfig mit dir!
Von wegen, Frau Shizu sei tot ... Es gibt Dinge, über die man keine Witze macht!
Aber es ist wahr.
Tut mir leid.
Alice.
...!
Alice!
Greif
Alice, das reicht.

Gefühle, die rausmüssen

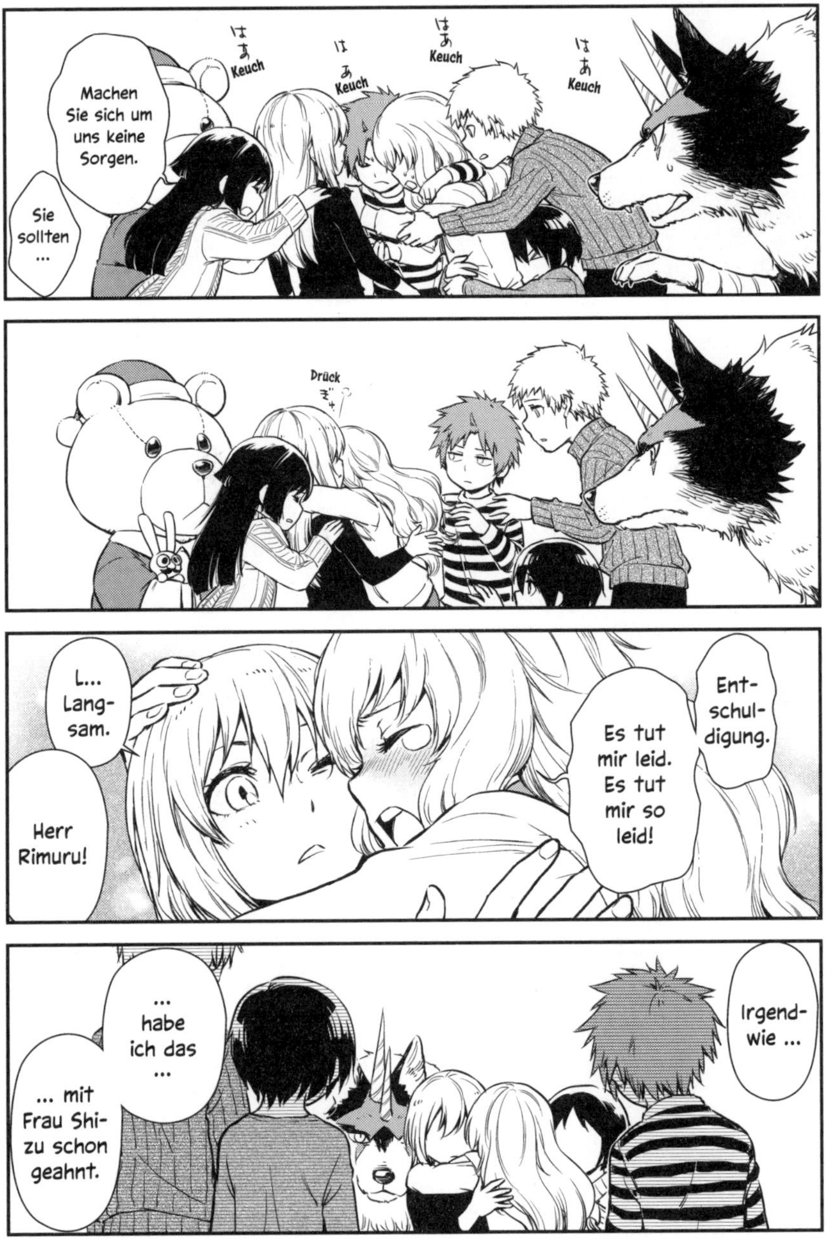

Keuch
Keuch
Keuch
Keuch
Machen Sie sich um uns keine Sorgen.
Sie sollten ...
Drück
Ent-schul-digung.
Es tut mir leid. Es tut mir so leid!
L... Lang-sam.
Herr Rimuru!
Irgend-wie ...
... habe ich das ...
... mit Frau Shi-zu schon geahnt.

Der Grund seines Schweigens

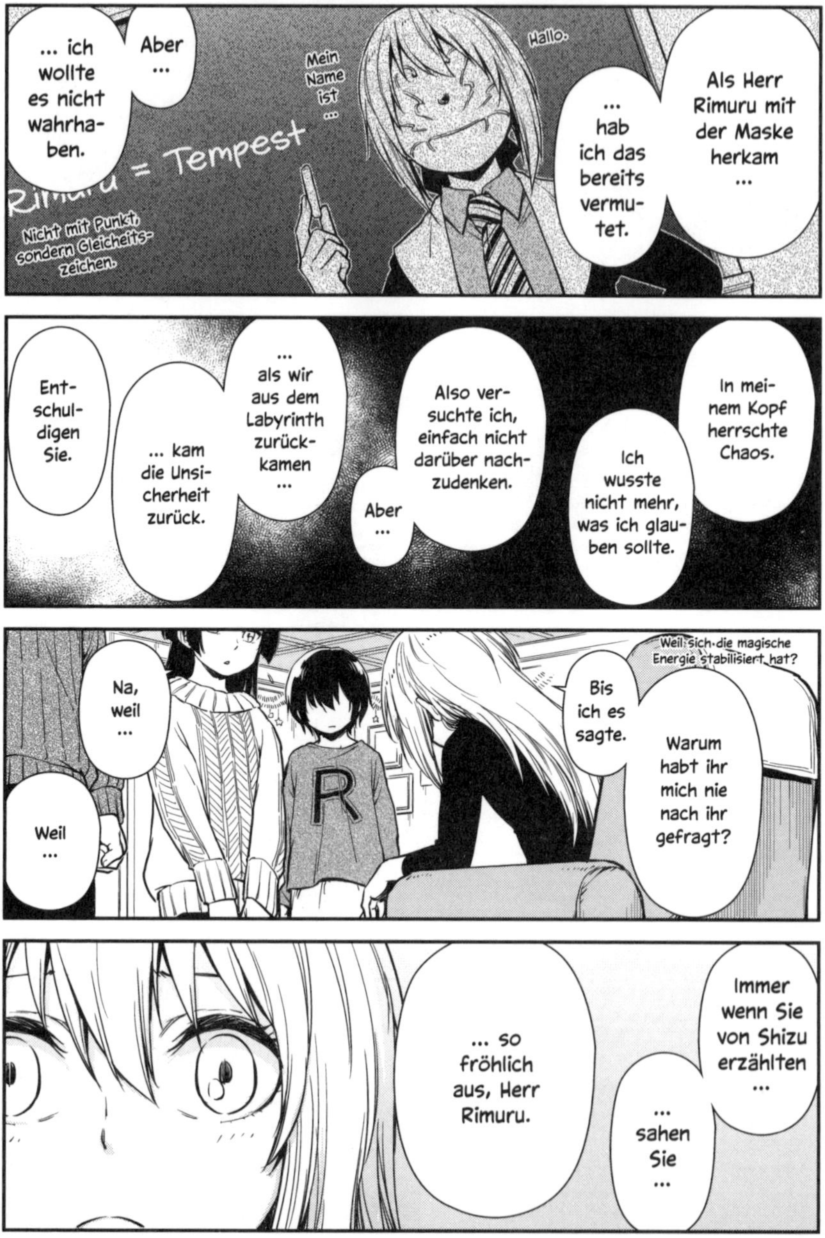
Als Herr Rimuru mit der Maske herkam ...
... hab ich das bereits vermutet.
Hallo.
Mein Name ist ...
Rimuru = Tempest
Nicht mit Punkt, sondern Gleicheitszeichen.
Aber ...
... ich wollte es nicht wahrhaben.
In meinem Kopf herrschte Chaos.
Ich wusste nicht mehr, was ich glauben sollte.
Also versuchte ich, einfach nicht darüber nachzudenken.
Aber ...
... als wir aus dem Labyrinth zurückkamen ...
... kam die Unsicherheit zurück.
Entschuldigen Sie.
Weil sich die magische Energie stabilisiert hat?
Warum habt ihr mich nie nach ihr gefragt?
Bis ich es sagte.
Na, weil ...
Weil ...
Immer wenn Sie von Shizu erzählten ...
... sahen Sie ...
... so fröhlich aus, Herr Rimuru.

Erklärung

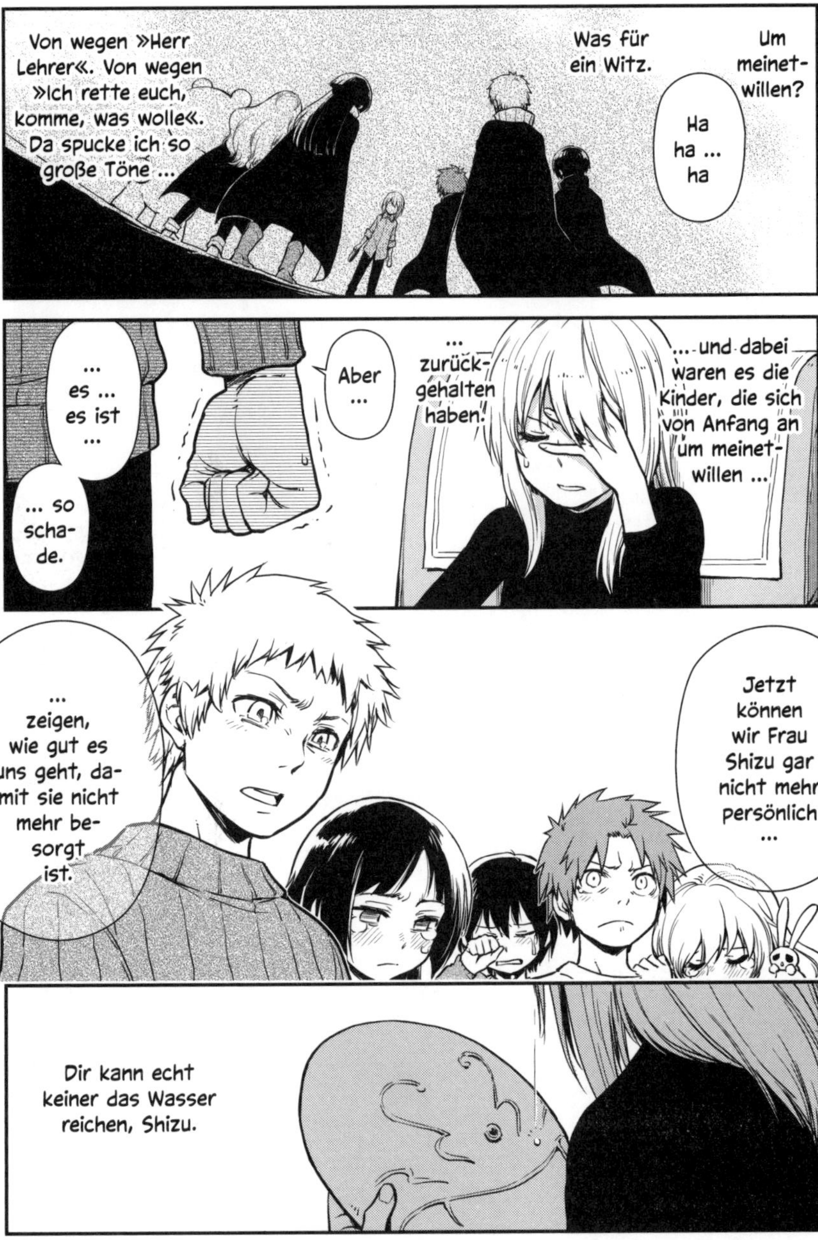
Um meinet-willen?
Ha ha … ha
Was für ein Witz.
Von wegen »Herr Lehrer«. Von wegen »Ich rette euch, komme, was wolle«. Da spucke ich so große Töne …
… und dabei waren es die Kinder, die sich von Anfang an um meinet-willen …
… zurück-gehalten haben.
Aber …
… es … es ist …
… so scha-de.
Jetzt können wir Frau Shizu gar nicht mehr persönlich …
… zeigen, wie gut es uns geht, da-mit sie nicht mehr be-sorgt ist.
Dir kann echt keiner das Wasser reichen, Shizu.

Shizus Dankestränen

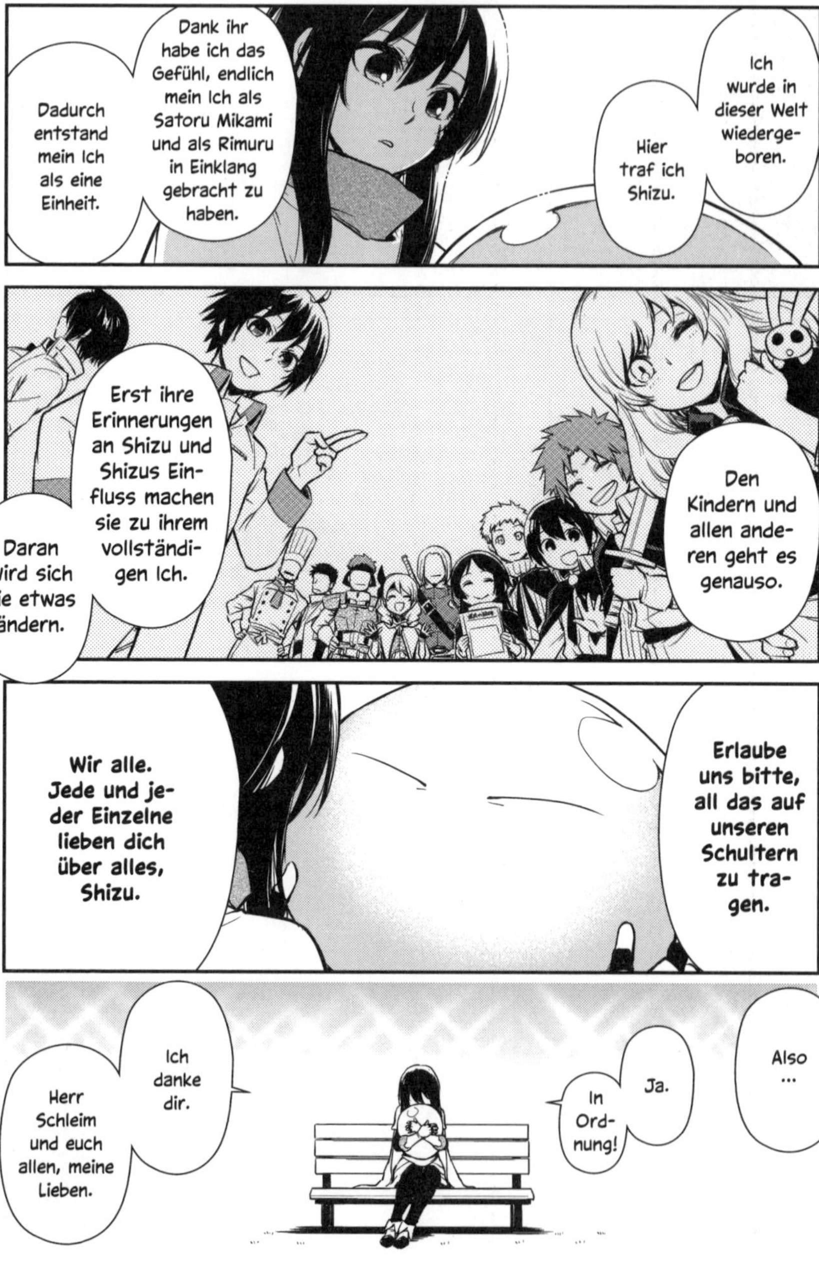
Ich wurde in dieser Welt wiedergeboren.
Hier traf ich Shizu.
Dank ihr habe ich das Gefühl, endlich mein Ich als Satoru Mikami und als Rimuru in Einklang gebracht zu haben.
Dadurch entstand mein Ich als eine Einheit.
Den Kindern und allen anderen geht es genauso.
Erst ihre Erinnerungen an Shizu und Shizus Einfluss machen sie zu ihrem vollständigen Ich.
Daran wird sich nie etwas ändern.
Erlaube uns bitte, all das auf unseren Schultern zu tragen.
Wir alle. Jede und jeder Einzelne lieben dich über alles, Shizu.
Also ...
Ja.
In Ordnung!
Ich danke dir.
Herr Schleim und euch allen, meine Lieben.

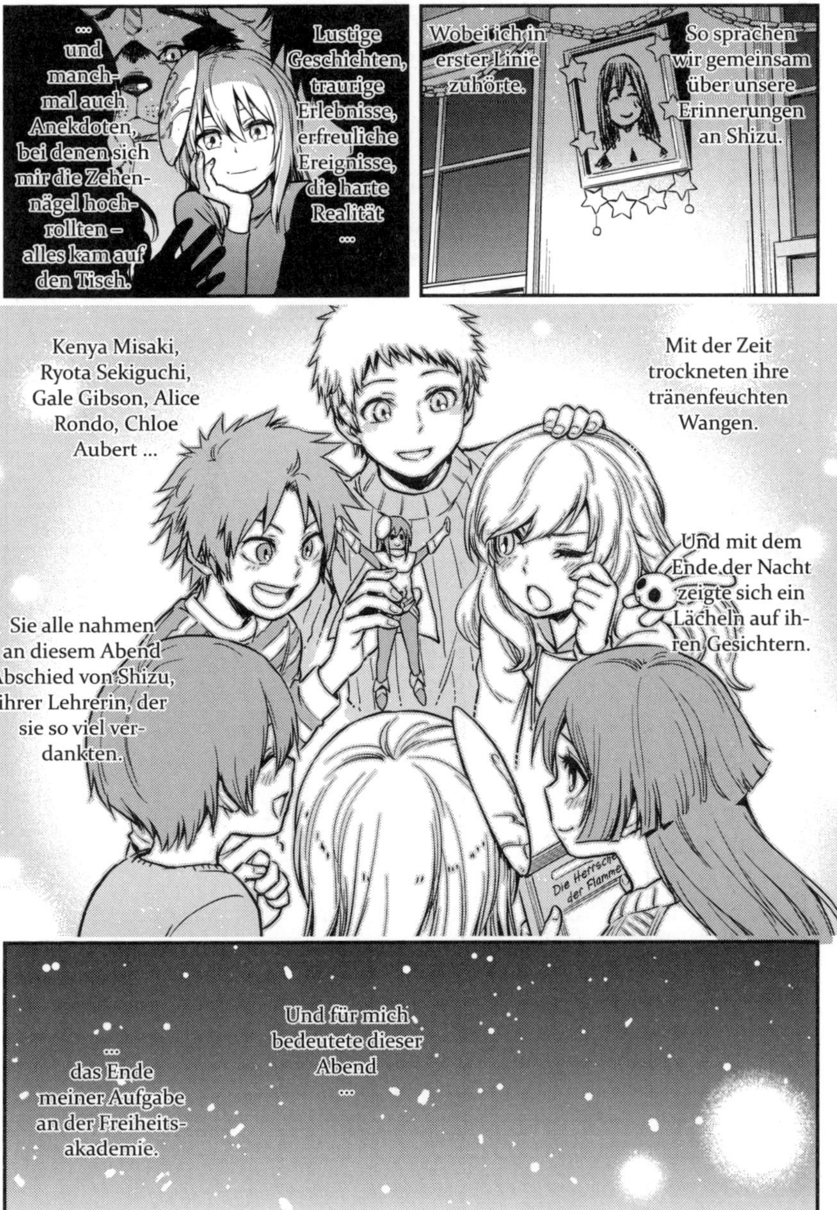
Lustige Geschichten, traurige Erlebnisse, erfreuliche Ereignisse, die harte Realität …
… und manchmal auch Anekdoten, bei denen sich mir die Zehennägel hochrollten – alles kam auf den Tisch.
So sprachen wir gemeinsam über unsere Erinnerungen an Shizu.
Wobei ich in erster Linie zuhörte.
Kenya Misaki, Ryota Sekiguchi, Gale Gibson, Alice Rondo, Chloe Aubert …
Sie alle nahmen an diesem Abend Abschied von Shizu, ihrer Lehrerin, der sie so viel verdankten.
Mit der Zeit trockneten ihre tränenfeuchten Wangen.
Und mit dem Ende der Nacht zeigte sich ein Lächeln auf ihren Gesichtern.
Die Herrsche der Flamme
Und für mich bedeutete dieser Abend …
… das Ende meiner Aufgabe an der Freiheitsakademie.

An diesem Tag

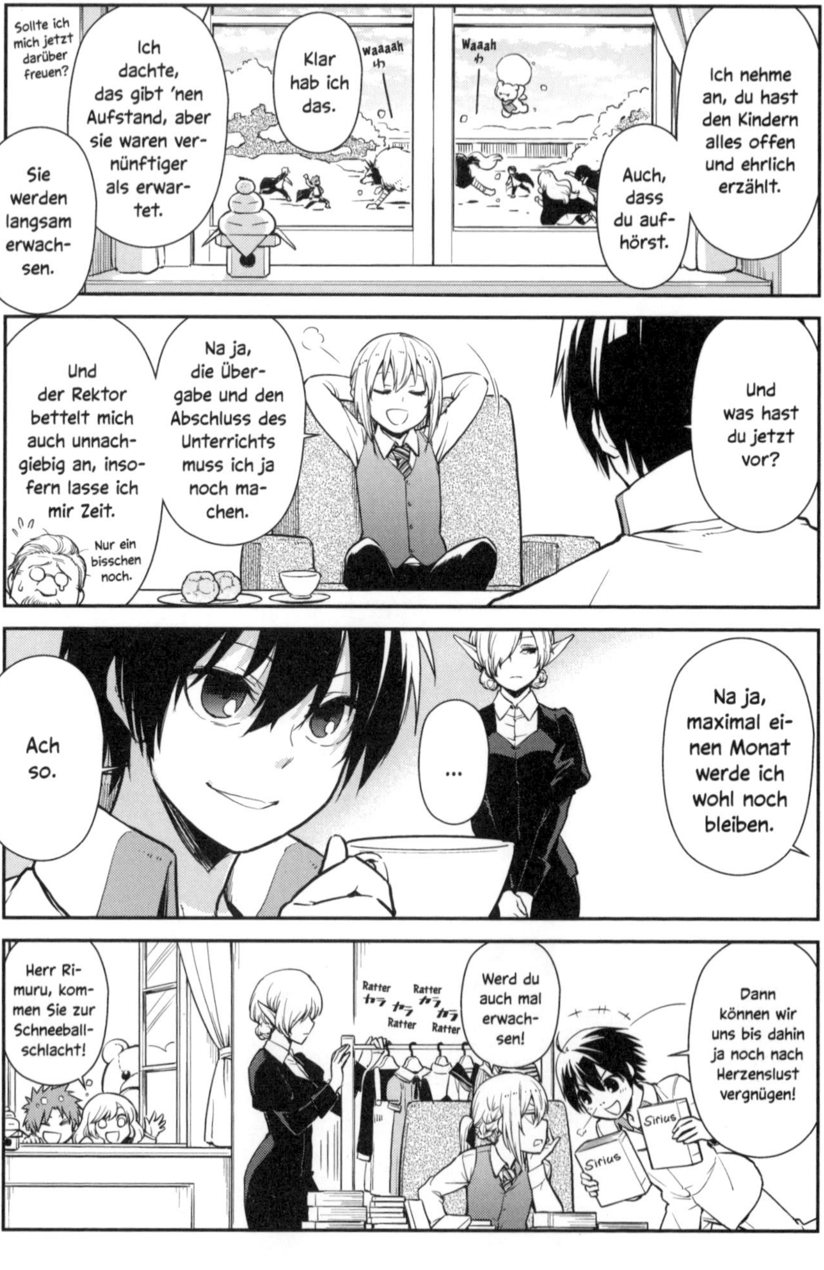
Ich nehme an, du hast den Kindern alles offen und ehrlich erzählt.
Auch, dass du aufhörst.
Waaah
Waaaah
Klar hab ich das.
Ich dachte, das gibt 'nen Aufstand, aber sie waren vernünftiger als erwartet.
Sollte ich mich jetzt darüber freuen?
Sie werden langsam erwachsen.
Und was hast du jetzt vor?
Na ja, die Übergabe und den Abschluss des Unterrichts muss ich ja noch machen.
Und der Rektor bettelt mich auch unnachgiebig an, insofern lasse ich mir Zeit.
Nur ein bisschen noch.
Na ja, maximal einen Monat werde ich wohl noch bleiben.
...
Ach so.
Dann können wir uns bis dahin ja noch nach Herzenslust vergnügen!
Sirius
Sirius
Werd du auch mal erwachsen!
Ratter
Ratter
Ratter
Ratter
Herr Rimuru, kommen Sie zur Schneeballschlacht!

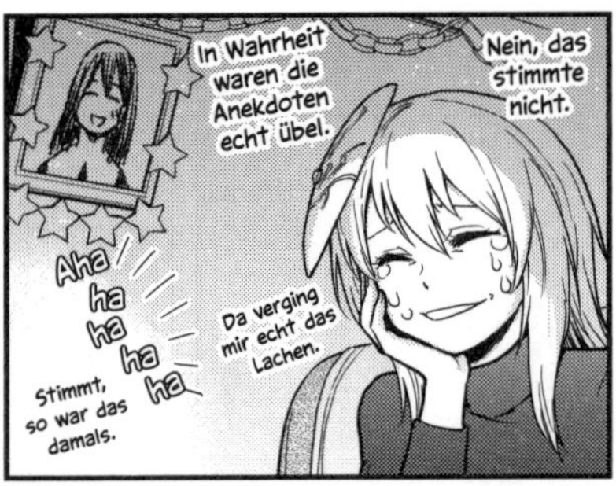
Nein, das stimmte nicht.
In Wahrheit waren die Anekdoten echt übel.
Da verging mir echt das Lachen.
Ahaha ha ha ha
Stimmt, so war das damals.

Die SCHLEIM-Tagebücher

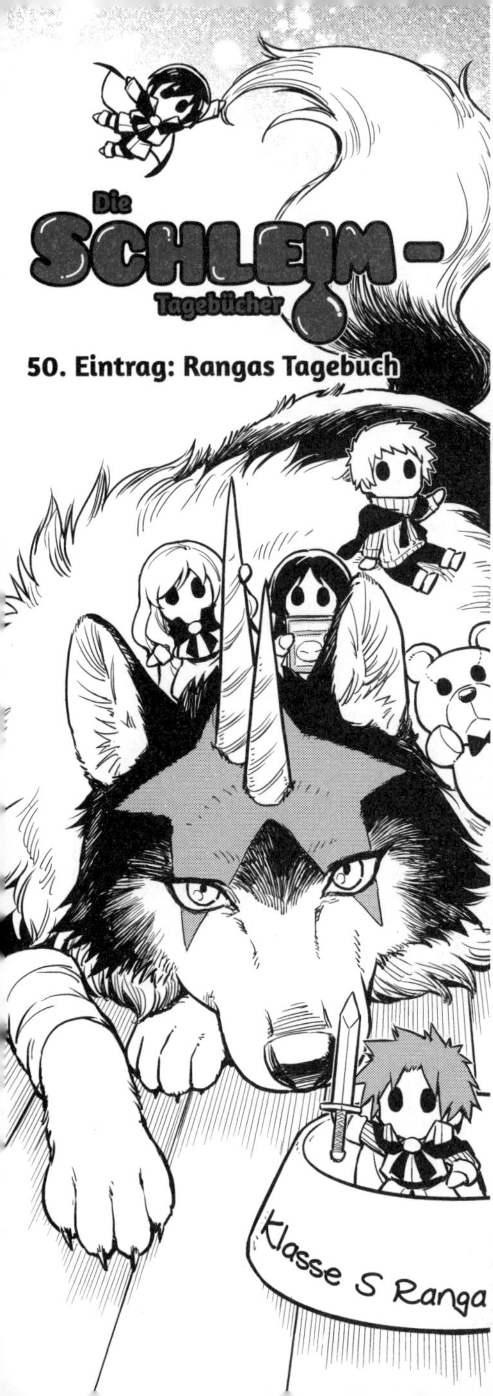
Die SCHLEIM-Tagebücher
50. Eintrag: Rangas Tagebuch
Klasse S Ranga

Rotationssystem

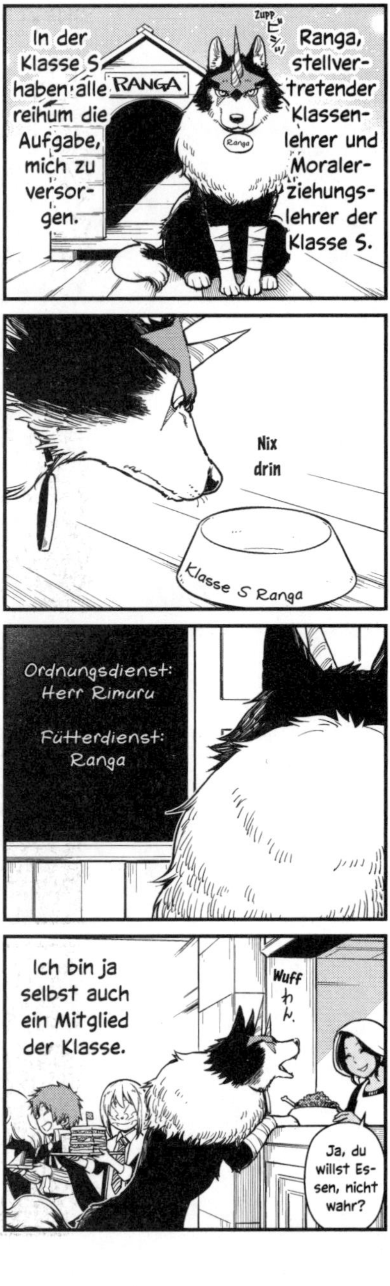
Zupp
Ranga, stellvertretender Klassenlehrer und Moralerziehungslehrer der Klasse S.
RANGA
In der Klasse S haben alle reihum die Aufgabe, mich zu versorgen.
Nix drin
Klasse S Ranga
Ordnungsdienst: Herr Rimuru
Fütterdienst: Ranga
Wuff
Ich bin ja selbst auch ein Mitglied der Klasse.
Ja, du willst Essen, nicht wahr?

Das erste Treffen

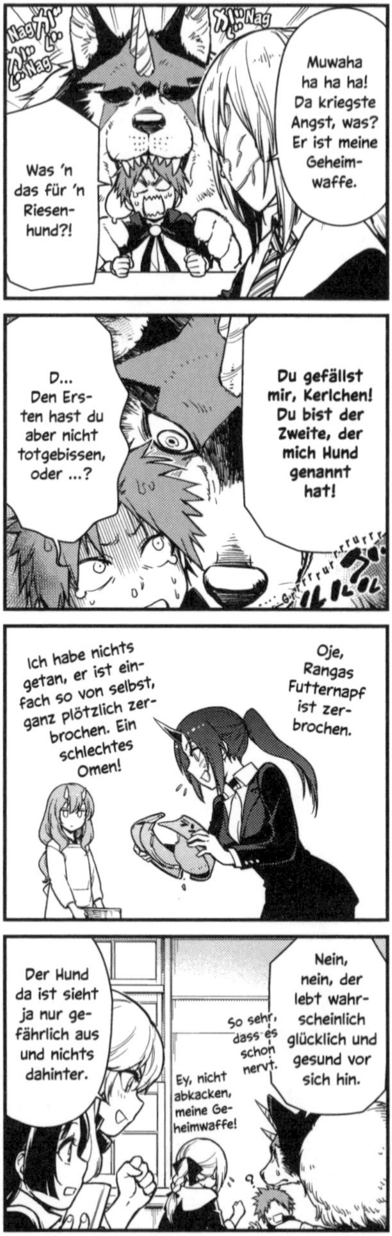

Nag
Nag
Nag
Muwaha ha ha ha! Da kriegste Angst, was? Er ist meine Geheimwaffe.
Was 'n das für 'n Riesenhund?!
Du gefällst mir, Kerlchen! Du bist der Zweite, der mich Hund genannt hat!
D... Den Ersten hast du aber nicht totgebissen, oder ...?
Grrrrurrrrurrr
Oje, Rangas Futternapf ist zerbrochen.
Ich habe nichts getan, er ist einfach so von selbst, ganz plötzlich zerbrochen. Ein schlechtes Omen!
Nein, nein, der lebt wahrscheinlich glücklich und gesund vor sich hin.
So sehr, dass es schon nervt.
Der Hund da ist sieht ja nur gefährlich aus und nichts dahinter.
Ey, nicht abkacken, meine Geheimwaffe!

Vernichtungsmission

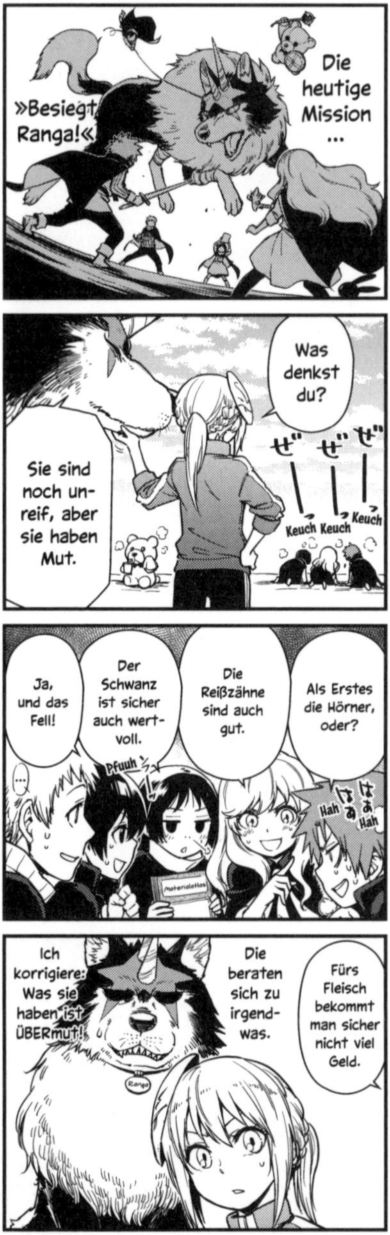

Die heutige Mission ...
»Besiegt Ranga!«
Was denkst du?
Sie sind noch unreif, aber sie haben Mut.
Keuch
Keuch
Keuch
Als Erstes die Hörner, oder?
Die Reißzähne sind auch gut.
Der Schwanz ist sicher auch wertvoll.
Ja, und das Fell!
Pfuuh
Hah
Hah
Materialatlas
Fürs Fleisch bekommt man sicher nicht viel Geld.
Die beraten sich zu irgendwas.
Ich korrigiere: Was sie haben ist ÜBERmut!
Ranga

Team Hmpf

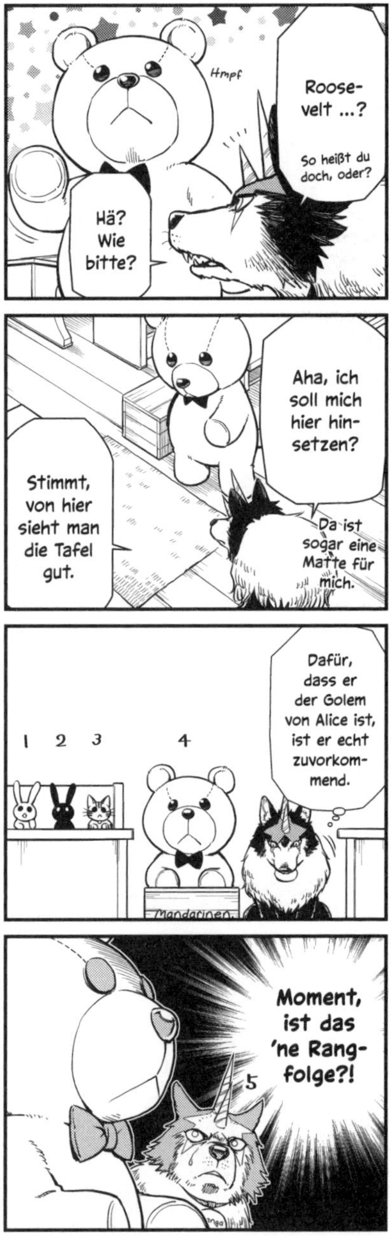
Hmpf
Roose-velt ...?
So heißt du doch, oder?
Hä? Wie bitte?
Aha, ich soll mich hier hin-setzen?
Da ist sogar eine Matte für mich.
Stimmt, von hier sieht man die Tafel gut.
Dafür, dass er der Golem von Alice ist, ist er echt zuvorkom-mend.
1 2 3 4
Mandarinen
Moment, ist das 'ne Rang-folge?!
5

Der macht ja große Häufchen

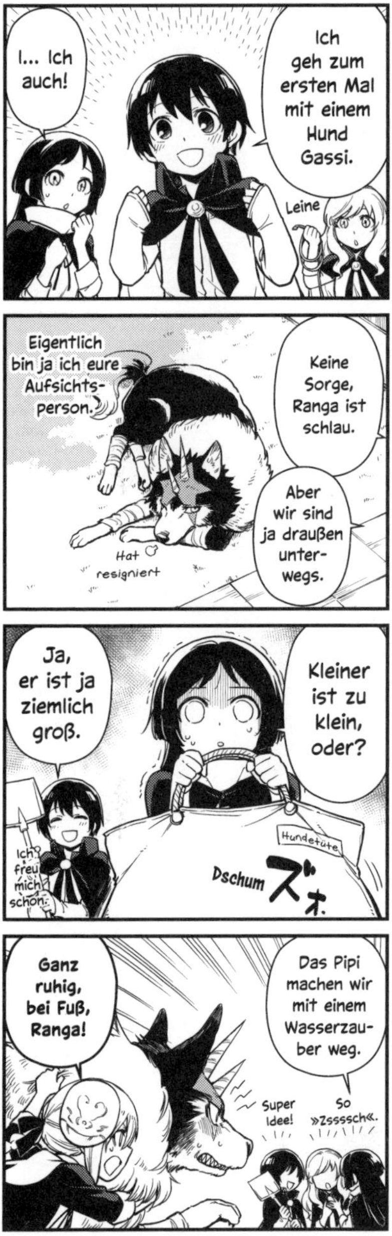
Ich geh zum ersten Mal mit einem Hund Gassi.
I... Ich auch!
Leine
Keine Sorge, Ranga ist schlau.
Eigentlich bin ja ich eure Aufsichts-person.
Aber wir sind ja draußen unter-wegs.
Hat resigniert
Kleiner ist zu klein, oder?
Ja, er ist ja ziemlich groß.
Ich freu mich schon.
Hundetüte
Dschum
Das Pipi machen wir mit einem Wasserzau-ber weg.
Ganz ruhig, bei Fuß, Ranga!
So »Zsssch«.
Super Idee!

Ein Mann muss auf sein Aussehen achten

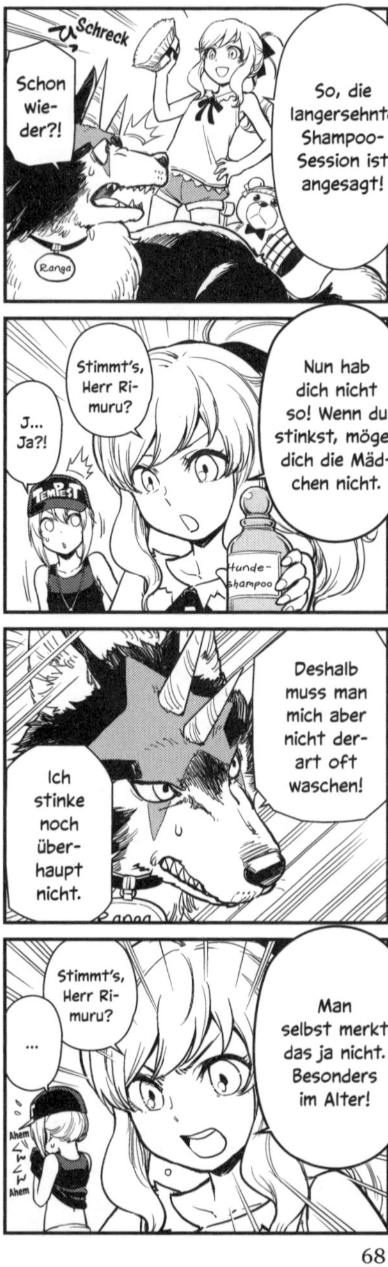
Schreck
Schon wieder?!
So, die langersehnte Shampoo-Session ist angesagt!
Ranga
Stimmt's, Herr Rimuru?
J... Ja?!
Nun hab dich nicht so! Wenn du stinkst, mögen dich die Mädchen nicht.
Hunde-shampoo
Deshalb muss man mich aber nicht derart oft waschen!
Ich stinke noch überhaupt nicht.
Stimmt's, Herr Rimuru?
...
Man selbst merkt das ja nicht. Besonders im Alter!
Ahem
Ahem

Der erste Eindruck

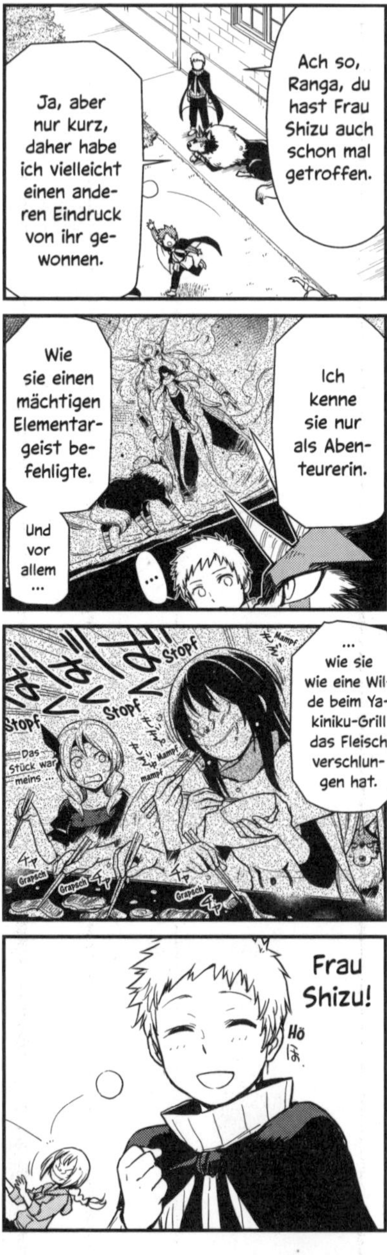
Ach so, Ranga, du hast Frau Shizu auch schon mal getroffen.
Ja, aber nur kurz, daher habe ich vielleicht einen anderen Eindruck von ihr gewonnen.
Ich kenne sie nur als Abenteurerin.
Wie sie einen mächtigen Elementargeist befehligte.
...
Und vor allem ...
... wie sie wie eine Wilde beim Yakiniku-Grill das Fleisch verschlungen hat.
Stopf
Stopf
Stopf
Mampf
Mampf
mampf
Das Stück war meins ...
Grapsch
Grapsch
Grapsch
Frau Shizu!
Hö

Ein altbekanntes Gesicht

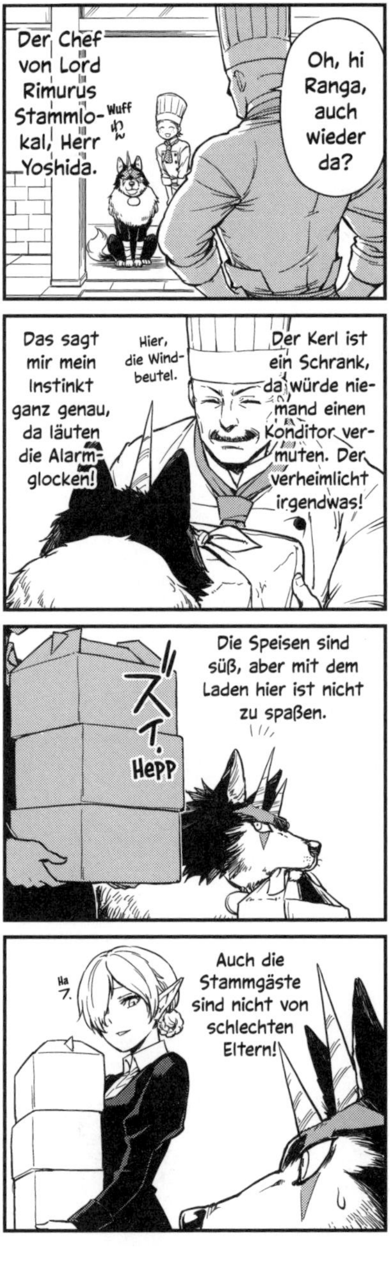
Oh, hi Ranga, auch wieder da?
Der Chef von Lord Rimurus Stammlokal, Herr Yoshida.
Wuff
Der Kerl ist ein Schrank, da würde niemand einen Konditor vermuten. Der verheimlicht irgendwas!
Hier, die Windbeutel.
Das sagt mir mein Instinkt ganz genau, da läuten die Alarmglocken!
Die Speisen sind süß, aber mit dem Laden hier ist nicht zu spaßen.
Hepp
Auch die Stammgäste sind nicht von schlechten Eltern!
Ha

Der Unterschlupf der Elementargeister

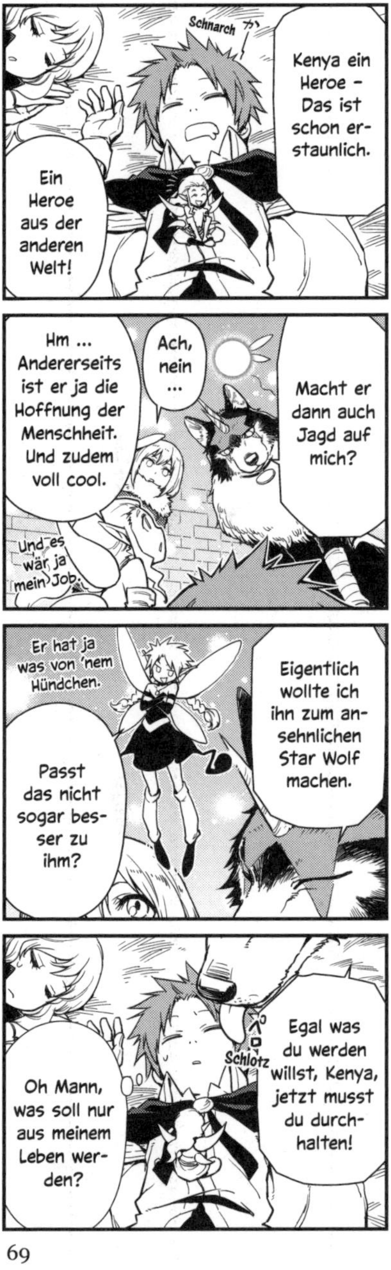
Kenya ein Heroe – Das ist schon erstaunlich.
Schnarch
Ein Heroe aus der anderen Welt!
Macht er dann auch Jagd auf mich?
Ach, nein …
Hm … Andererseits ist er ja die Hoffnung der Menschheit. Und zudem voll cool.
Und es wär ja mein Job.
Eigentlich wollte ich ihn zum ansehnlichen Star Wolf machen.
Er hat ja was von 'nem Hündchen.
Passt das nicht sogar besser zu ihm?
Egal was du werden willst, Kenya, jetzt musst du durchhalten!
Schlotz
Oh Mann, was soll nur aus meinem Leben werden?

Ein Albtraum

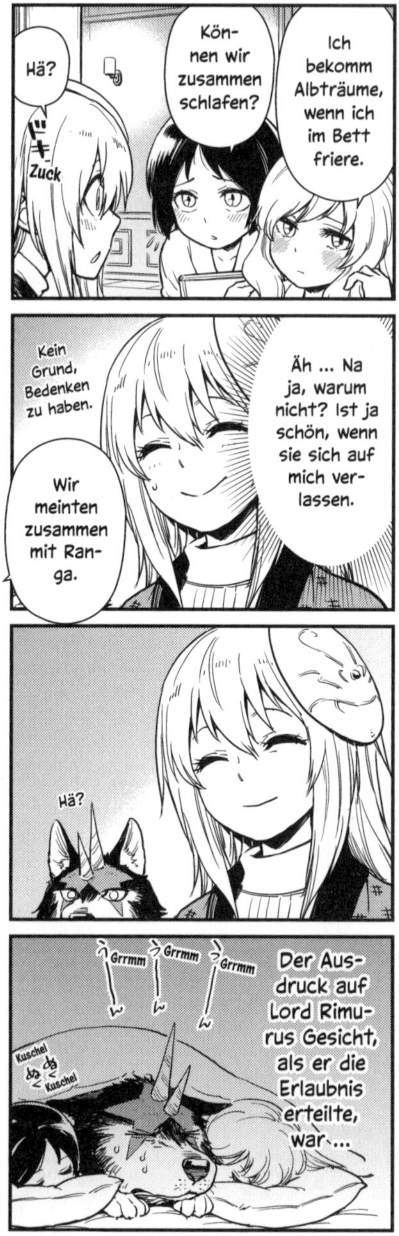
Ich bekomm Albträume, wenn ich im Bett friere.
Können wir zusammen schlafen?
Hä?
Zuck
Äh ... Na ja, warum nicht? Ist ja schön, wenn sie sich auf mich verlassen.
Kein Grund, Bedenken zu haben.
Wir meinten zusammen mit Ranga.
Hä?
Der Ausdruck auf Lord Rimurus Gesicht, als er die Erlaubnis erteilte, war ...
Grrmm
Grrmm
Grrmm
Kuschel
Kuschel

Magen

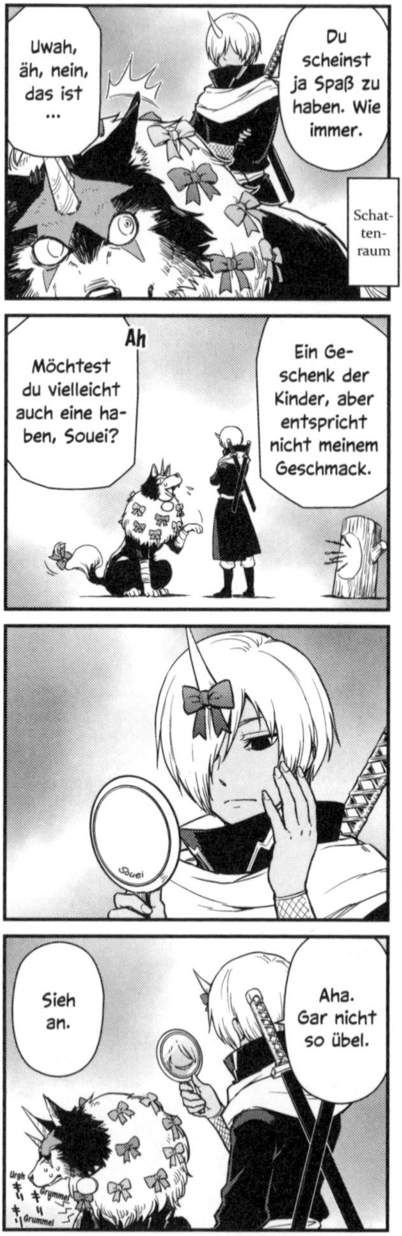
Schattenraum
Du scheinst ja Spaß zu haben. Wie immer.
Uwah, äh, nein, das ist ...
Ein Geschenk der Kinder, aber entspricht nicht meinem Geschmack.
Ah
Möchtest du vielleicht auch eine haben, Souei?
Souei
Aha. Gar nicht so übel.
Sieh an.
Urgh
Grummel
Grummel

Winter im Klassenzimmer

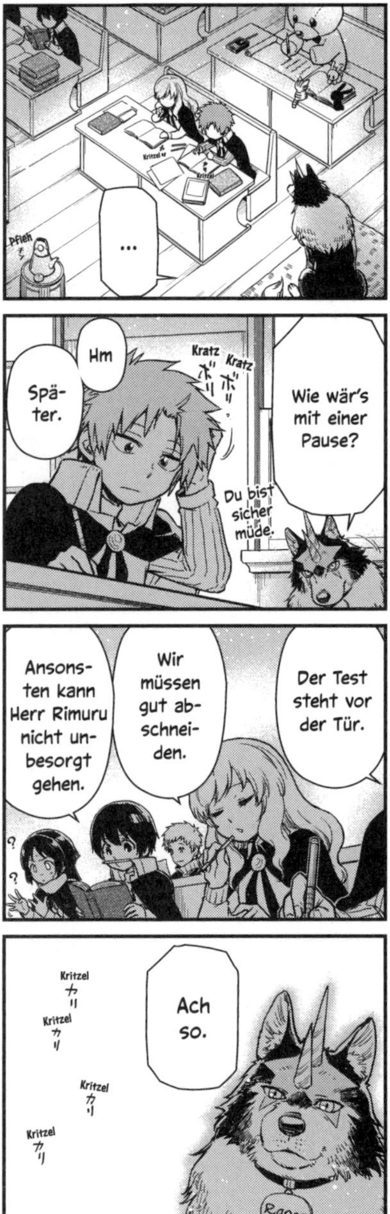
Kritzel
Kritzel
Pfieh
...
Wie wär's mit einer Pause?
Kratz
Kratz
Hm
Spä-ter.
Du bist sicher müde.
Der Test steht vor der Tür.
Wir müssen gut ab-schnei-den.
Ansons-ten kann Herr Rimuru nicht un-besorgt gehen.
?
?
Ach so.
Kritzel
Kritzel
Kritzel
Kritzel
Ranga

Nicht-inklusive Aussagen

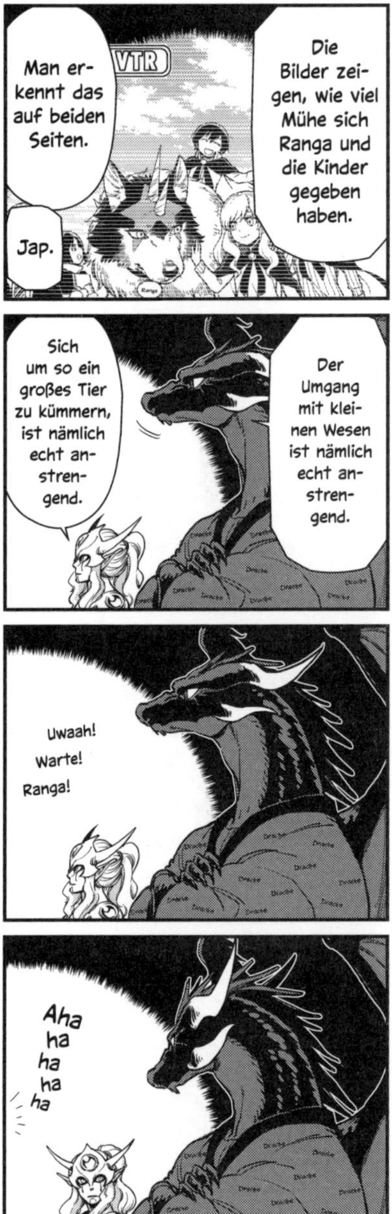
VTR
Die Bilder zei-gen, wie viel Mühe sich Ranga und die Kinder gegeben haben.
Man er-kennt das auf beiden Seiten.
Jap.
Ranga
Der Umgang mit klei-nen Wesen ist nämlich echt an-stren-gend.
Sich um so ein großes Tier zu kümmern, ist nämlich echt an-stren-gend.
Uwaah!
Warte!
Ranga!
Aha ha ha ha ha

Jaul

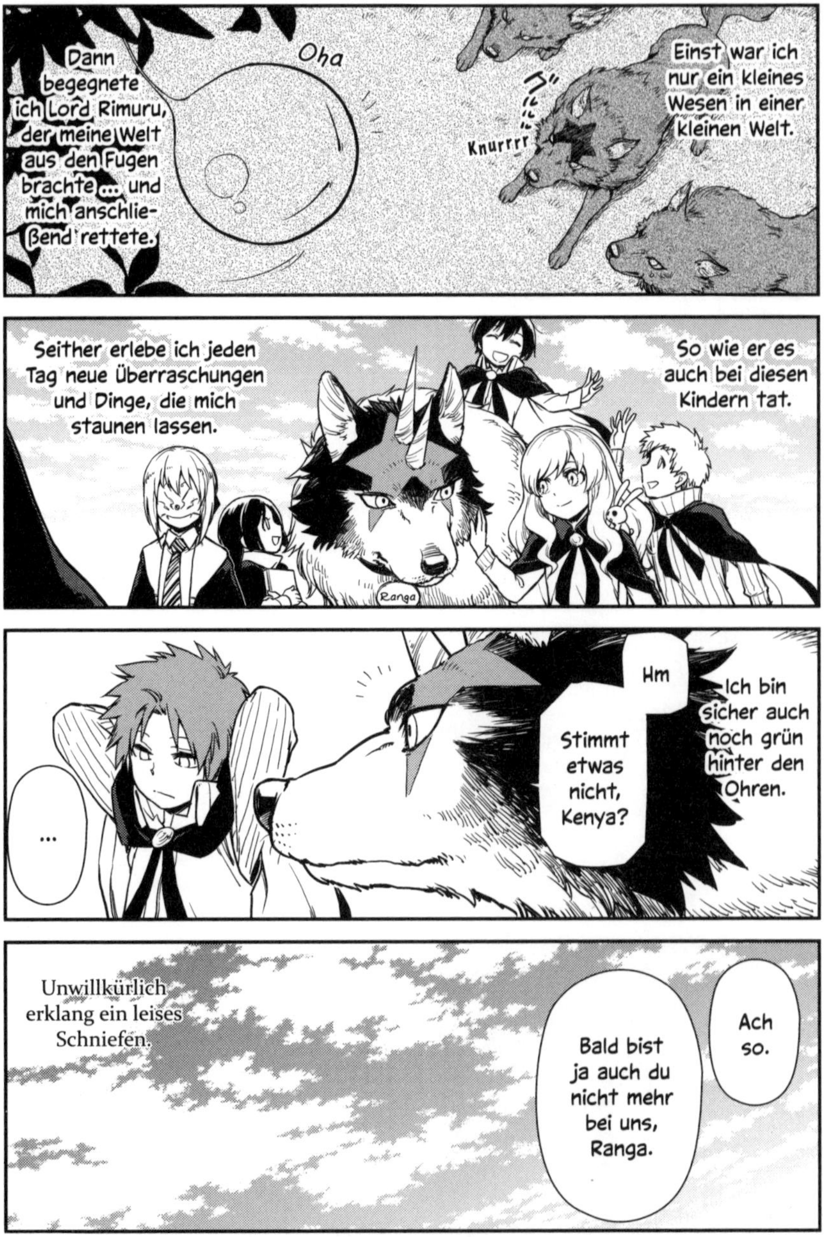

Einst war ich nur ein kleines Wesen in einer kleinen Welt.
Knurrrr
Oha
Dann begegnete ich Lord Rimuru, der meine Welt aus den Fugen brachte ... und mich anschließend rettete.
So wie er es auch bei diesen Kindern tat.
Seither erlebe ich jeden Tag neue Überraschungen und Dinge, die mich staunen lassen.
Ranga
Ich bin sicher auch noch grün hinter den Ohren.
Hm
Stimmt etwas nicht, Kenya?
...
Ach so.
Bald bist ja auch du nicht mehr bei uns, Ranga.
Unwillkürlich erklang ein leises Schniefen.

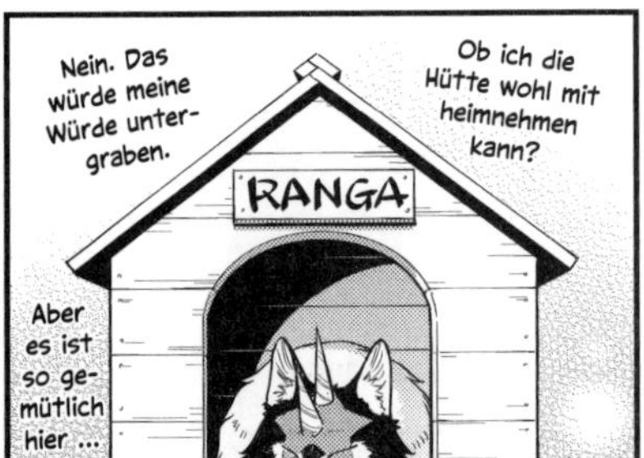
Ob ich die Hütte wohl mit heimnehmen kann?
RANGA
Nein. Das würde meine Würde untergraben.
Aber es ist so gemütlich hier ...

Die SCHLEIM-Tagebücher

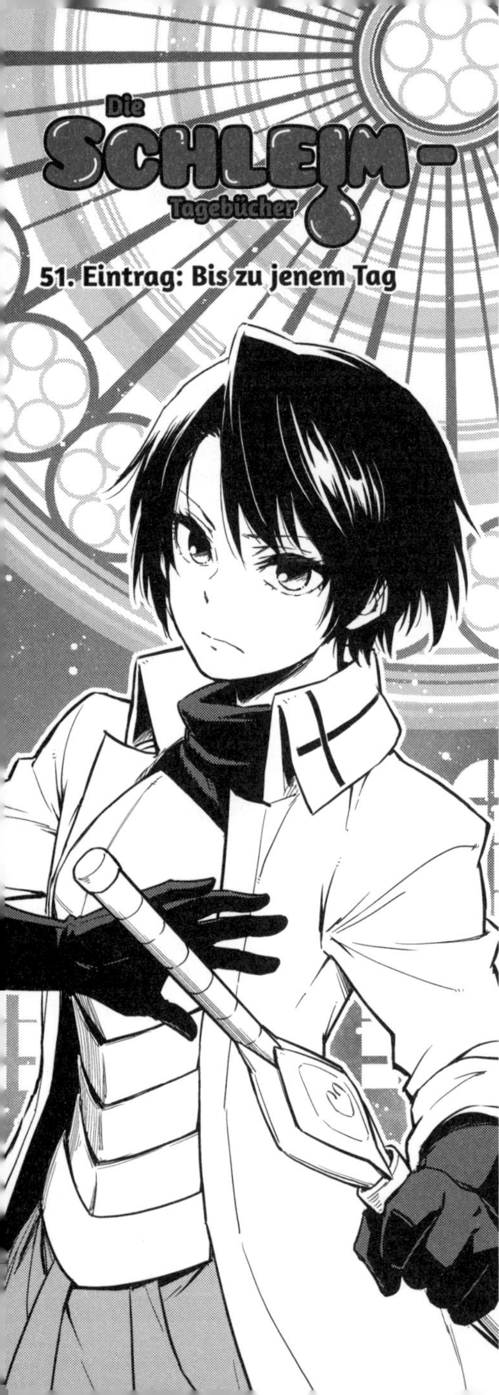

Die SCHLEIM-Tagebücher
51. Eintrag: Bis zu jenem Tag

Eine leicht gereizte Schönheit

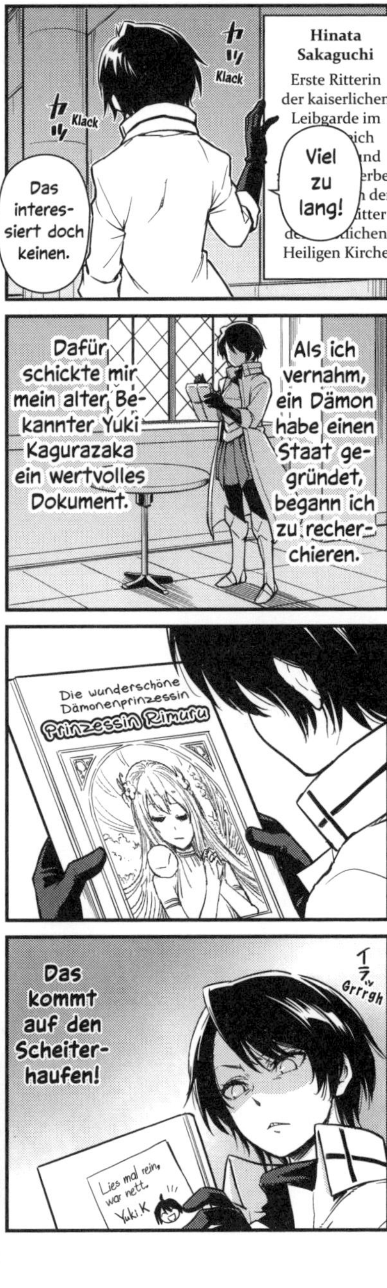

Hinata Sakaguchi
Erste Ritterin der kaiserlichen Leibgarde im
Heiligen Kirche
Klack
Klack
Viel zu lang!
Das interessiert doch keinen.
Als ich vernahm, ein Dämon habe einen Staat gegründet, begann ich zu recherchieren.
Dafür schickte mir mein alter Bekannter Yuki Kagurazaka ein wertvolles Dokument.
Die wunderschöne Dämonenprinzessin
Prinzessin Rimuru
Grrrgh
Das kommt auf den Scheiterhaufen!
Lies mal rein, war nett.
Yuki.K

Heimkehr mit Ankündigung

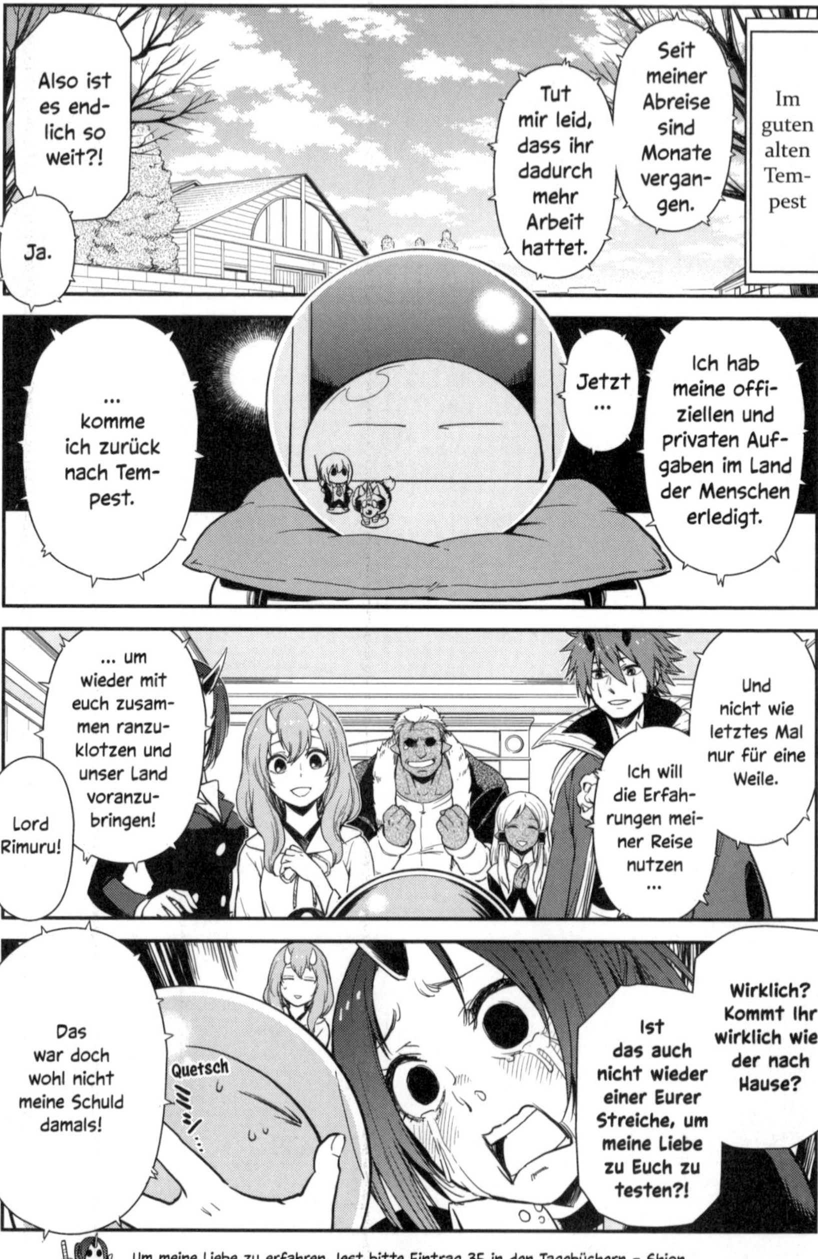
Im guten alten Tempest
Seit meiner Abreise sind Monate vergangen.
Tut mir leid, dass ihr dadurch mehr Arbeit hattet.
Also ist es endlich so weit?!
Ja.
Ich hab meine offiziellen und privaten Aufgaben im Land der Menschen erledigt.
Jetzt …
… komme ich zurück nach Tempest.
Und nicht wie letztes Mal nur für eine Weile.
Ich will die Erfahrungen meiner Reise nutzen …
… um wieder mit euch zusammen ranzuklotzen und unser Land voranzubringen!
Lord Rimuru!
Wirklich? Kommt Ihr wirklich wieder nach Hause?
Ist das auch nicht wieder einer Eurer Streiche, um meine Liebe zu Euch zu testen?!
Quetsch
Das war doch wohl nicht meine Schuld damals!

Um meine Liebe zu erfahren, lest bitte Eintrag 35 in den Tagebüchern – Shion

Zu so einem Haufen fahre ich nach Hause

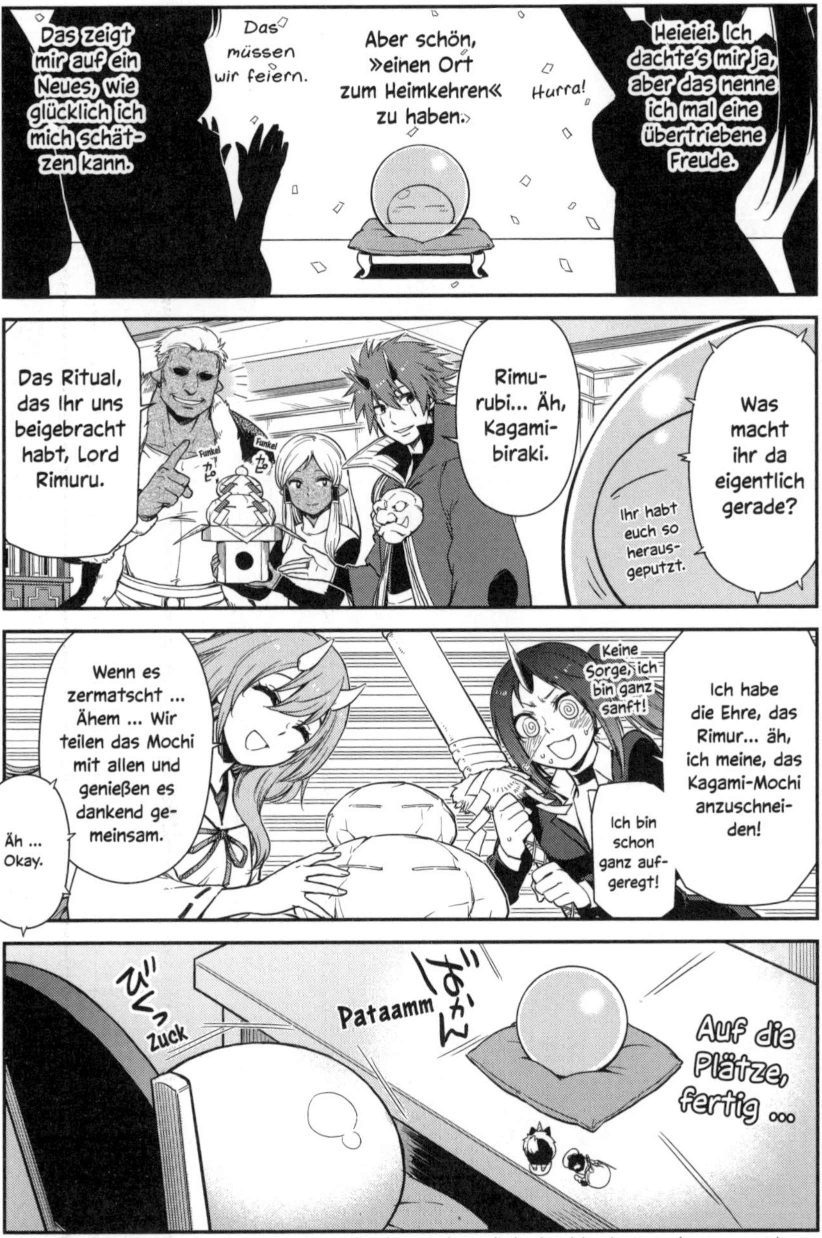
Das zeigt mir auf ein Neues, wie glücklich ich mich schätzen kann.
Das müssen wir feiern.
Aber schön, »einen Ort zum Heimkehren« zu haben.
Hurra!
Heieiei. Ich dachte's mir ja, aber das nenne ich mal eine übertriebene Freude.
Das Ritual, das Ihr uns beigebracht habt, Lord Rimuru.
Funkel
Funkel
Rimurubi... Äh, Kagamibiraki.
Was macht ihr da eigentlich gerade?
Ihr habt euch so herausgeputzt.
Äh ... Okay.
Wenn es zermatscht ... Ähem ... Wir teilen das Mochi mit allen und genießen es dankend gemeinsam.
Keine Sorge, ich bin ganz sanft!
Ich bin schon ganz aufgeregt!
Ich habe die Ehre, das Rimur... äh, ich meine, das Kagami-Mochi anzuschneiden!
Zuck
Pataamm
Auf die Plätze, fertig ...

»Kagamibiraki«: Ein Ritual, bei dem man ein Mochi zerteilt und isst, um die Macht des darin lebenden Gottes für ein neues Jahr ohne Krankheit oder Unglück zu erbitten. – Großer Weiser

Vorurteile

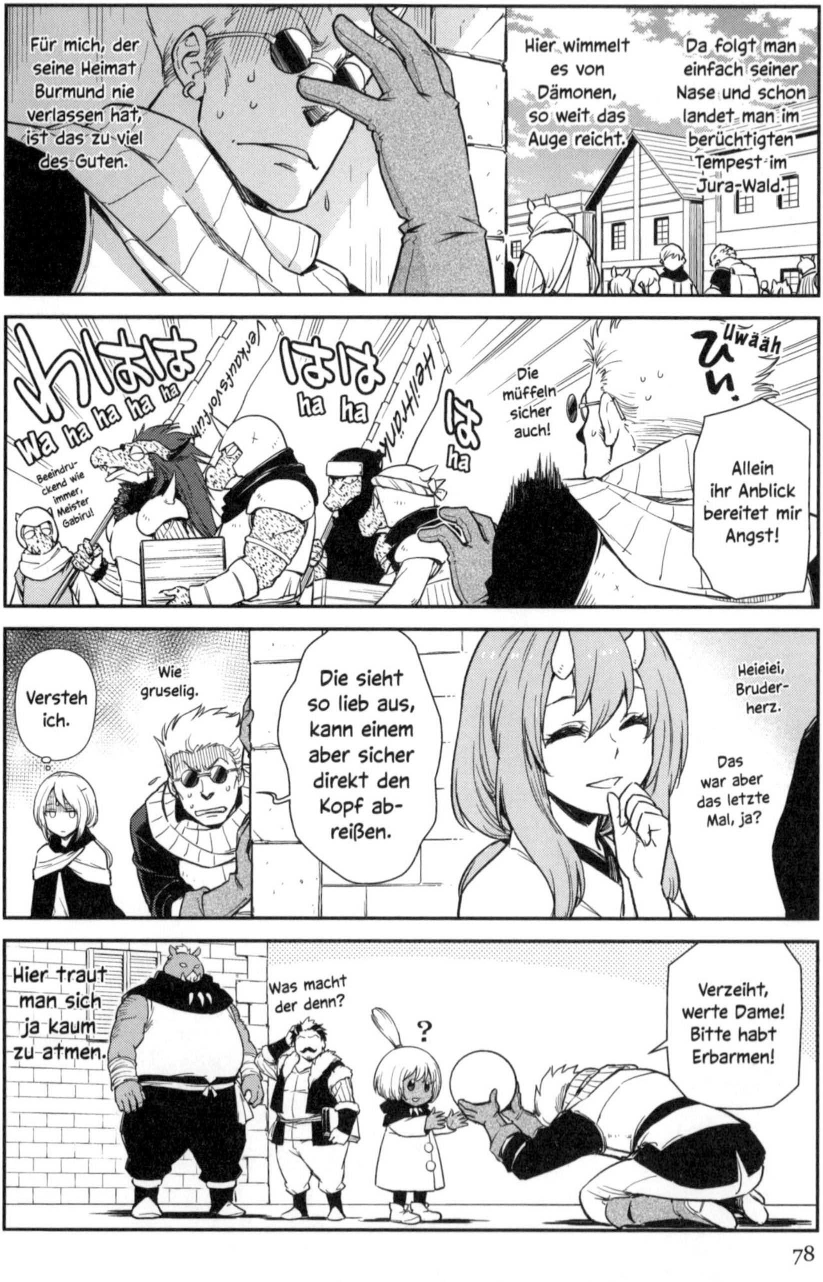

Für mich, der seine Heimat Burmund nie verlassen hat, ist das zu viel des Guten.
Hier wimmelt es von Dämonen, so weit das Auge reicht.
Da folgt man einfach seiner Nase und schon landet man im berüchtigten Tempest im Jura-Wald.
わはは
Wa ha ha ha ha
Verkaufsvorfüh
Beeindruckend wie immer, Meister Gabiru!
はは
ha ha
Heiltränk
は
ha
Die müffeln sicher auch!
ひい
Uwääh
Allein ihr Anblick bereitet mir Angst!
Versteh ich.
Wie gruselig.
Die sieht so lieb aus, kann einem aber sicher direkt den Kopf abreißen.
Heieiei, Bruderherz.
Das war aber das letzte Mal, ja?
Hier traut man sich ja kaum zu atmen.
Was macht der denn?
?
Verzeiht, werte Dame! Bitte habt Erbarmen!

Riguldos Definition

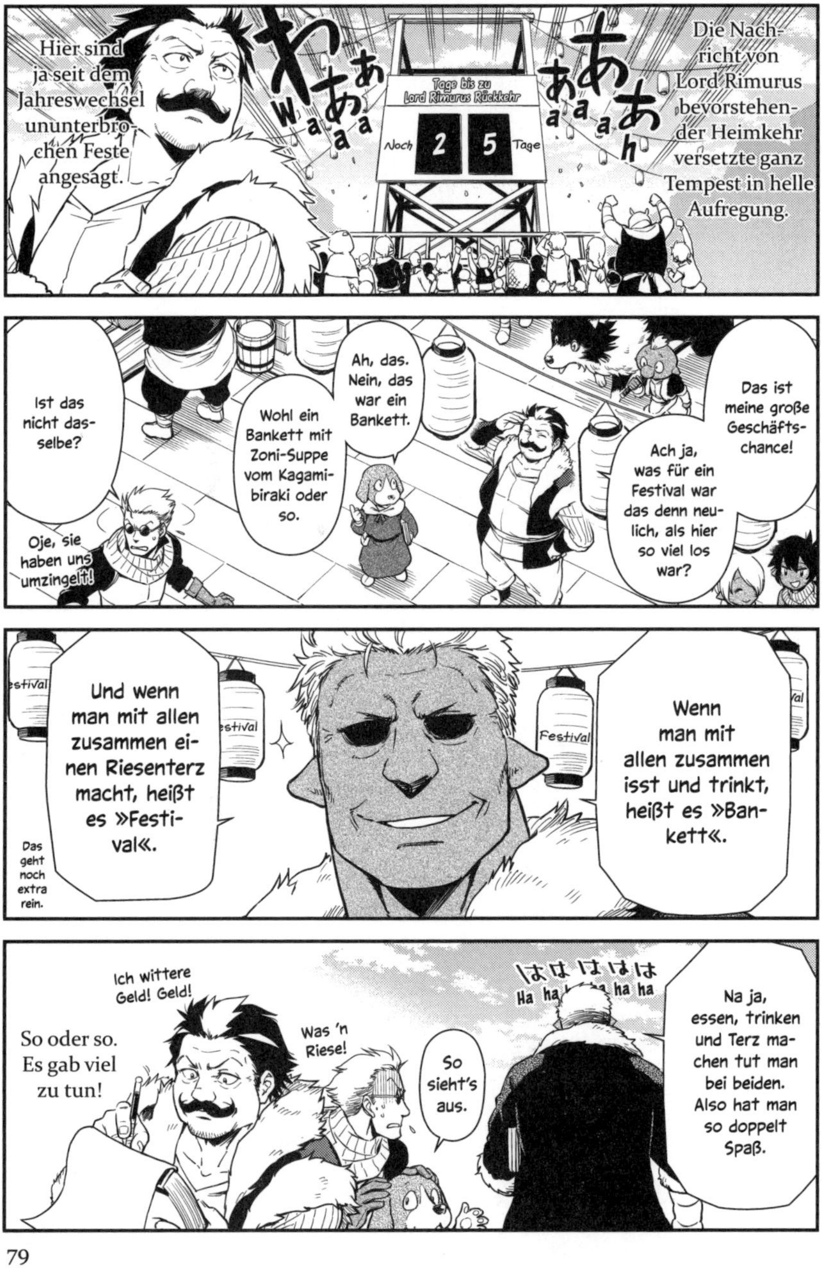

Die Nachricht von Lord Rimurus bevorstehender Heimkehr versetzte ganz Tempest in helle Aufregung.
Tage bis zu Lord Rimurus Rückkehr
Noch 25 Tage
Waaa
aaah
Hier sind ja seit dem Jahreswechsel ununterbrochen Feste angesagt.
Das ist meine große Geschäftschance!
Ach ja, was für ein Festival war das denn neulich, als hier so viel los war?
Ah, das. Nein, das war ein Bankett.
Wohl ein Bankett mit Zoni-Suppe vom Kagamibiraki oder so.
Ist das nicht dasselbe?
Oje, sie haben uns umzingelt!
Wenn man mit allen zusammen isst und trinkt, heißt es »Bankett«.
Und wenn man mit allen zusammen einen Riesenterz macht, heißt es »Festival«.
Das geht noch extra rein.
Festival
Na ja, essen, trinken und Terz machen tut man bei beiden. Also hat man so doppelt Spaß.
ははははは
Ha ha ha ha
So sieht's aus.
Was 'n Riese!
Ich wittere Geld! Geld!
So oder so. Es gab viel zu tun!

Beziehungen und nackte Tatsachen

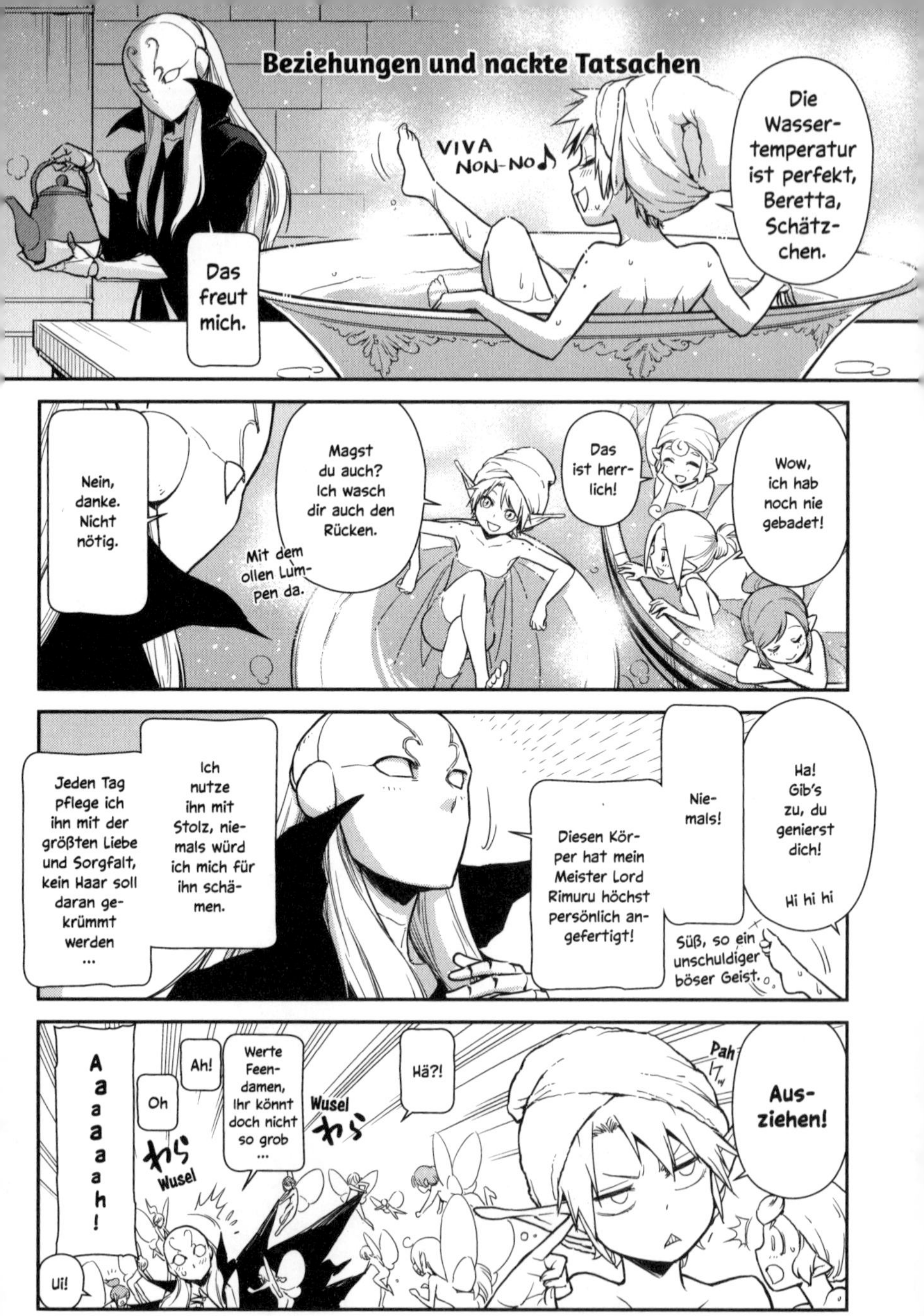
Die Wasser-temperatur ist perfekt, Beretta, Schätzchen.
VIVA NON-NO♪
Das freut mich.
Wow, ich hab noch nie gebadet!
Das ist herr-lich!
Magst du auch? Ich wasch dir auch den Rücken.
Mit dem ollen Lumpen da.
Nein, danke. Nicht nötig.
Ha! Gib's zu, du genierst dich!
Hi hi hi
Süß, so ein unschuldiger böser Geist.
Nie-mals!
Diesen Körper hat mein Meister Lord Rimuru höchst persönlich angefertigt!
Ich nutze ihn mit Stolz, niemals würd ich mich für ihn schämen.
Jeden Tag pflege ich ihn mit der größten Liebe und Sorgfalt, kein Haar soll daran gekrümmt werden ...
Aus-ziehen!
Pah
Hä?!
Wusel
Werte Feendamen, Ihr könnt doch nicht so grob ...
Ah!
Oh
Wusel
Aaaaaah!
Ui!

Mein Weg

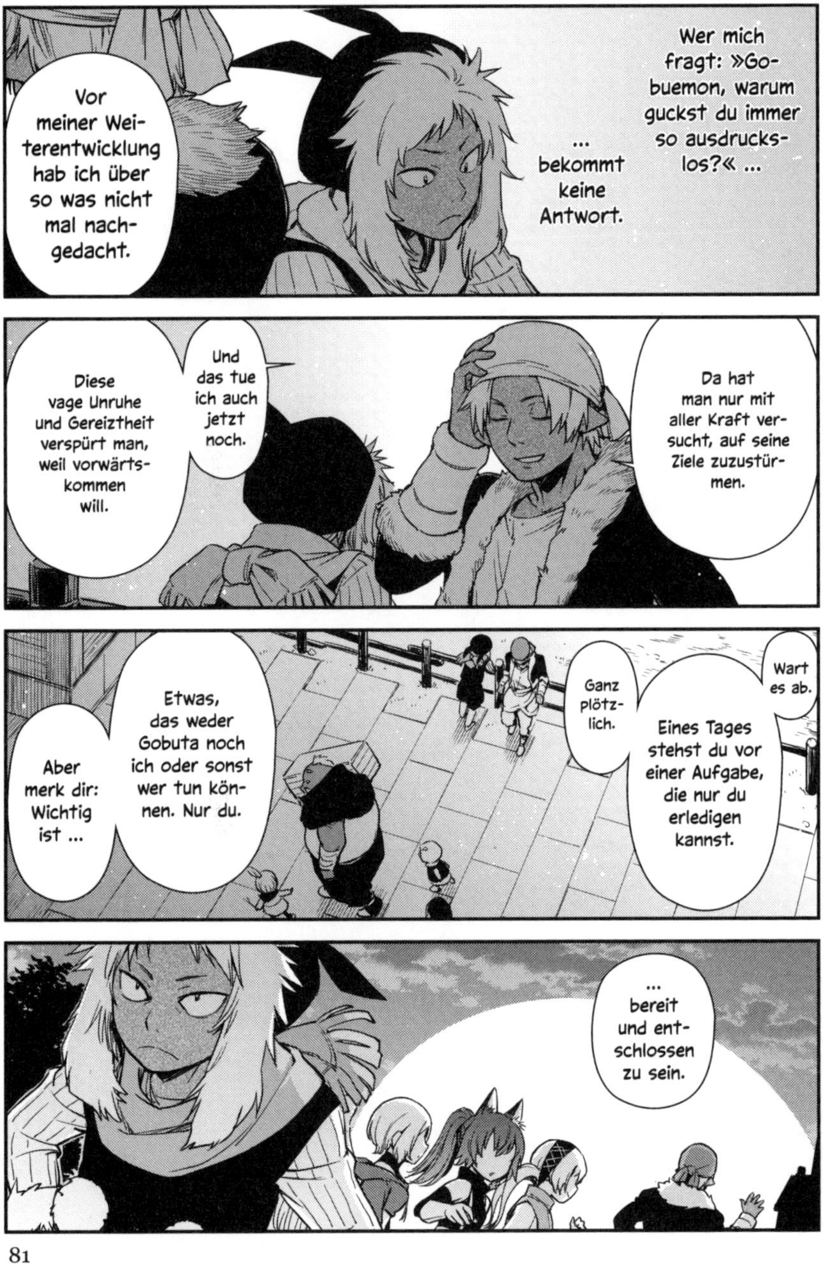
Wer mich fragt: »Gobuemon, warum guckst du immer so ausdruckslos?« ...
... bekommt keine Antwort.
Vor meiner Weiterentwicklung hab ich über so was nicht mal nachgedacht.
Da hat man nur mit aller Kraft versucht, auf seine Ziele zuzustürmen.
Und das tue ich auch jetzt noch.
Diese vage Unruhe und Gereiztheit verspürt man, weil vorwärtskommen will.
Wart es ab.
Eines Tages stehst du vor einer Aufgabe, die nur du erledigen kannst.
Ganz plötzlich.
Etwas, das weder Gobuta noch ich oder sonst wer tun können. Nur du.
Aber merk dir: Wichtig ist ...
... bereit und entschlossen zu sein.

Wirklich?!

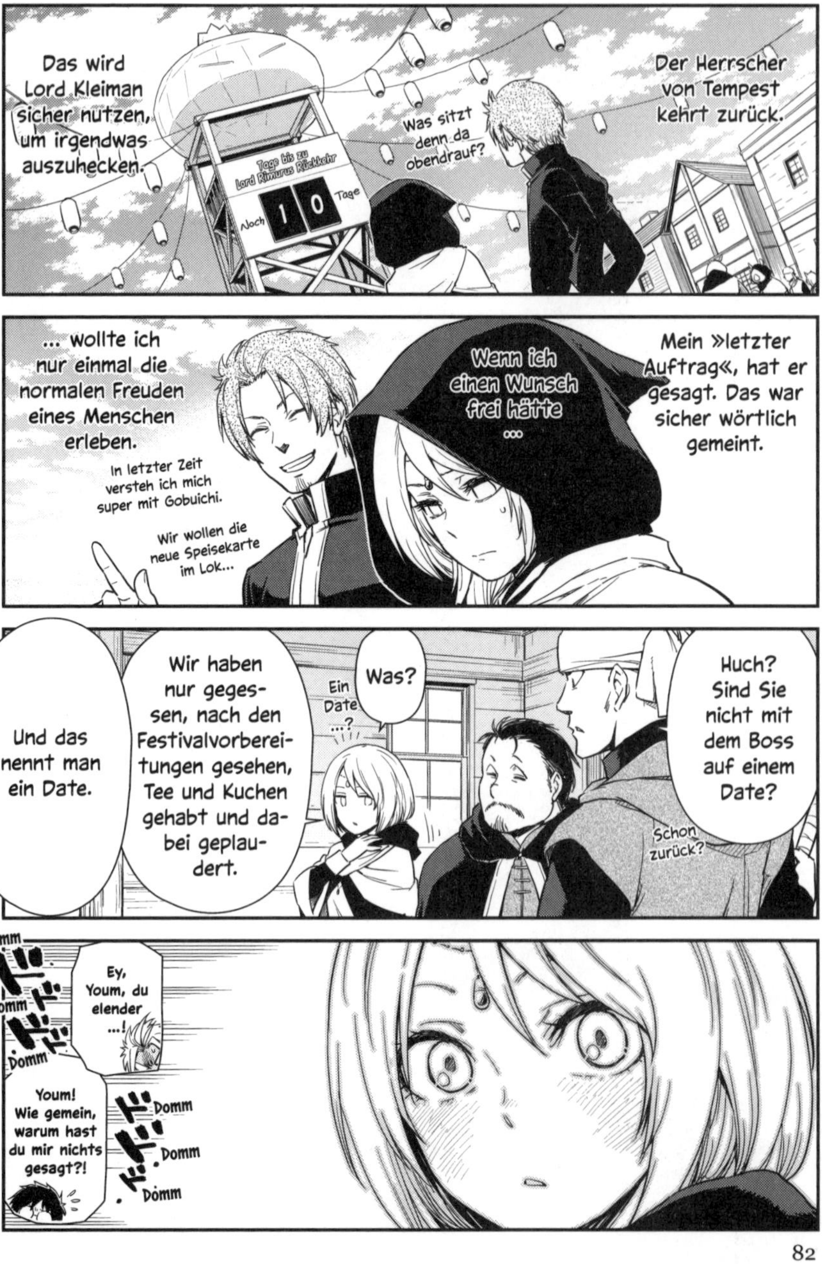
Der Herrscher von Tempest kehrt zurück.
Das wird Lord Kleiman sicher nutzen, um irgendwas auszuhecken.
Was sitzt denn da obendrauf?
Tage bis zu Lord Rimurus Rückkehr
Noch 10 Tage
Mein »letzter Auftrag«, hat er gesagt. Das war sicher wörtlich gemeint.
Wenn ich einen Wunsch frei hätte …
… wollte ich nur einmal die normalen Freuden eines Menschen erleben.
In letzter Zeit versteh ich mich super mit Gobuichi.
Wir wollen die neue Speisekarte im Lok…
Huch? Sind Sie nicht mit dem Boss auf einem Date?
Schon zurück?
Was?
Ein Date …?
Wir haben nur gegessen, nach den Festivalvorbereitungen gesehen, Tee und Kuchen gehabt und dabei geplaudert.
Und das nennt man ein Date.
Ey, Youm, du elender …!
Domm Domm Domm
Youm! Wie gemein, warum hast du mir nichts gesagt?!
Domm Domm Domm

Das Dämonenkönig-Trio

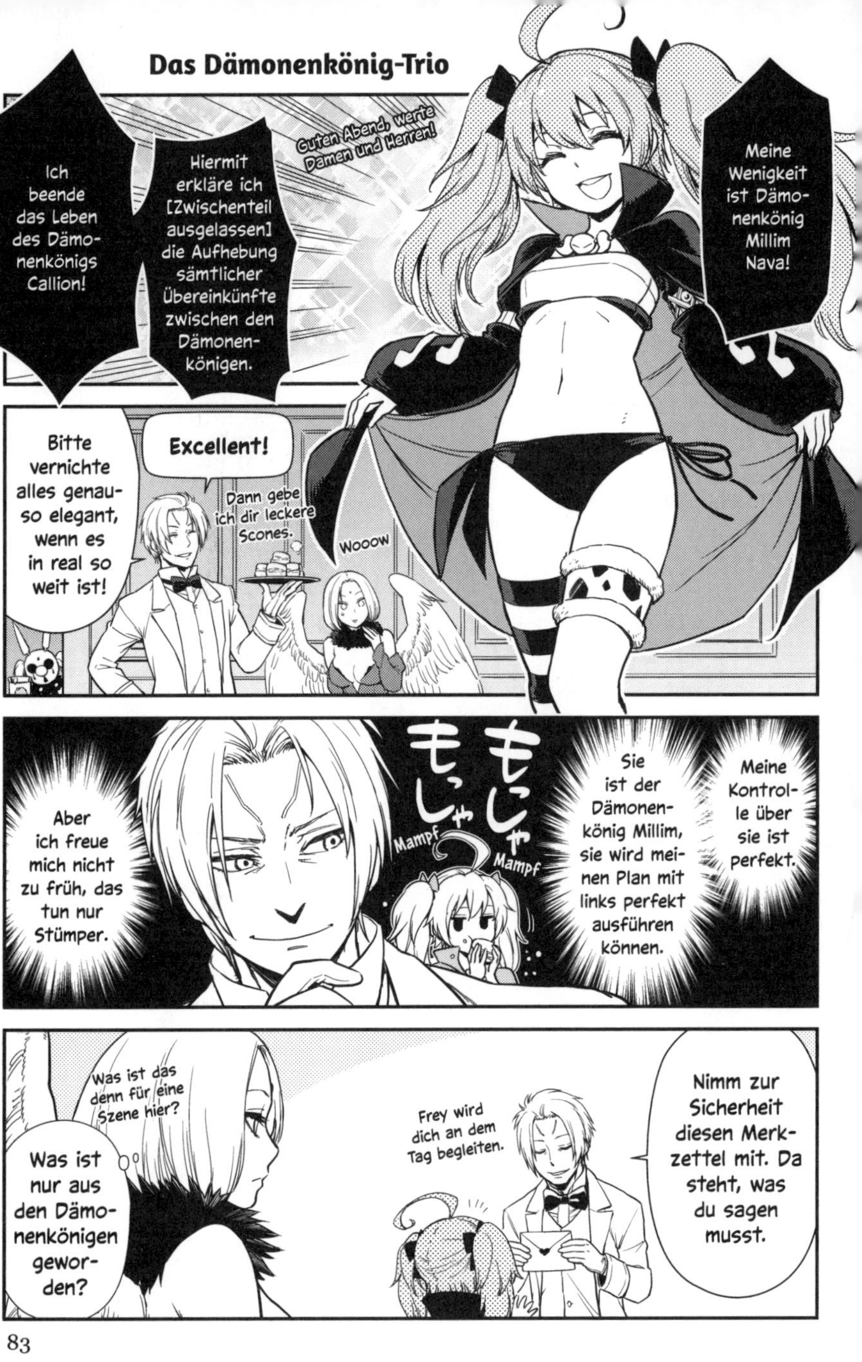

Meine Wenigkeit ist Dämonenkönig Millim Nava!
Guten Abend, werte Damen und Herren!
Hiermit erkläre ich [Zwischenteil ausgelassen] die Aufhebung sämtlicher Übereinkünfte zwischen den Dämonenkönigen.
Ich beende das Leben des Dämonenkönigs Callion!
Bitte vernichte alles genauso elegant, wenn es in real so weit ist!
Excellent!
Dann gebe ich dir leckere Scones.
Wooow
Meine Kontrolle über sie ist perfekt.
Sie ist der Dämonenkönig Millim, sie wird meinen Plan mit links perfekt ausführen können.
Mampf
Mampf
Aber ich freue mich nicht zu früh, das tun nur Stümper.
Nimm zur Sicherheit diesen Merkzettel mit. Da steht, was du sagen musst.
Frey wird dich an dem Tag begleiten.
Was ist das denn für eine Szene hier?
Was ist nur aus den Dämonenkönigen geworden?

Vorzeichen

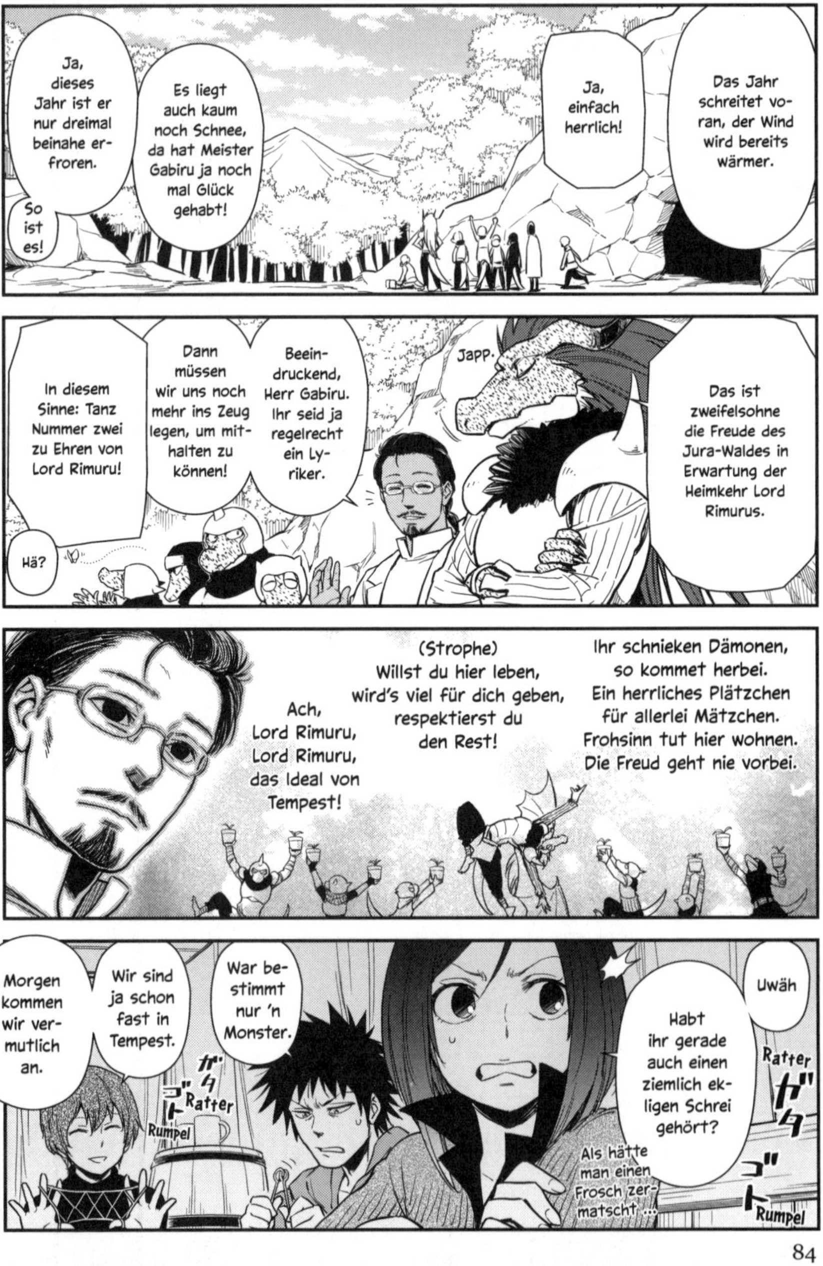

Das Jahr schreitet voran, der Wind wird bereits wärmer.
Ja, einfach herrlich!
Es liegt auch kaum noch Schnee, da hat Meister Gabiru ja noch mal Glück gehabt!
Ja, dieses Jahr ist er nur dreimal beinahe erfroren.
So ist es!
Das ist zweifelsohne die Freude des Jura-Waldes in Erwartung der Heimkehr Lord Rimurus.
Japp.
Beeindruckend, Herr Gabiru. Ihr seid ja regelrecht ein Lyriker.
Dann müssen wir uns noch mehr ins Zeug legen, um mithalten zu können!
In diesem Sinne: Tanz Nummer zwei zu Ehren von Lord Rimuru!
Hä?
Ihr schnieken Dämonen, so kommet herbei. Ein herrliches Plätzchen für allerlei Mätzchen. Frohsinn tut hier wohnen. Die Freud geht nie vorbei.
(Strophe) Willst du hier leben, wird's viel für dich geben, respektierst du den Rest!
Ach, Lord Rimuru, Lord Rimuru, das Ideal von Tempest!
Uwäh
Habt ihr gerade auch einen ziemlich ekligen Schrei gehört?
Als hätte man einen Frosch zermatscht ...
ガタ Ratter
ゴト Rumpel
War bestimmt nur 'n Monster.
ガタ Ratter
ゴト Rumpel
Wir sind ja schon fast in Tempest.
Morgen kommen wir vermutlich an.

Shizus Schüler

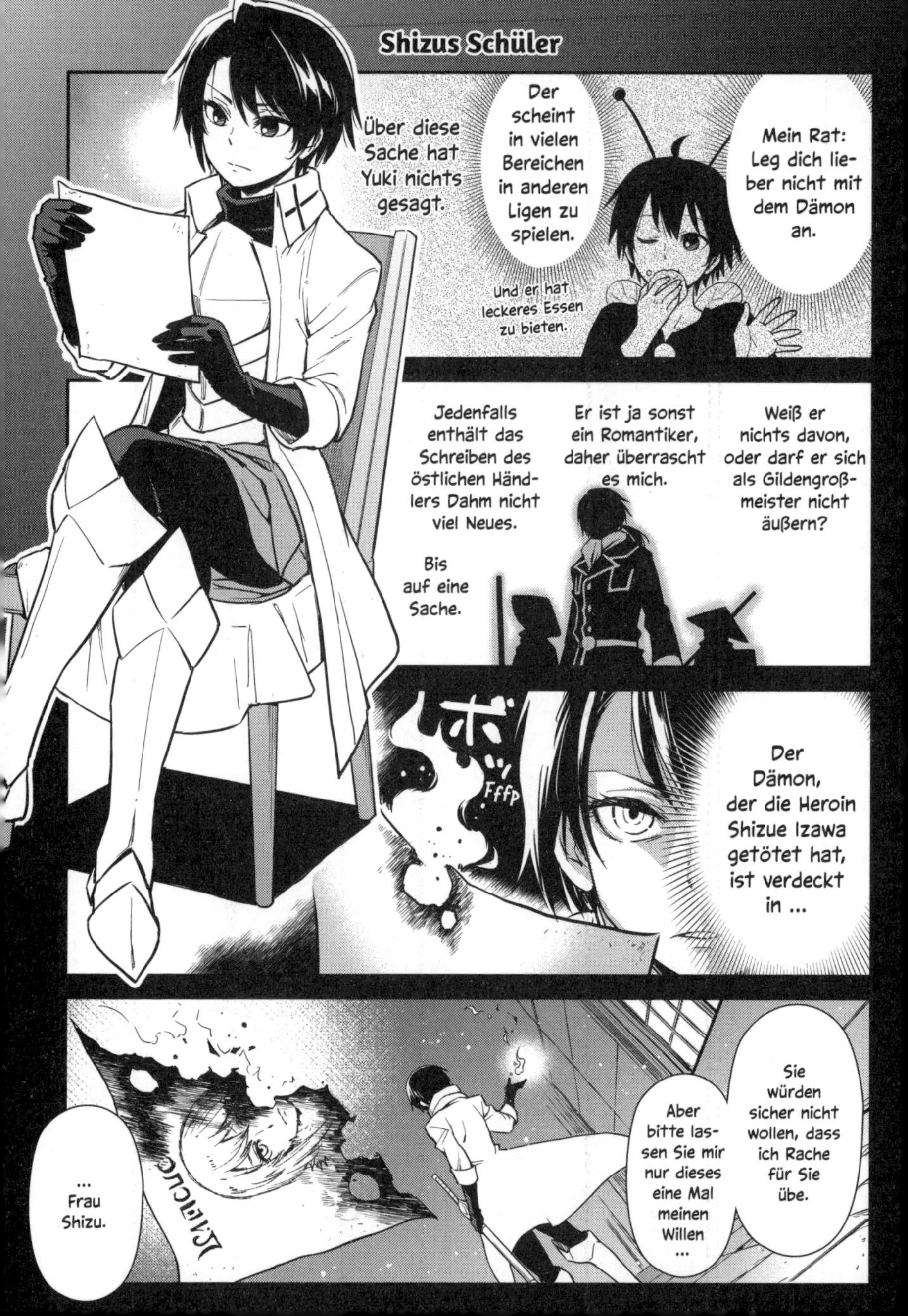

Mein Rat: Leg dich lieber nicht mit dem Dämon an.
Der scheint in vielen Bereichen in anderen Ligen zu spielen.
Und er hat leckeres Essen zu bieten.
Über diese Sache hat Yuki nichts gesagt.
Weiß er nichts davon, oder darf er sich als Gildengroßmeister nicht äußern?
Er ist ja sonst ein Romantiker, daher überrascht es mich.
Jedenfalls enthält das Schreiben des östlichen Händlers Dahm nicht viel Neues.
Bis auf eine Sache.
Der Dämon, der die Heroin Shizue Izawa getötet hat, ist verdeckt in ...
Fffp
Sie würden sicher nicht wollen, dass ich Rache für Sie übe.
Aber bitte lassen Sie mir nur dieses eine Mal meinen Willen ...
... Frau Shizu.

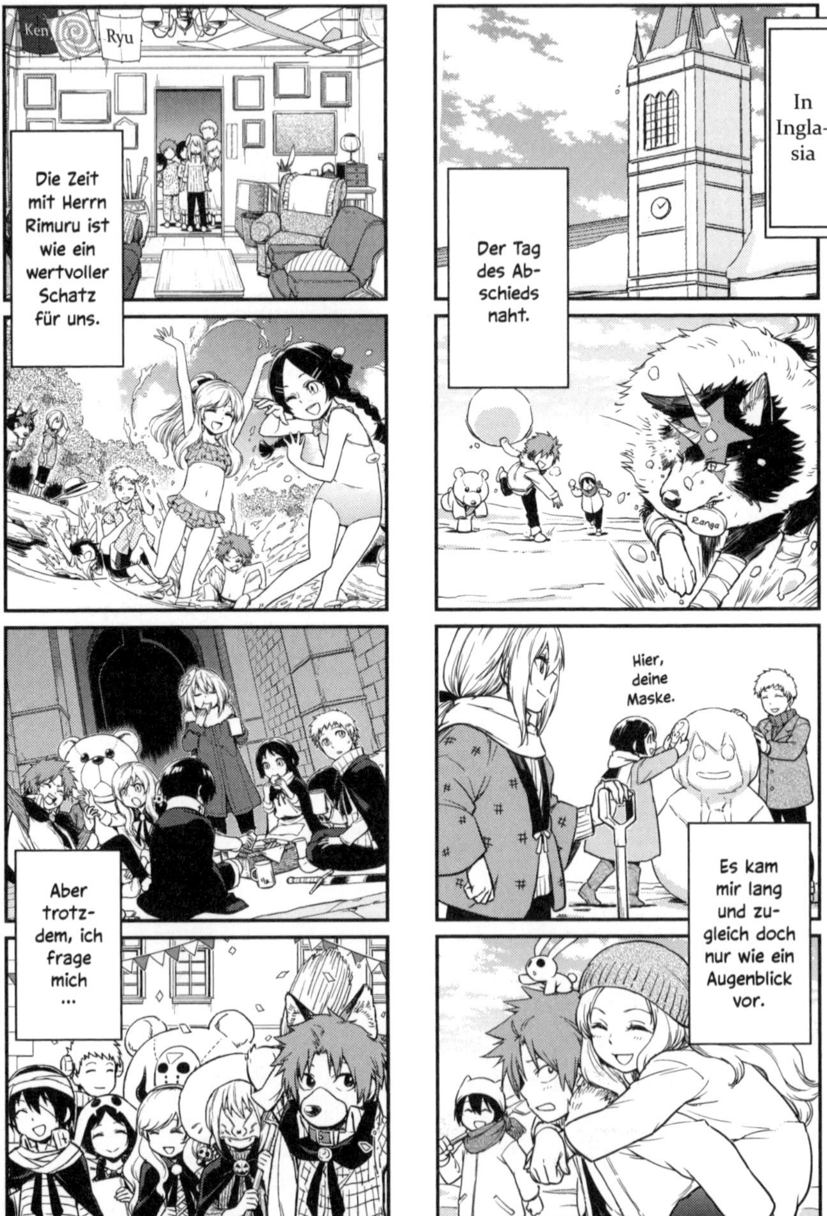
In Ingla-sia
Der Tag des Ab-schieds naht.
Ranga
Hier, deine Maske.
Es kam mir lang und zu-gleich doch nur wie ein Augenblick vor.
Ken
Ryu
Die Zeit mit Herrn Rimuru ist wie ein wertvoller Schatz für uns.
Aber trotz-dem, ich frage mich …

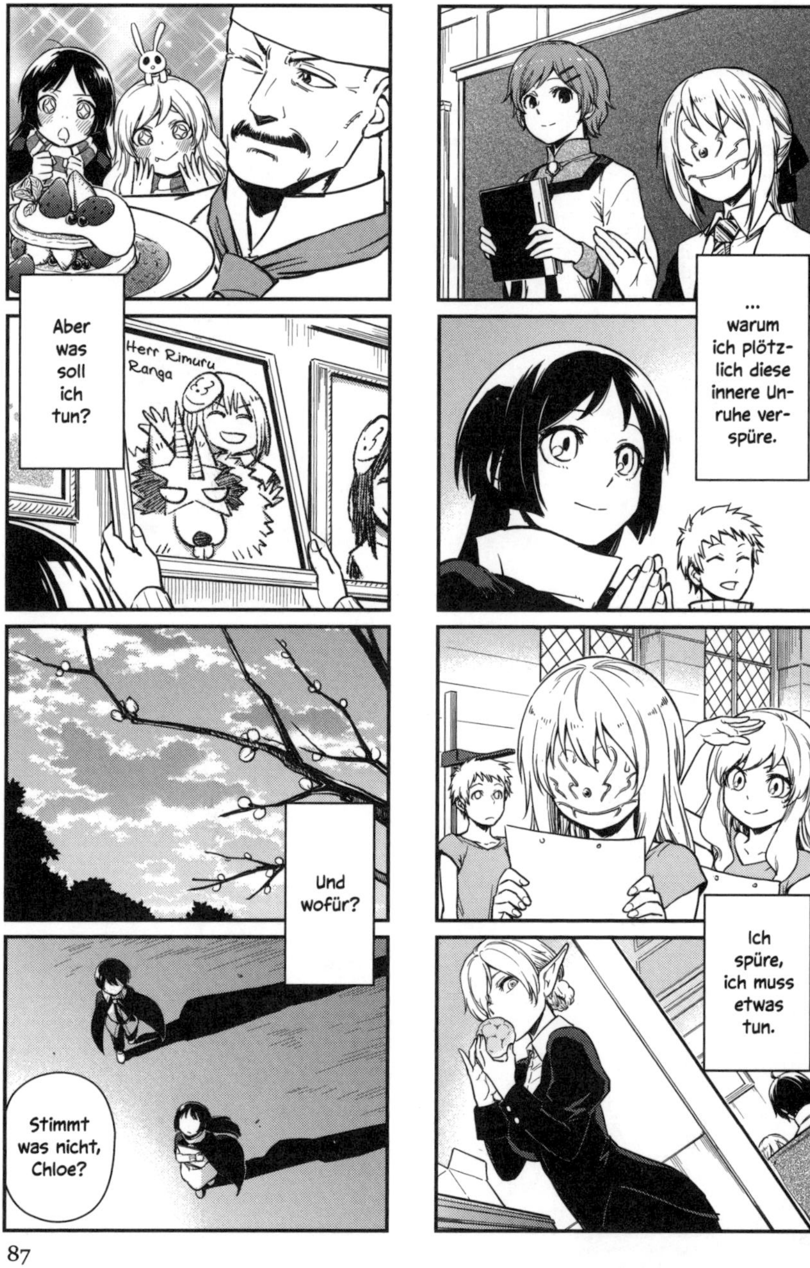
... warum ich plötzlich diese innere Unruhe verspüre.
Ich spüre, ich muss etwas tun.
Aber was soll ich tun?
Herr Rimuru
Ranga
Und wofür?
Stimmt was nicht, Chloe?

Und ab morgen ...

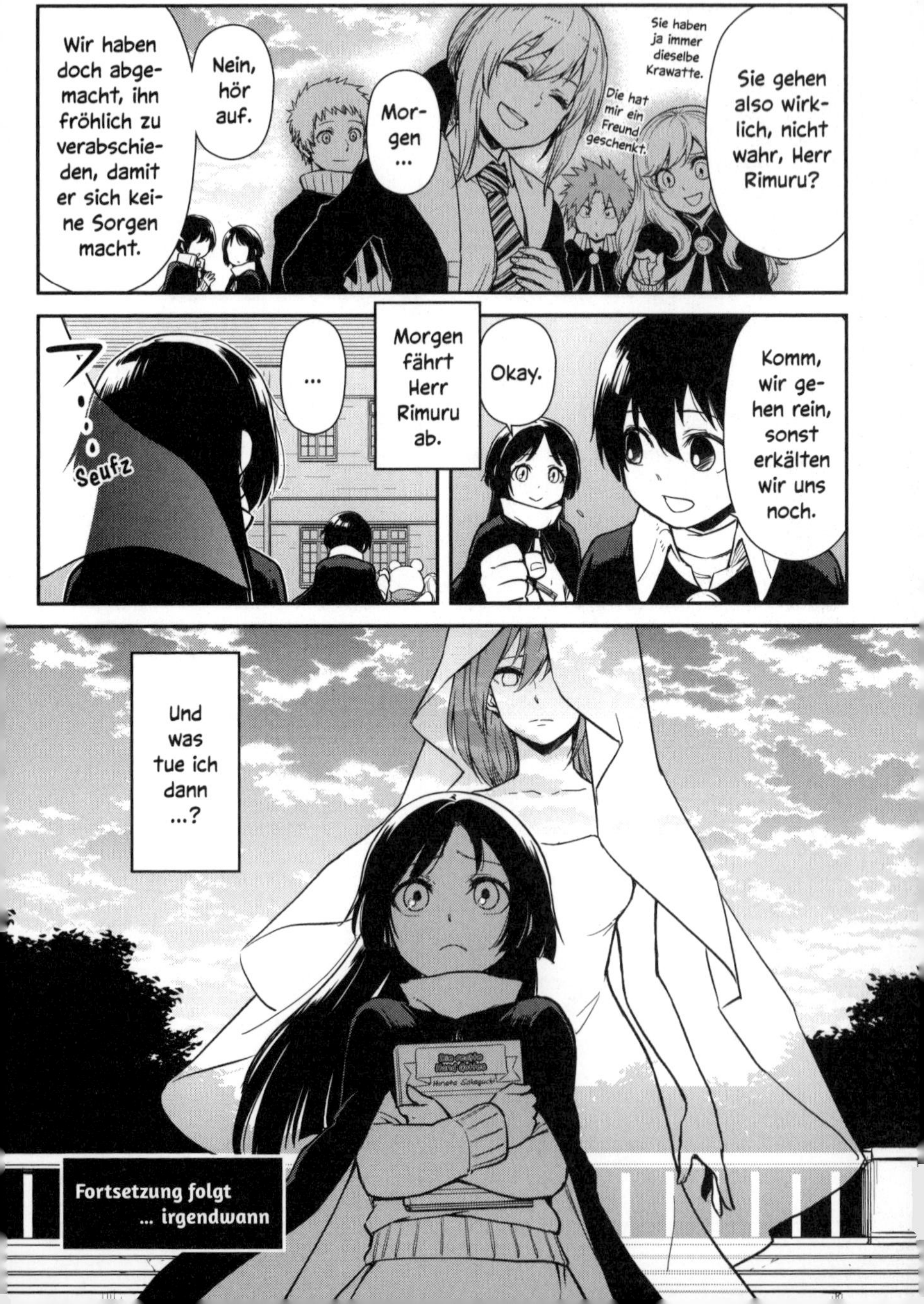
Sie gehen also wirklich, nicht wahr, Herr Rimuru?
Sie haben ja immer dieselbe Krawatte.
Die hat mir ein Freund geschenkt.
Morgen ...
Nein, hör auf.
Wir haben doch abgemacht, ihn fröhlich zu verabschieden, damit er sich keine Sorgen macht.
Komm, wir gehen rein, sonst erkälten wir uns noch.
Okay.
Morgen fährt Herr Rimuru ab.
...
Seufz
Und was tue ich dann ...?
Fortsetzung folgt ... irgendwann

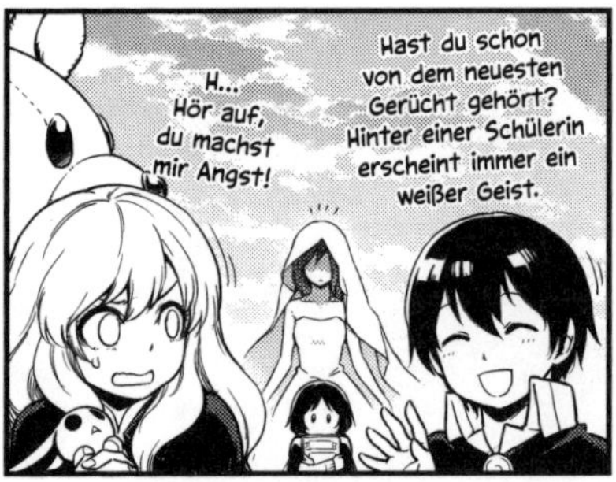
Hast du schon von dem neuesten Gerücht gehört? Hinter einer Schülerin erscheint immer ein weißer Geist.
H... Hör auf, du machst mir Angst!

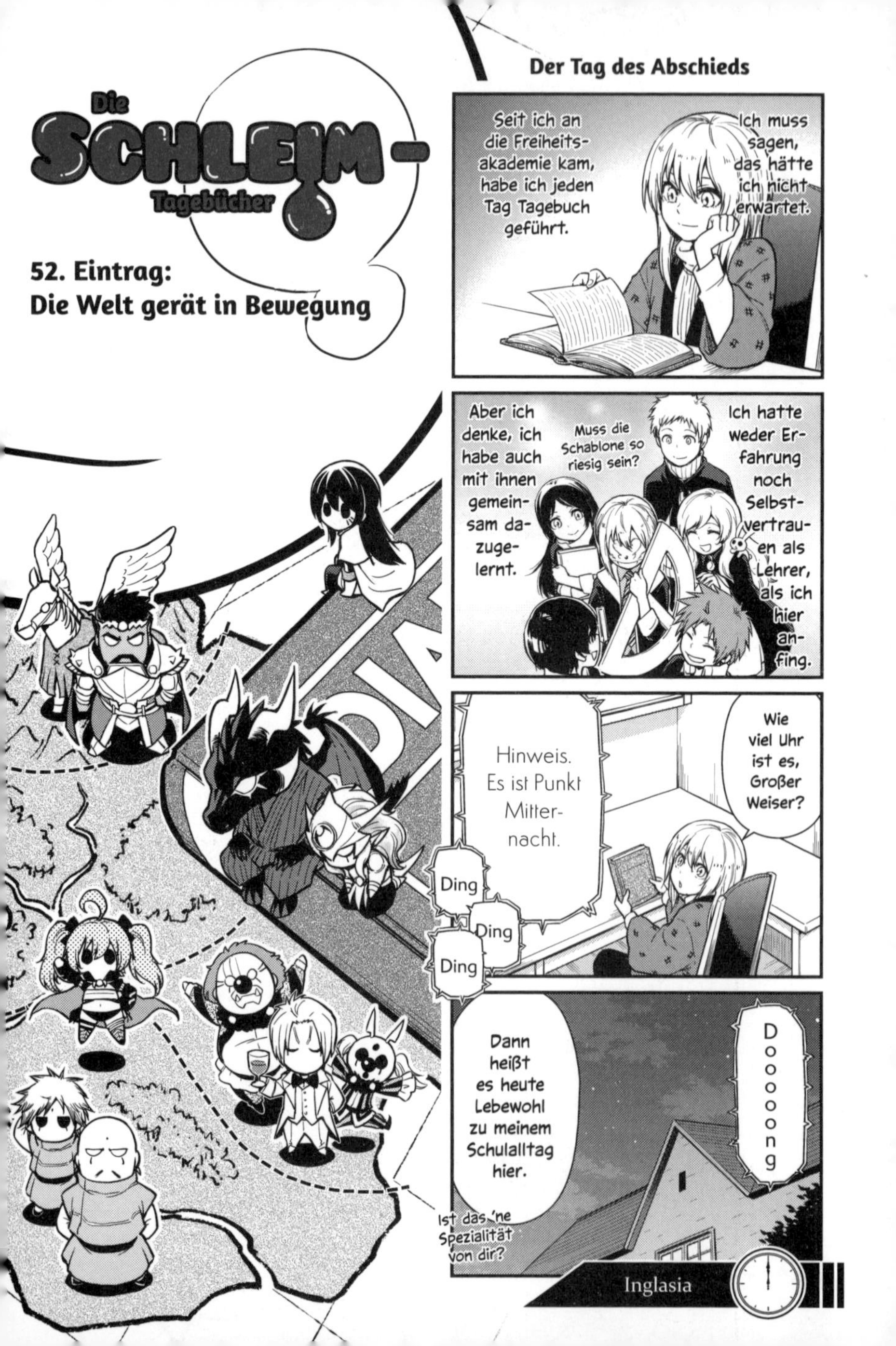
Die
SCHLEIM-
Tagebücher
52. Eintrag:
Die Welt gerät in Bewegung
Der Tag des Abschieds
Ich muss sagen, das hätte ich nicht erwartet.
Seit ich an die Freiheitsakademie kam, habe ich jeden Tag Tagebuch geführt.
Ich hatte weder Erfahrung noch Selbstvertrauen als Lehrer, als ich hier anfing.
Muss die Schablone so riesig sein?
Aber ich denke, ich habe auch mit ihnen gemeinsam dazugelernt.
Wie viel Uhr ist es, Großer Weiser?
Hinweis. Es ist Punkt Mitternacht.
Ding
Ding
Ding
Doooooong
Dann heißt es heute Lebewohl zu meinem Schulalltag hier.
Ist das 'ne Spezialität von dir?
Inglasia

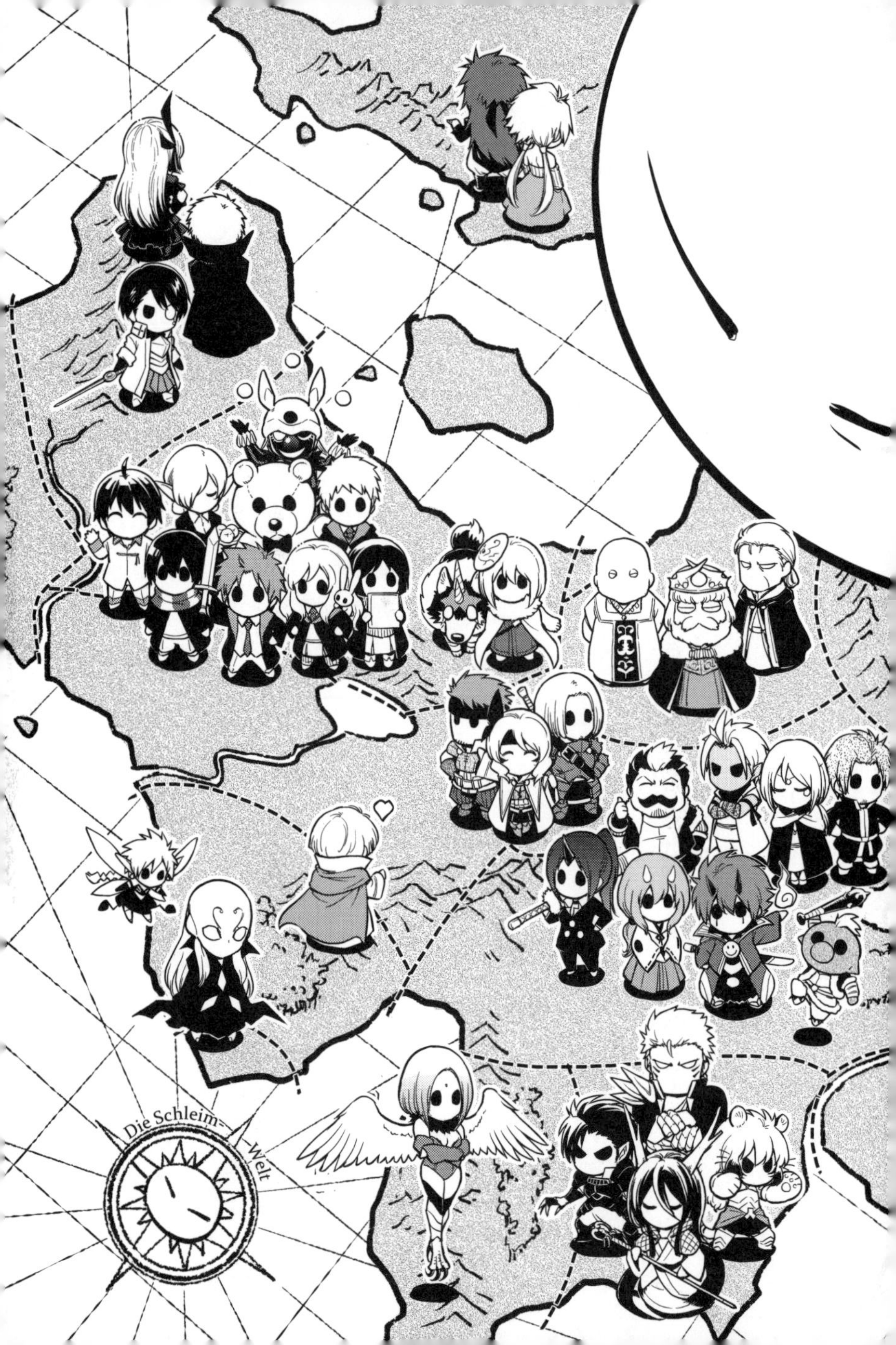
Die Schleim-Welt

Unser Herr Rimuru

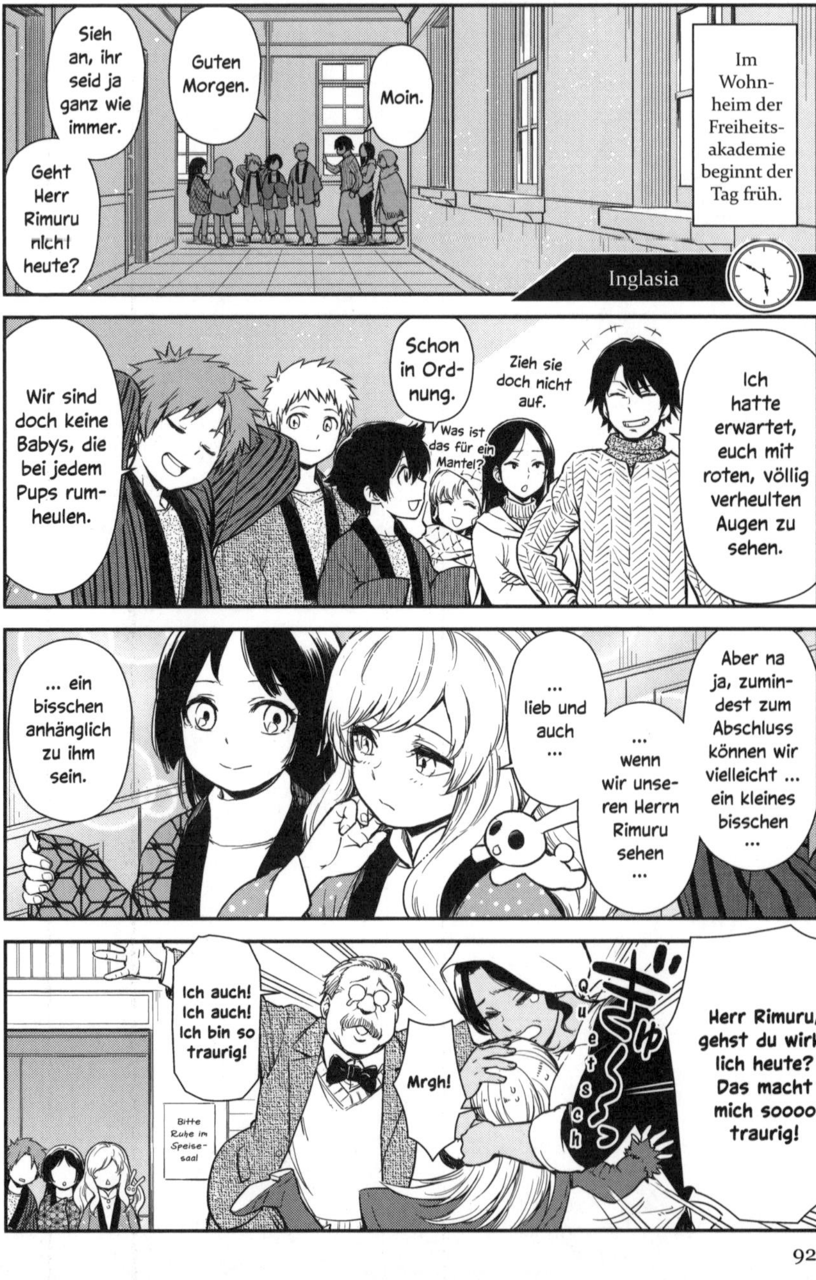

Im Wohnheim der Freiheitsakademie beginnt der Tag früh.
Inglasia
Moin.
Guten Morgen.
Sieh an, ihr seid ja ganz wie immer.
Geht Herr Rimuru nicht heute?
Ich hatte erwartet, euch mit roten, völlig verheulten Augen zu sehen.
Zieh sie doch nicht auf.
Was ist das für ein Mantel?
Schon in Ordnung.
Wir sind doch keine Babys, die bei jedem Pups rumheulen.
Aber na ja, zumindest zum Abschluss können wir vielleicht ... ein kleines bisschen ...
... wenn wir unseren Herrn Rimuru sehen ...
... lieb und auch ...
... ein bisschen anhänglich zu ihm sein.
Herr Rimuru, gehst du wirklich heute? Das macht mich soooo traurig!
Quetsch
Mrgh!
Ich auch! Ich auch! Ich bin so traurig!
Bitte Ruhe im Speisesaal

Herr Rimuru ist für alle da

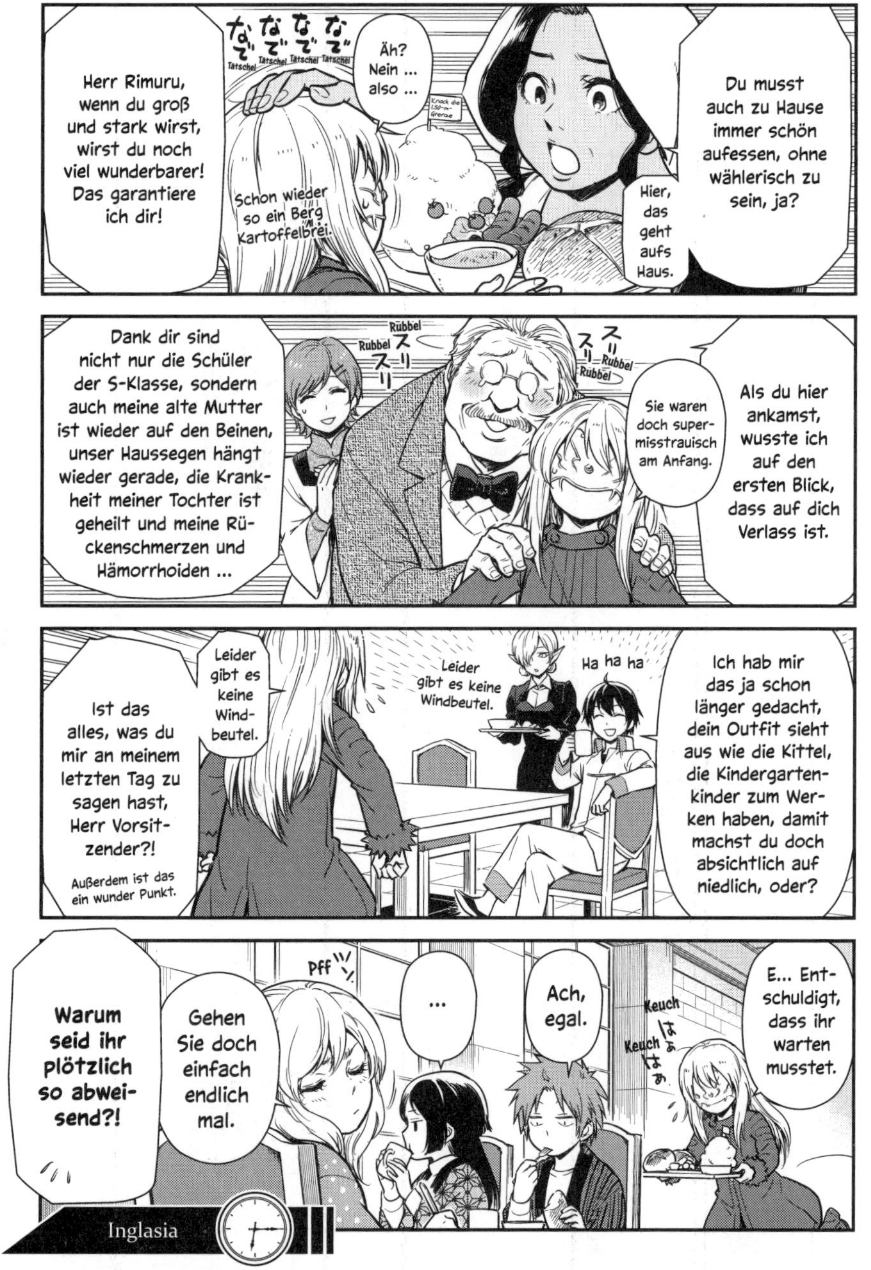
Du musst auch zu Hause immer schön aufessen, ohne wählerisch zu sein, ja?
Hier, das geht aufs Haus.
Herr Rimuru, wenn du groß und stark wirst, wirst du noch viel wunderbarer! Das garantiere ich dir!
Tätschel Tätschel Tätschel Tätschel
Äh? Nein ... also ...
Schon wieder so ein Berg Kartoffelbrei.
Als du hier ankamst, wusste ich auf den ersten Blick, dass auf dich Verlass ist.
Sie waren doch supermisstrauisch am Anfang.
Rubbel Rubbel Rubbel Rubbel
Dank dir sind nicht nur die Schüler der S-Klasse, sondern auch meine alte Mutter ist wieder auf den Beinen, unser Haussegen hängt wieder gerade, die Krankheit meiner Tochter ist geheilt und meine Rückenschmerzen und Hämorrhoiden ...
Ich hab mir das ja schon länger gedacht, dein Outfit sieht aus wie die Kittel, die Kindergartenkinder zum Werken haben, damit machst du doch absichtlich auf niedlich, oder?
Ha ha ha
Leider gibt es keine Windbeutel.
Ist das alles, was du mir an meinem letzten Tag zu sagen hast, Herr Vorsitzender?!
Leider gibt es keine Windbeutel.
Außerdem ist das ein wunder Punkt.
E... Entschuldigt, dass ihr warten musstet.
Keuch Keuch
Ach, egal.
...
Pff
Gehen Sie doch einfach endlich mal.
Warum seid ihr plötzlich so abweisend?!
Inglasia

Die Sorgen der Königin der Lüfte

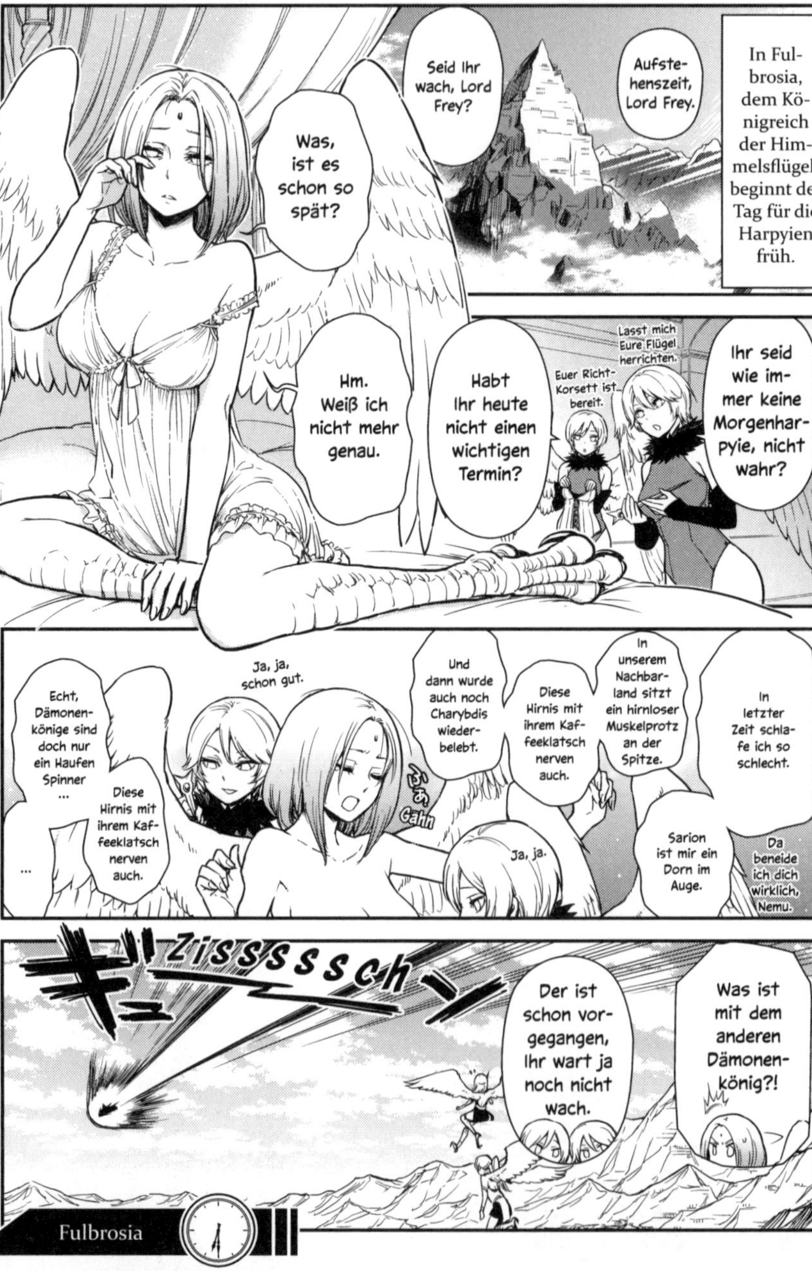
In Fulbrosia, dem Königreich der Himmelsflügel, beginnt der Tag für die Harpyien früh.
Aufstehenszeit, Lord Frey.
Seid Ihr wach, Lord Frey?
Was, ist es schon so spät?
Ihr seid wie immer keine Morgenharpyie, nicht wahr?
Lasst mich Eure Flügel herrichten.
Euer Richt-Korsett ist bereit.
Habt Ihr heute nicht einen wichtigen Termin?
Hm. Weiß ich nicht mehr genau.
In letzter Zeit schlafe ich so schlecht.
Da beneide ich dich wirklich, Nemu.
Sarion ist mir ein Dorn im Auge.
In unserem Nachbarland sitzt ein hirnloser Muskelprotz an der Spitze.
Ja, ja.
Diese Hirnis mit ihrem Kaffeeklatsch nerven auch.
Und dann wurde auch noch Charybdis wiederbelebt.
Gahn
Ja, ja, schon gut.
Echt, Dämonenkönige sind doch nur ein Haufen Spinner …
Diese Hirnis mit ihrem Kaffeeklatsch nerven auch.
…
Zissssssch
Was ist mit dem anderen Dämonenkönig?!
Der ist schon vorgegangen, Ihr wart ja noch nicht wach.
Fulbrosia

Die Kinder des Rimuru Tempest

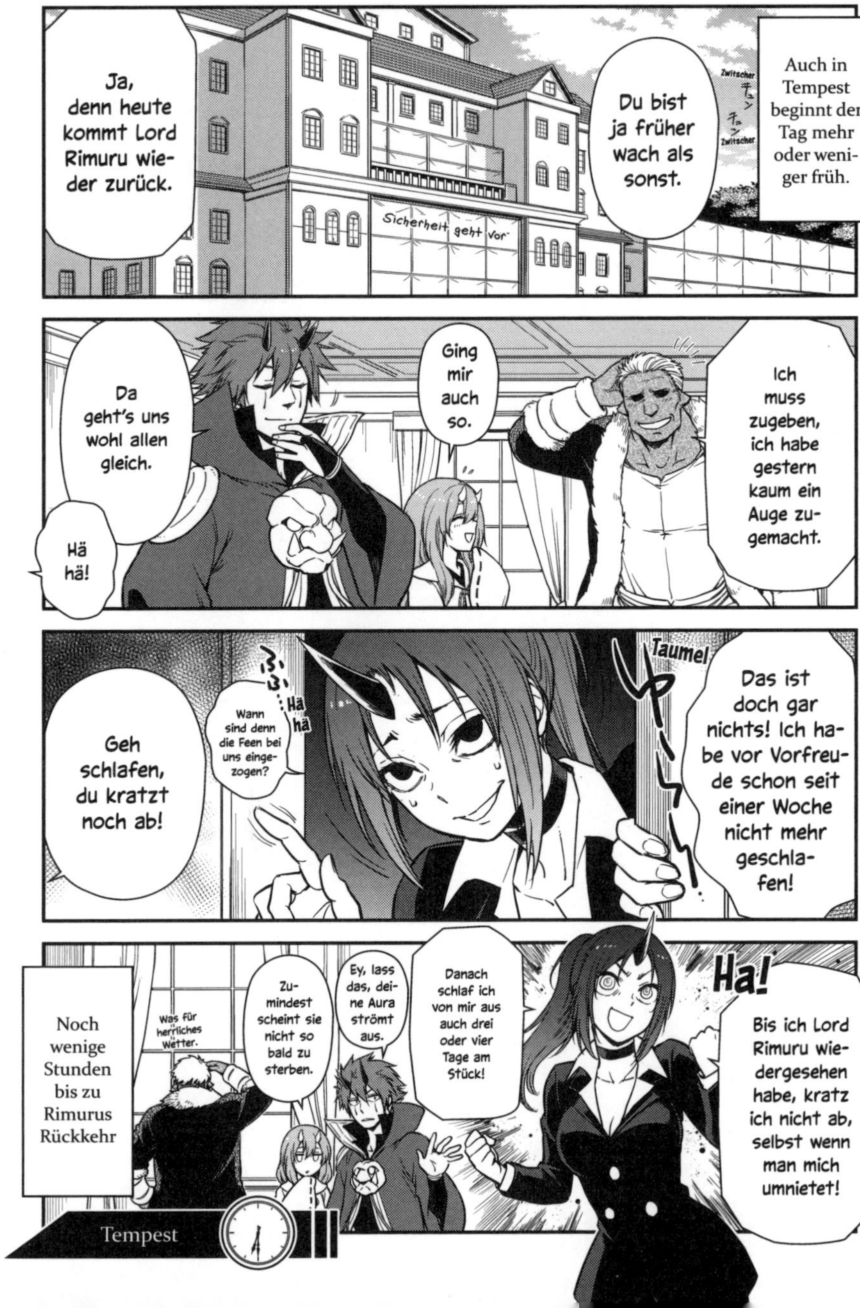

Auch in Tempest beginnt der Tag mehr oder weniger früh.
Zwitscher
Zwitscher
Du bist ja früher wach als sonst.
Sicherheit geht vor
Ja, denn heute kommt Lord Rimuru wieder zurück.
Ich muss zugeben, ich habe gestern kaum ein Auge zugemacht.
Ging mir auch so.
Da geht's uns wohl allen gleich.
Hä hä!
Taumel
Das ist doch gar nichts! Ich habe vor Vorfreude schon seit einer Woche nicht mehr geschlafen!
Hä hä
Wann sind denn die Feen bei uns eingezogen?
Geh schlafen, du kratzt noch ab!
Ha!
Bis ich Lord Rimuru wiedergesehen habe, kratz ich nicht ab, selbst wenn man mich umnietet!
Danach schlaf ich von mir aus auch drei oder vier Tage am Stück!
Ey, lass das, deine Aura strömt aus.
Zumindest scheint sie nicht so bald zu sterben.
Was für herrliches Wetter.
Noch wenige Stunden bis zu Rimurus Rückkehr
Tempest

Gobuichis Speisesaal

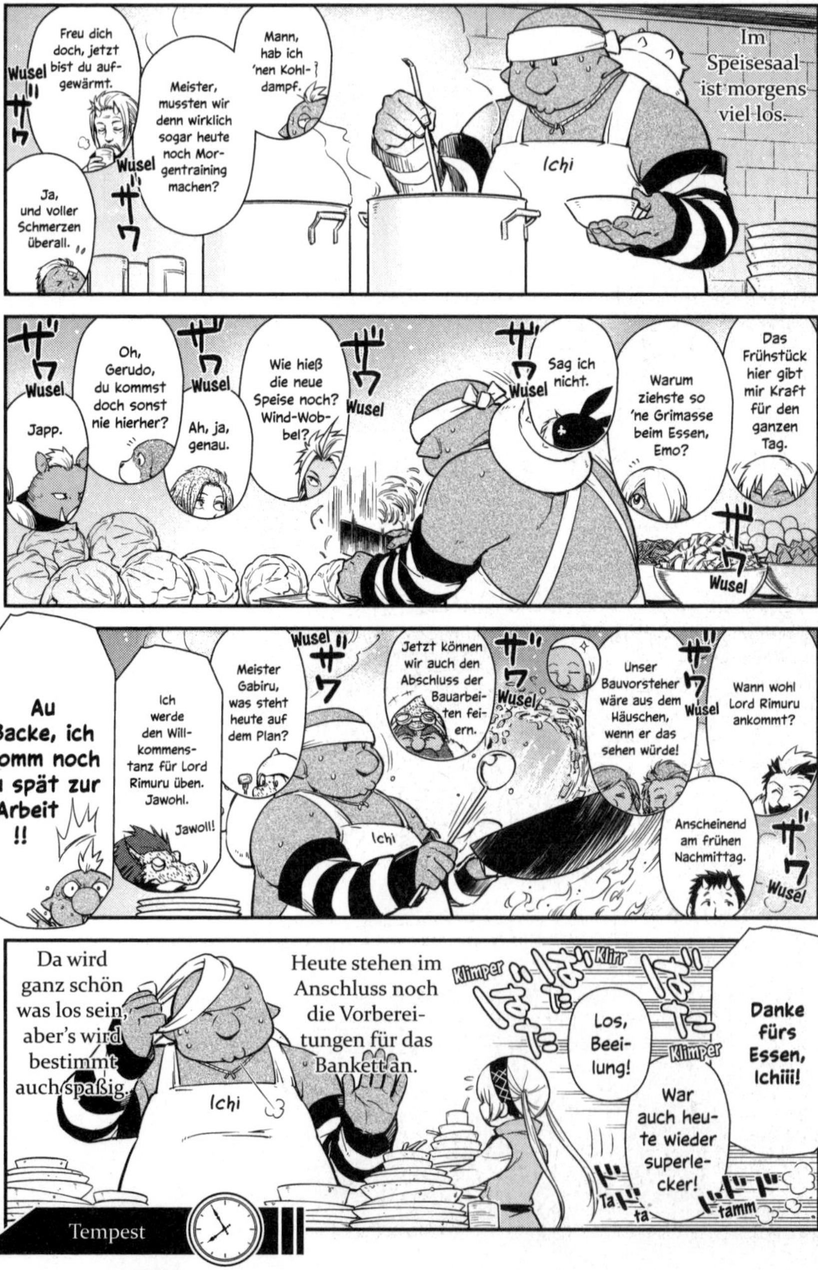

Im Speisesaal ist morgens viel los.
Ichi
Mann, hab ich 'nen Kohldampf.
Meister, mussten wir denn wirklich sogar heute noch Morgentraining machen?
Freu dich doch, jetzt bist du aufgewärmt.
Wusel!!
Wusel
Ja, und voller Schmerzen überall.
Das Frühstück hier gibt mir Kraft für den ganzen Tag.
Warum ziehste so 'ne Grimasse beim Essen, Emo?
Sag ich nicht.
Wusel
Wie hieß die neue Speise noch? Wind-Wobbel?
Wusel
Ah, ja, genau.
Oh, Gerudo, du kommst doch sonst nie hierher?
Wusel
Japp.
Wusel
Wusel
Wann wohl Lord Rimuru ankommt?
Wusel
Anscheinend am frühen Nachmittag.
Wusel
Unser Bauvorsteher wäre aus dem Häuschen, wenn er das sehen würde!
Wusel
Jetzt können wir auch den Abschluss der Bauarbeiten feiern.
Wusel!!
Meister Gabiru, was steht heute auf dem Plan?
Ich werde den Willkommenstanz für Lord Rimuru üben. Jawohl.
Jawoll!
Ichi
Au Backe, ich komm noch zu spät zur Arbeit!!
Da wird ganz schön was los sein, aber's wird bestimmt auch spaßig.
Heute stehen im Anschluss noch die Vorbereitungen für das Bankett an.
Ichi
Danke fürs Essen, Ichiii!
Klimper
Klirr
Los, Beeilung!
Klimper
War auch heute wieder superlecker!
Ta ta
tamm
Tempest

Farmas gerät in Bewegung

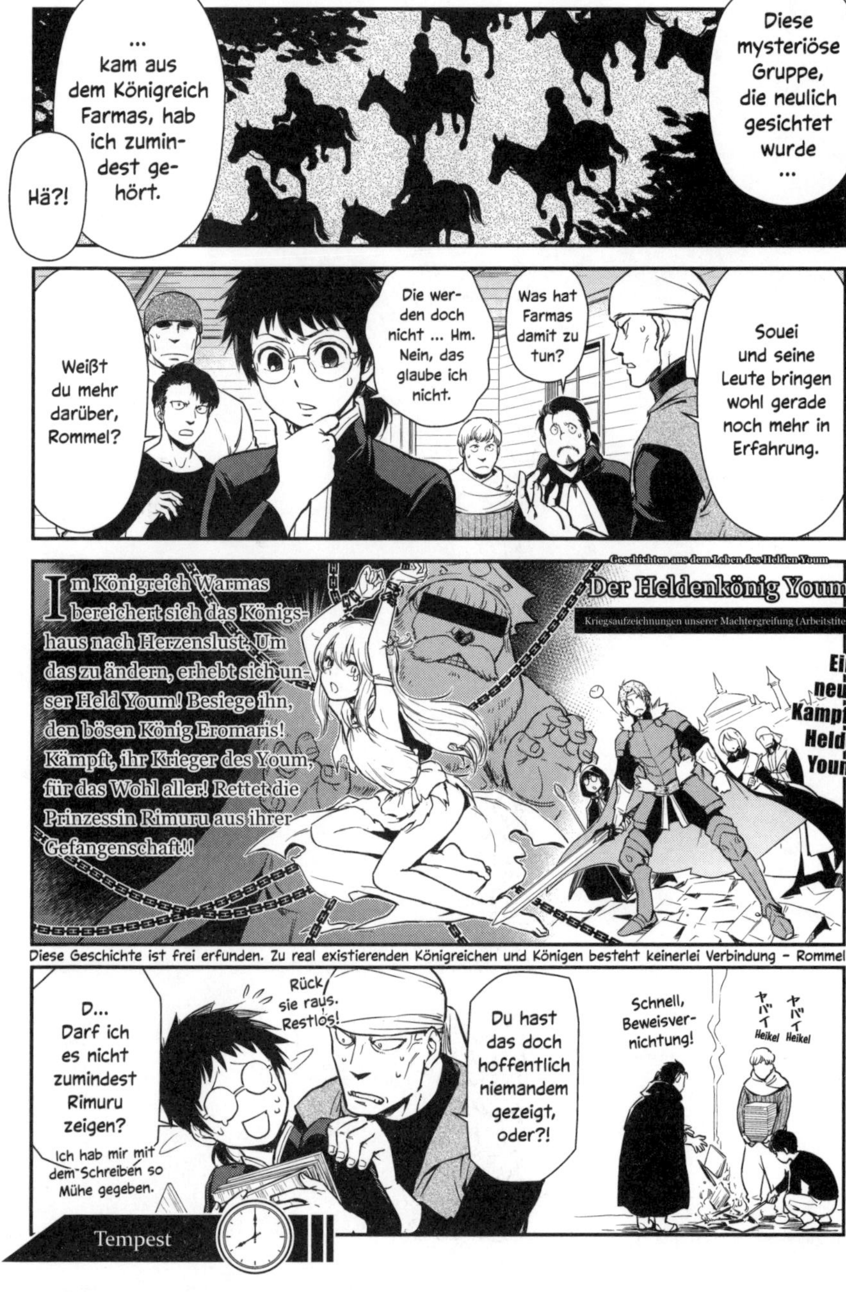
Diese mysteriöse Gruppe, die neulich gesichtet wurde ...
... kam aus dem Königreich Farmas, hab ich zumindest gehört.
Hä?!
Soueí und seine Leute bringen wohl gerade noch mehr in Erfahrung.
Was hat Farmas damit zu tun?
Die werden doch nicht ... Hm. Nein, das glaube ich nicht.
Weißt du mehr darüber, Rommel?
Geschichten aus dem Leben des Helden Youm
Der Heldenkönig Youm
Kriegsaufzeichnungen unserer Machtergreifung (Arbeitstitel)
Ein neuer Kampf des Helden Youm!
Im Königreich Warmas bereichert sich das Königshaus nach Herzenslust. Um das zu ändern, erhebt sich unser Held Youm! Besiege ihn, den bösen König Eromaris! Kämpft, ihr Krieger des Youm, für das Wohl aller! Rettet die Prinzessin Rimuru aus ihrer Gefangenschaft!!
Diese Geschichte ist frei erfunden. Zu real existierenden Königreichen und Königen besteht keinerlei Verbindung – Rommel
ヤバイ Heikel
ヤバイ Heikel
Schnell, Beweisvernichtung!
Du hast das doch hoffentlich niemandem gezeigt, oder?!
Rück sie raus. Restlos!
D... Darf ich es nicht zumindest Rimuru zeigen?
Ich hab mir mit dem Schreiben so Mühe gegeben.
Tempest

Der gehirngewaschene Dämonenkönig☆Millim Nava

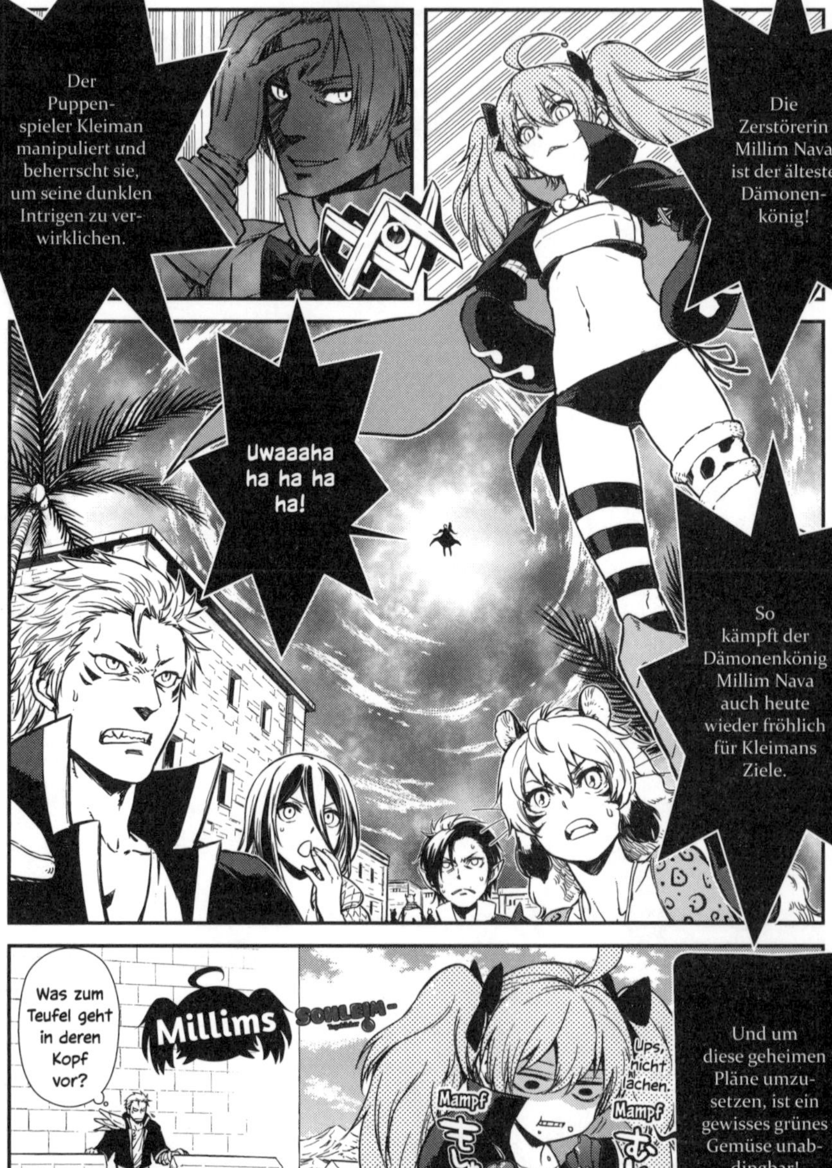
Die Zerstörerin Millim Nava ist der älteste Dämonenkönig!
Der Puppenspieler Kleiman manipuliert und beherrscht sie, um seine dunklen Intrigen zu verwirklichen.
Uwaaaha ha ha ha ha!
So kämpft der Dämonenkönig Millim Nava auch heute wieder fröhlich für Kleimans Ziele.
Und um diese geheimen Pläne umzusetzen, ist ein gewisses grünes Gemüse unabdingbar!
Mampf
Mampf
Ups, nicht lachen.
Millims SCHLEIM-
Was zum Teufel geht in deren Kopf vor?
Jurasania

Der Befehl der Drachenprinzessin

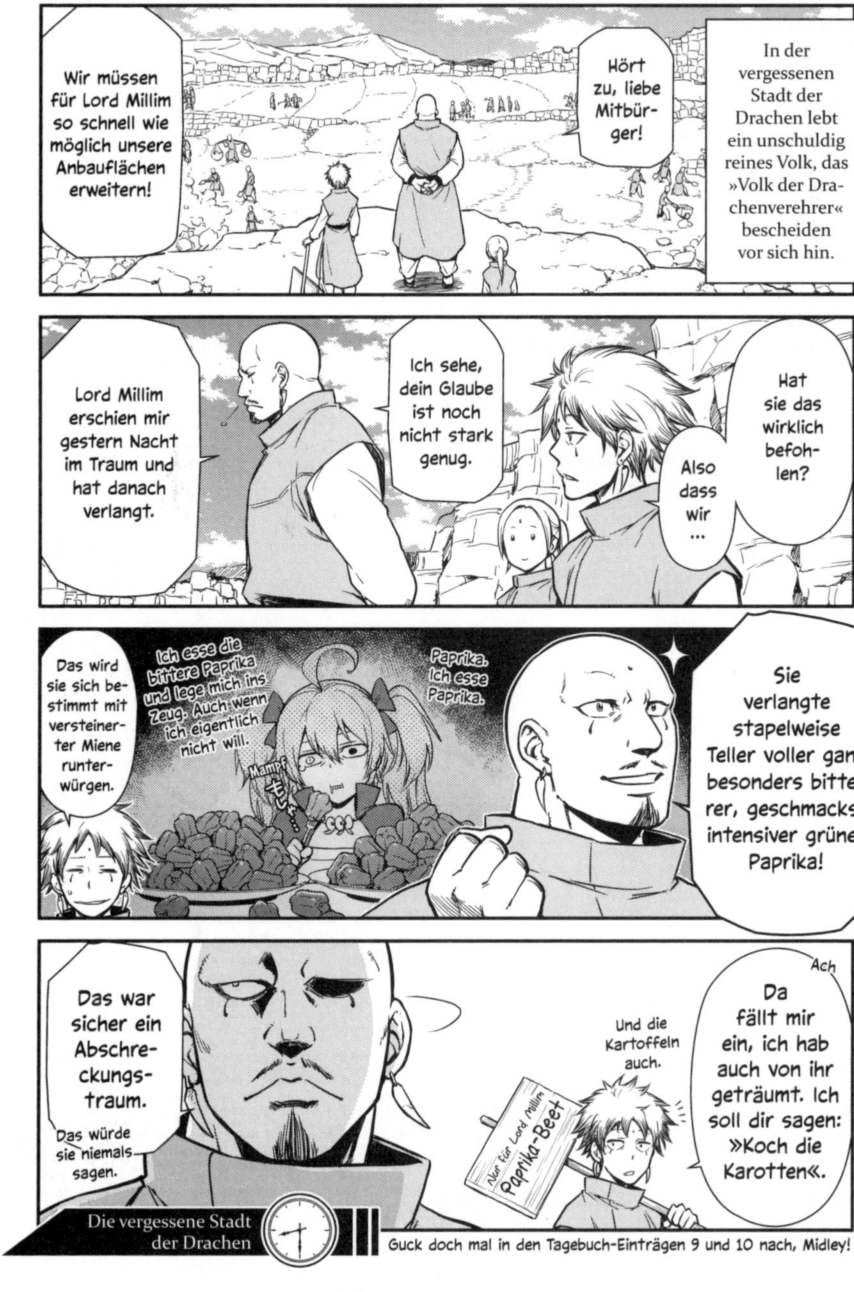
In der vergessenen Stadt der Drachen lebt ein unschuldig reines Volk, das »Volk der Drachenverehrer« bescheiden vor sich hin.
Hört zu, liebe Mitbürger!
Wir müssen für Lord Millim so schnell wie möglich unsere Anbauflächen erweitern!
Hat sie das wirklich befohlen?
Also dass wir …
Ich sehe, dein Glaube ist noch nicht stark genug.
Lord Millim erschien mir gestern Nacht im Traum und hat danach verlangt.
Sie verlangte stapelweise Teller voller ganz besonders bitterer, geschmacksintensiver grüner Paprika!
Paprika. Ich esse Paprika.
Ich esse die bittere Paprika und lege mich ins Zeug. Auch wenn ich eigentlich nicht will.
Mampf
Das wird sie sich bestimmt mit versteinerter Miene runterwürgen.
Ach
Da fällt mir ein, ich hab auch von ihr geträumt. Ich soll dir sagen: »Koch die Karotten«.
Und die Kartoffeln auch.
Nur für Lord Millim
Paprika-Beet
Das war sicher ein Abschreckungstraum.
Das würde sie niemals sagen.
Die vergessene Stadt der Drachen
Guck doch mal in den Tagebuch-Einträgen 9 und 10 nach, Midley!

Ein kurzer Moment der Freude

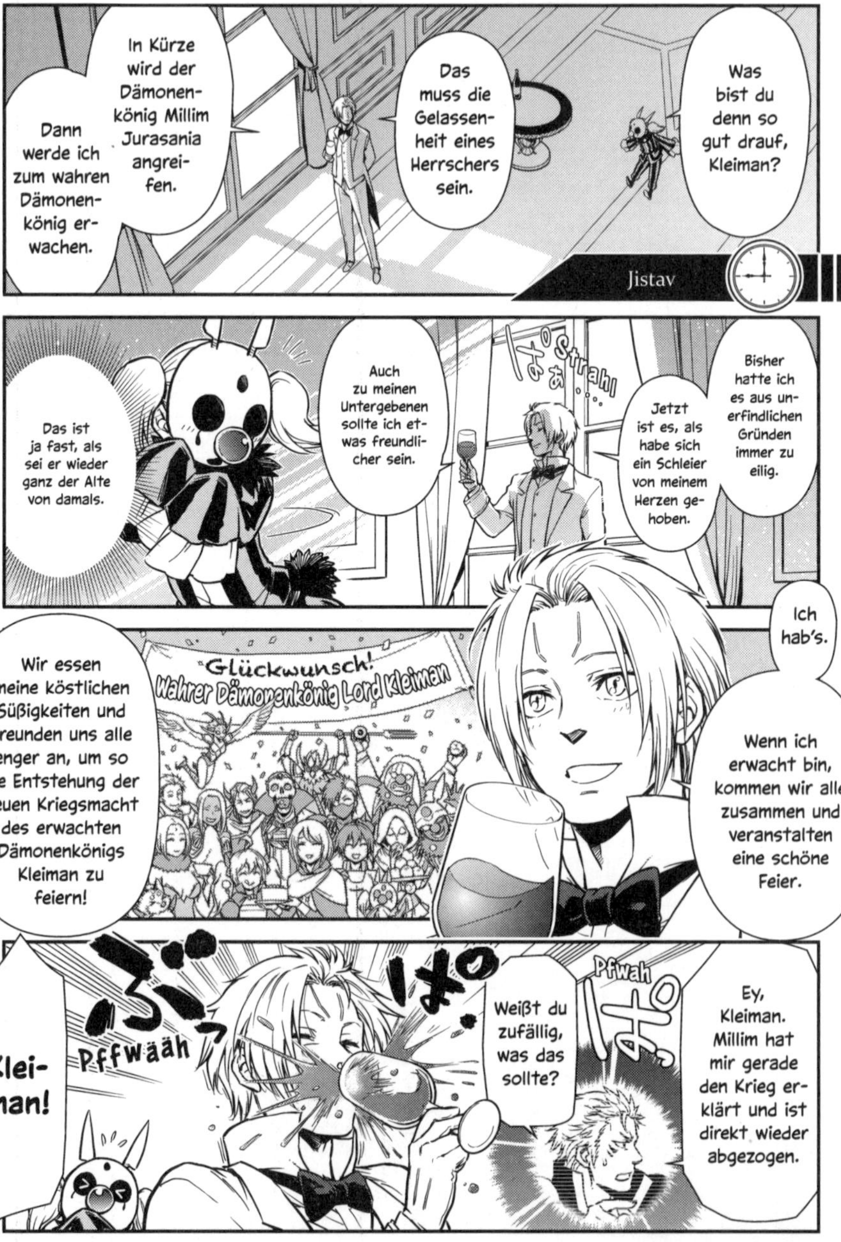

Was bist du denn so gut drauf, Kleiman?
Das muss die Gelassenheit eines Herrschers sein.
In Kürze wird der Dämonenkönig Millim Jurasania angreifen.
Dann werde ich zum wahren Dämonenkönig erwachen.
Jistav
Bisher hatte ich es aus unerfindlichen Gründen immer zu eilig.
Jetzt ist es, als habe sich ein Schleier von meinem Herzen gehoben.
Strahl
Auch zu meinen Untergebenen sollte ich etwas freundlicher sein.
Das ist ja fast, als sei er wieder ganz der Alte von damals.
Ich hab's.
Wenn ich erwacht bin, kommen wir alle zusammen und veranstalten eine schöne Feier.
Glückwunsch! Wahrer Dämonenkönig Lord Kleiman
Wir essen meine köstlichen Süßigkeiten und freunden uns alle enger an, um so die Entstehung der neuen Kriegsmacht des erwachten Dämonenkönigs Kleiman zu feiern!
Ey, Kleiman. Millim hat mir gerade den Krieg erklärt und ist direkt wieder abgezogen.
Pfwah
Weißt du zufällig, was das sollte?
Pffwääh
Klei-man!

Die Dämonenring-Hotline

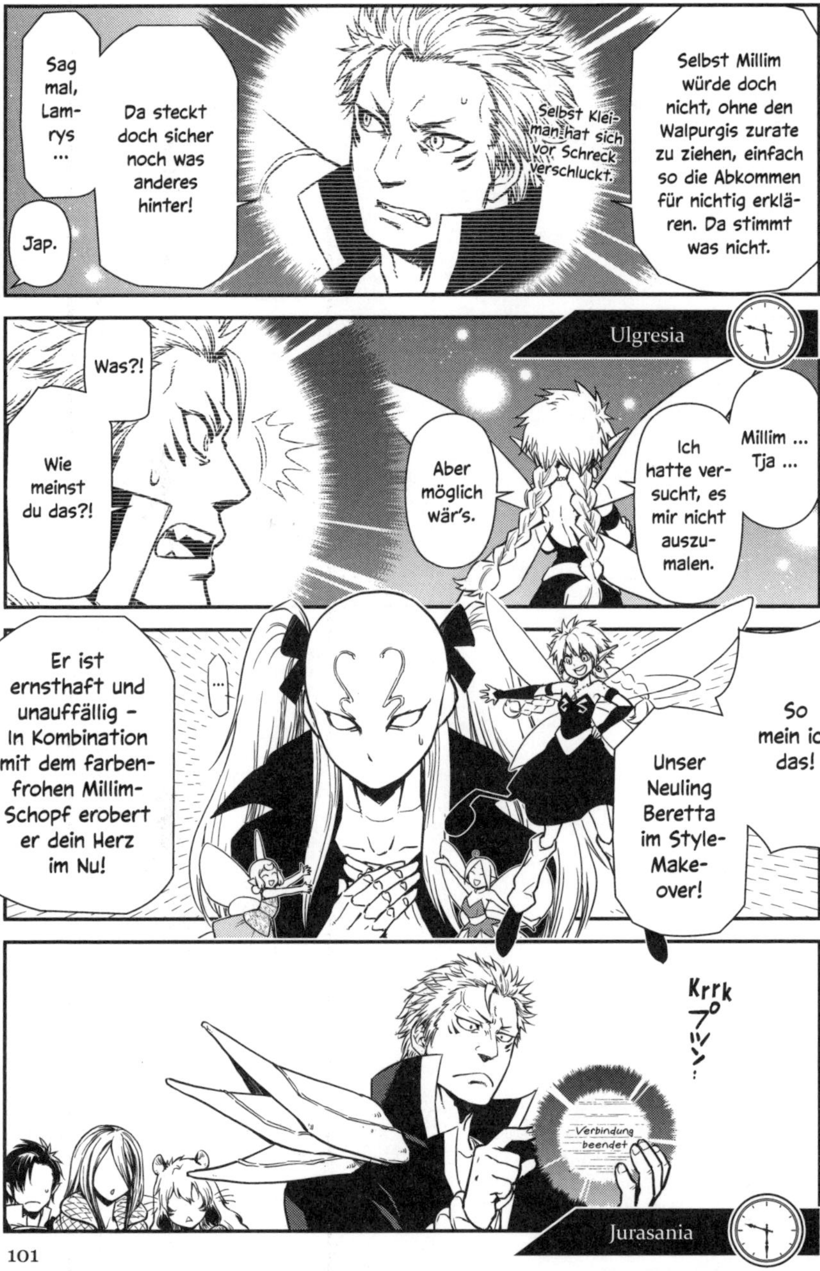
Selbst Millim würde doch nicht, ohne den Walpurgis zurate zu ziehen, einfach so die Abkommen für nichtig erklären. Da stimmt was nicht.
Selbst Kleiman hat sich vor Schreck verschluckt.
Sag mal, Lamrys ...
Da steckt doch sicher noch was anderes hinter!
Jap.
Ulgresia
Millim ... Tja ...
Ich hatte versucht, es mir nicht auszumalen.
Aber möglich wär's.
Was?!
Wie meinst du das?!
So mein ich das!
Unser Neuling Beretta im Style-Makeover!
...
Er ist ernsthaft und unauffällig – In Kombination mit dem farbenfrohen Millim-Schopf erobert er dein Herz im Nu!
Krrk
Verbindung beendet
Jurasania

Bin auf Patrouille

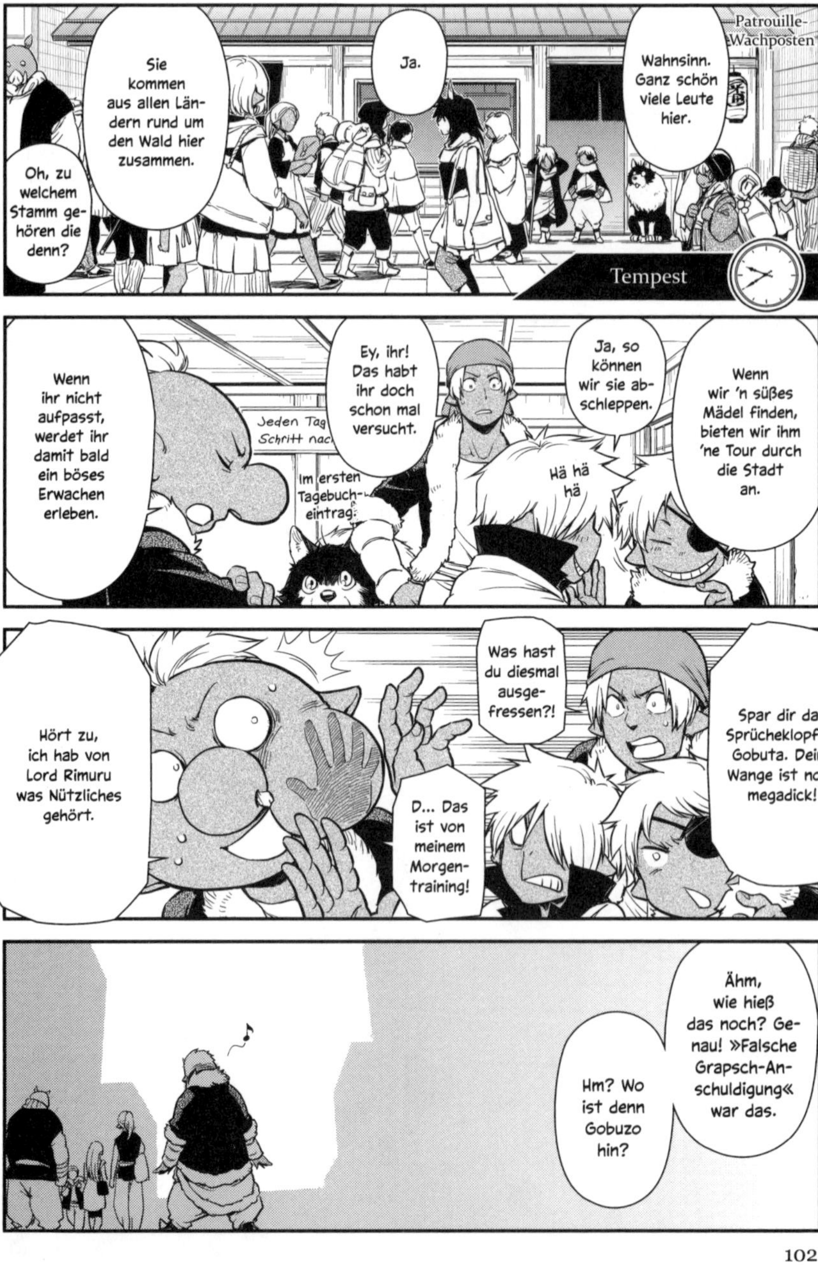
Patrouille-Wachposten
Tempest
Wahnsinn. Ganz schön viele Leute hier.
Ja.
Sie kommen aus allen Ländern rund um den Wald hier zusammen.
Oh, zu welchem Stamm gehören die denn?
Wenn wir 'n süßes Mädel finden, bieten wir ihm 'ne Tour durch die Stadt an.
Ja, so können wir sie abschleppen.
Hä hä hä
Ey, ihr! Das habt ihr doch schon mal versucht.
Jeden Tag
Schritt nac
Im ersten Tagebucheintrag:
Wenn ihr nicht aufpasst, werdet ihr damit bald ein böses Erwachen erleben.
Spar dir das Sprücheklopfen, Gobuta. Deine Wange ist noch megadick!
Was hast du diesmal ausgefressen?!
D... Das ist von meinem Morgentraining!
Hört zu, ich hab von Lord Rimuru was Nützliches gehört.
Ähm, wie hieß das noch? Genau! »Falsche Grapsch-Anschuldigung« war das.
Hm? Wo ist denn Gobuzo hin?

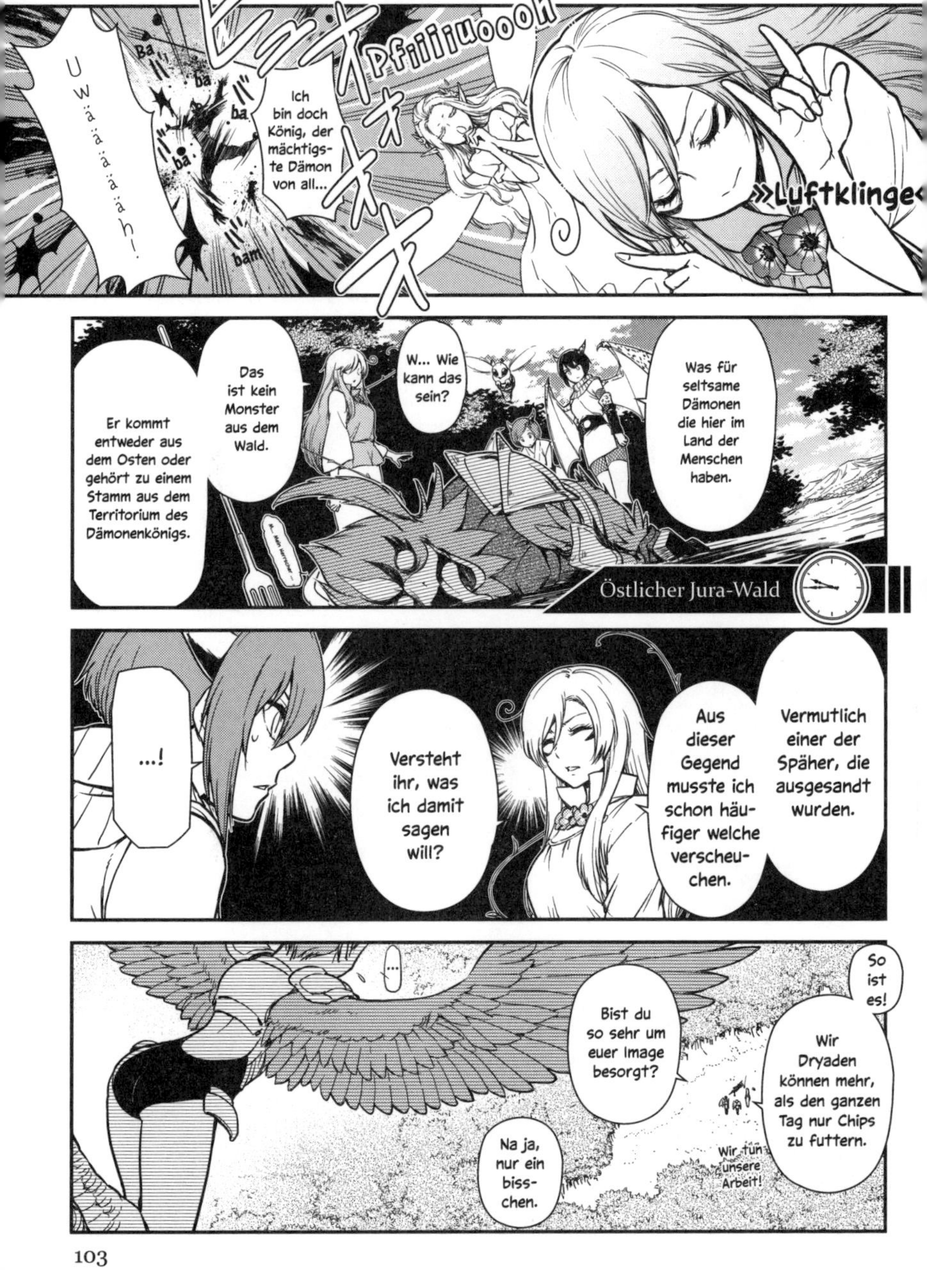
Pfiiiiuoooh
»Luftklinge«
Ich bin doch König, der mächtigste Dämon von all...
Ba ba ba ba bam
Uwäääääh!
Was für seltsame Dämonen die hier im Land der Menschen haben.
W... Wie kann das sein?
Das ist kein Monster aus dem Wald.
Er kommt entweder aus dem Osten oder gehört zu einem Stamm aus dem Territorium des Dämonenkönigs.
Östlicher Jura-Wald
Vermutlich einer der Späher, die ausgesandt wurden.
Aus dieser Gegend musste ich schon häufiger welche verscheuchen.
Versteht ihr, was ich damit sagen will?
...!
So ist es!
Wir Dryaden können mehr, als den ganzen Tag nur Chips zu futtern.
Wir tun unsere Arbeit!
Bist du so sehr um euer Image besorgt?
...
Na ja, nur ein bisschen.

Führungskonferenz in Jurasania

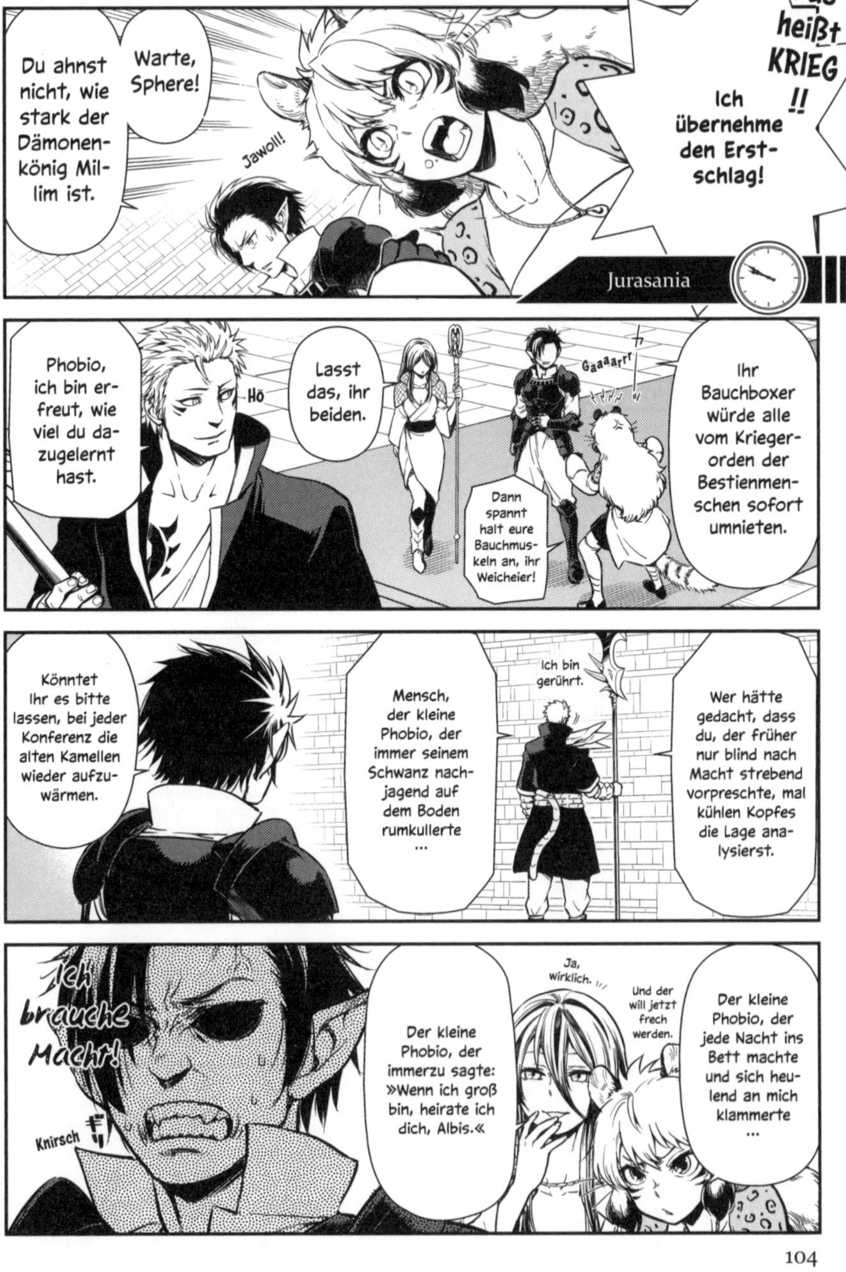
Das heißt KRIEG!!
Ich übernehme den Erstschlag!
Jawoll!
Warte, Sphere!
Du ahnst nicht, wie stark der Dämonenkönig Millim ist.
Jurasania
Ihr Bauchboxer würde alle vom Kriegerorden der Bestienmenschen sofort umnieten.
Gaaaarrr
Dann spannt halt eure Bauchmuskeln an, ihr Weicheier!
Lasst das, ihr beiden.
Hö
Phobio, ich bin erfreut, wie viel du dazugelernt hast.
Wer hätte gedacht, dass du, der früher nur blind nach Macht strebend vorpreschte, mal kühlen Kopfes die Lage analysierst.
Ich bin gerührt.
Mensch, der kleine Phobio, der immer seinem Schwanz nachjagend auf dem Boden rumkullerte …
Könntet Ihr es bitte lassen, bei jeder Konferenz die alten Kamellen wieder aufzuwärmen.
Der kleine Phobio, der jede Nacht ins Bett machte und sich heulend an mich klammerte …
Und der will jetzt frech werden.
Ja, wirklich.
Der kleine Phobio, der immerzu sagte: »Wenn ich groß bin, heirate ich dich, Albis.«
Ich brauche Macht!
Knirsch

Der Grad der Vertrautheit

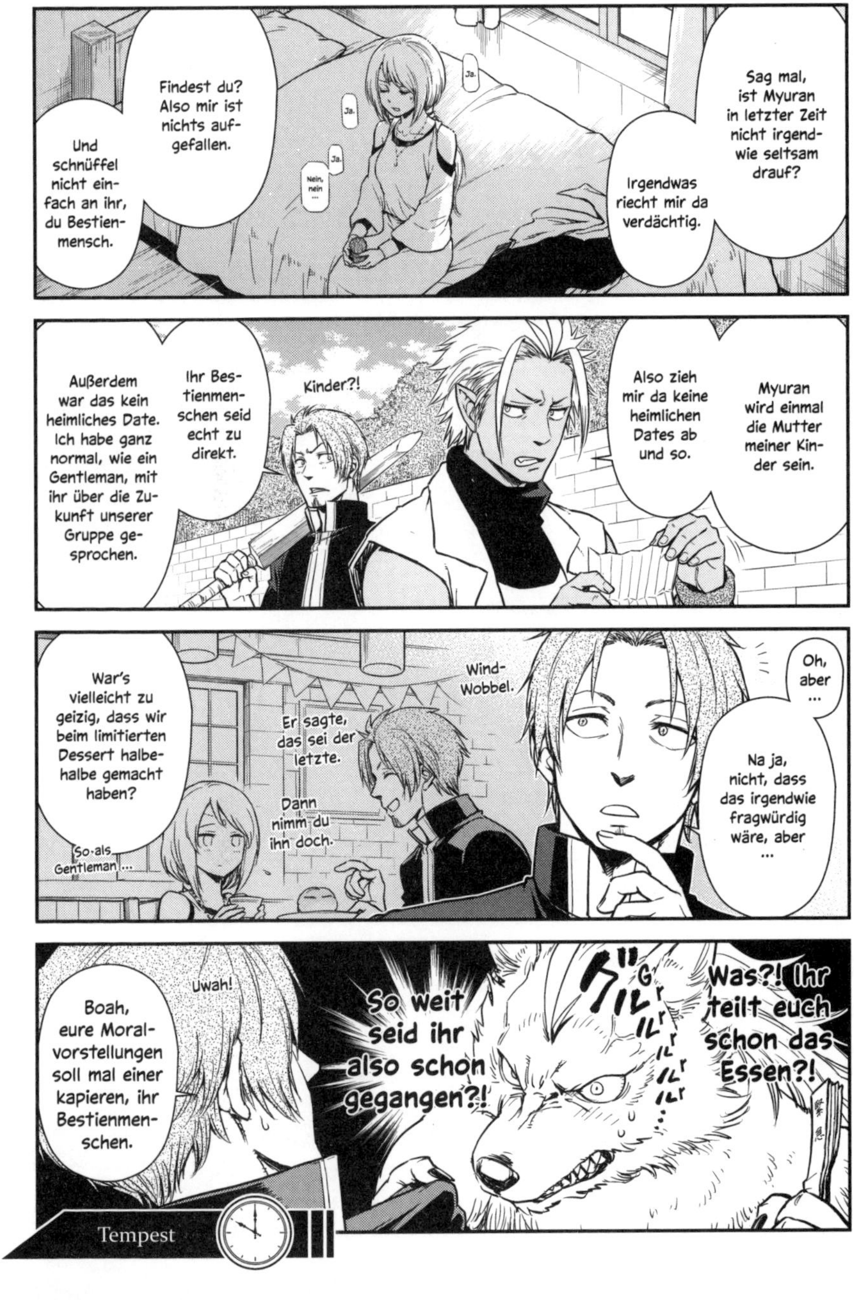
Sag mal, ist Myuran in letzter Zeit nicht irgendwie seltsam drauf?
Irgendwas riecht mir da verdächtig.
Ja.
Findest du? Also mir ist nichts aufgefallen.
Ja.
Ja.
Nein, nein …
Und schnüffel nicht einfach an ihr, du Bestienmensch.
Myuran wird einmal die Mutter meiner Kinder sein.
Also zieh mir da keine heimlichen Dates ab und so.
Kinder?!
Ihr Bestienmenschen seid echt zu direkt.
Außerdem war das kein heimliches Date. Ich habe ganz normal, wie ein Gentleman, mit ihr über die Zukunft unserer Gruppe gesprochen.
Oh, aber …
Na ja, nicht, dass das irgendwie fragwürdig wäre, aber …
Wind-Wobbel.
Er sagte, das sei der letzte.
Dann nimm du ihn doch.
War's vielleicht zu geizig, dass wir beim limitierten Dessert halbehalbe gemacht haben?
So als Gentleman …
Was?! Ihr teilt euch schon das Essen?!
Grrrrr
So weit seid ihr also schon gegangen?!
Uwah!
Boah, eure Moralvorstellungen soll mal einer kapieren, ihr Bestienmenschen.
Tempest

Die Erpressung des Dämonenkönigs

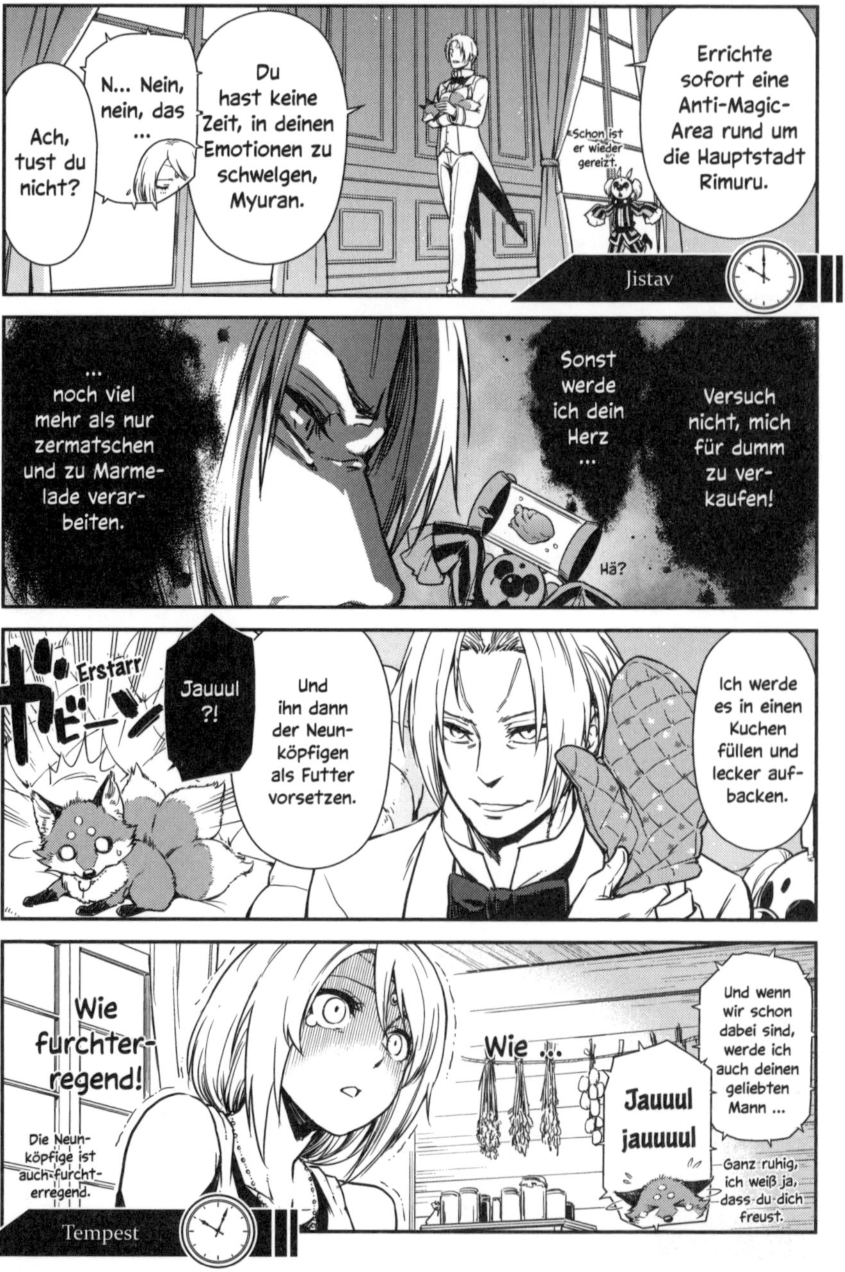
Errichte sofort eine Anti-Magic-Area rund um die Hauptstadt Rimuru.
Schon ist er wieder gereizt.
Du hast keine Zeit, in deinen Emotionen zu schwelgen, Myuran.
N... Nein, nein, das ...
Ach, tust du nicht?
Jistav
Versuch nicht, mich für dumm zu verkaufen!
Sonst werde ich dein Herz ...
... noch viel mehr als nur zermatschen und zu Marmelade verarbeiten.
Hä?
Ich werde es in einen Kuchen füllen und lecker aufbacken.
Und ihn dann der Neunköpfigen als Futter vorsetzen.
Jauuul ?!
Erstarr
Und wenn wir schon dabei sind, werde ich auch deinen geliebten Mann ...
Ganz ruhig, ich weiß ja, dass du dich freust.
Jauuul jauuuul
Wie ...
Wie furchterregend!
Die Neunköpfige ist auch furchterregend.
Tempest

Der Fall mit dem Clown

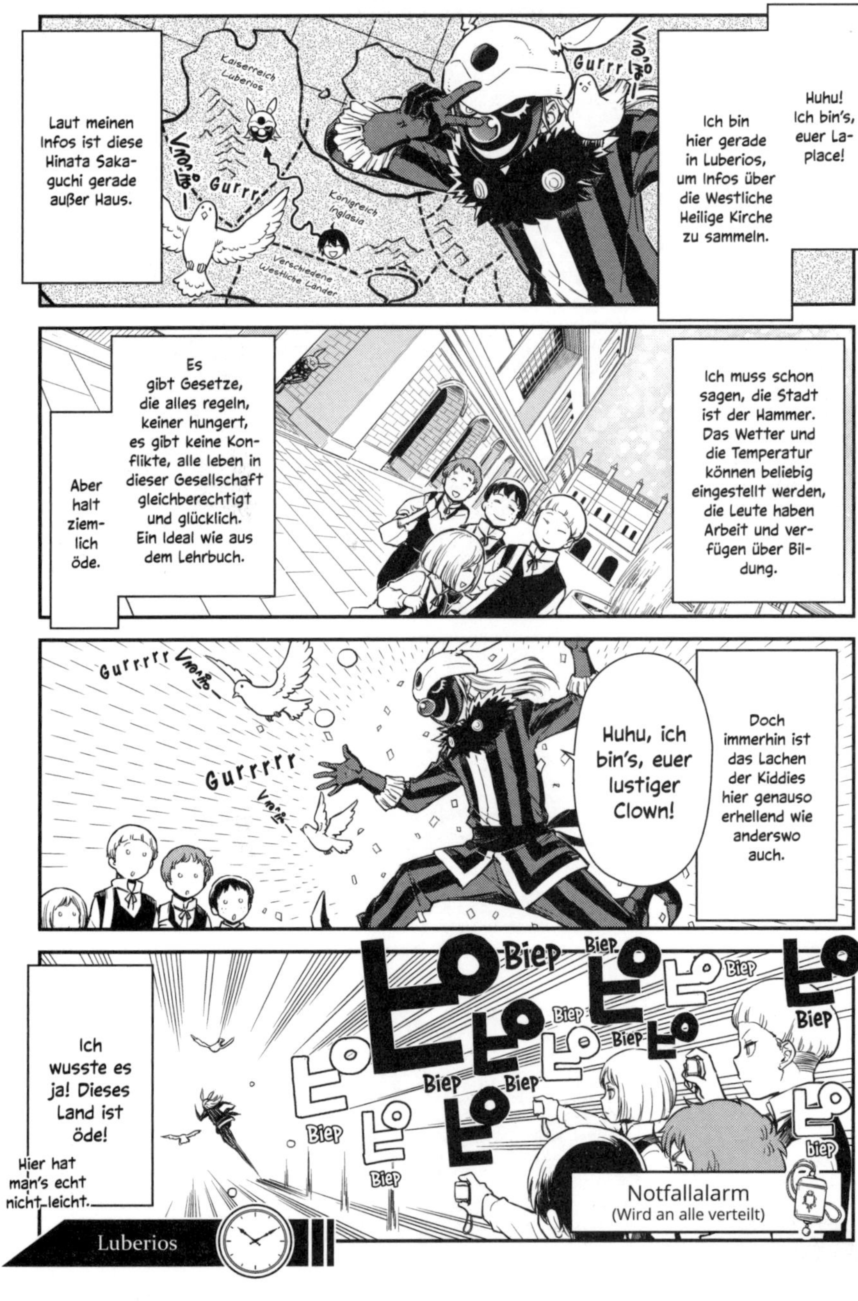
Huhu! Ich bin's, euer Laplace!
Ich bin hier gerade in Luberios, um Infos über die Westliche Heilige Kirche zu sammeln.
Gurrr
Kaiserreich Luberios
Königreich Inglasia
Verschiedene Westliche Länder
Gurrr
Laut meinen Infos ist diese Hinata Sakaguchi gerade außer Haus.
Ich muss schon sagen, die Stadt ist der Hammer. Das Wetter und die Temperatur können beliebig eingestellt werden, die Leute haben Arbeit und verfügen über Bildung.
Es gibt Gesetze, die alles regeln, keiner hungert, es gibt keine Konflikte, alle leben in dieser Gesellschaft gleichberechtigt und glücklich. Ein Ideal wie aus dem Lehrbuch.
Aber halt ziemlich öde.
Doch immerhin ist das Lachen der Kiddies hier genauso erhellend wie anderswo auch.
Huhu, ich bin's, euer lustiger Clown!
Gurrrrr
Gurrrrr
Biep Biep Biep Biep Biep Biep Biep Biep Biep biep
Notfallalarm
(Wird an alle verteilt)
Ich wusste es ja! Dieses Land ist öde!
Hier hat man's echt nicht leicht.
Luberios

Die schönen Zeiten

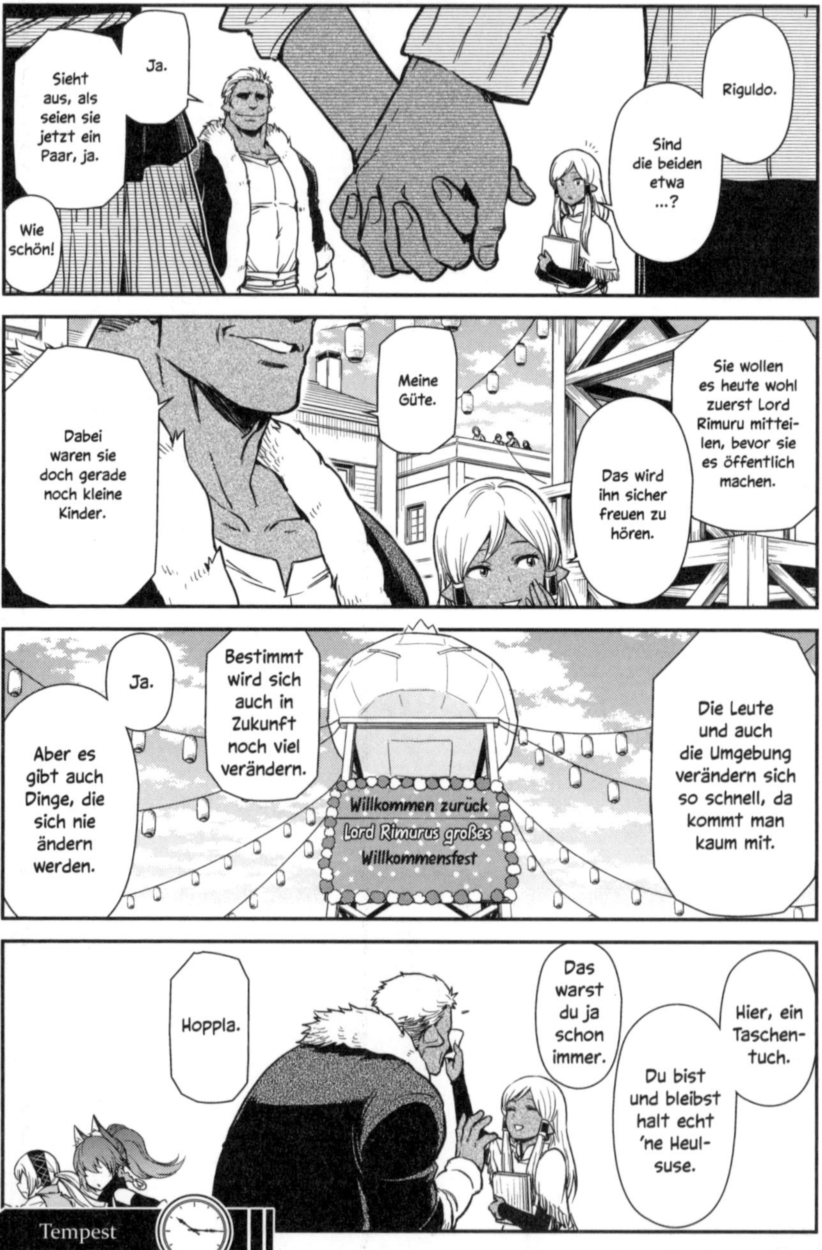
Riguldo.
Sind die beiden etwa ...?
Ja.
Sieht aus, als seien sie jetzt ein Paar, ja.
Wie schön!
Sie wollen es heute wohl zuerst Lord Rimuru mitteilen, bevor sie es öffentlich machen.
Das wird ihn sicher freuen zu hören.
Meine Güte.
Dabei waren sie doch gerade noch kleine Kinder.
Die Leute und auch die Umgebung verändern sich so schnell, da kommt man kaum mit.
Willkommen zurück
Lord Rimurus großes Willkommensfest
Bestimmt wird sich auch in Zukunft noch viel verändern.
Ja.
Aber es gibt auch Dinge, die sich nie ändern werden.
Hier, ein Taschentuch.
Du bist und bleibst halt echt 'ne Heulsuse.
Das warst du ja schon immer.
Hoppla.

Myurans letzte Mission

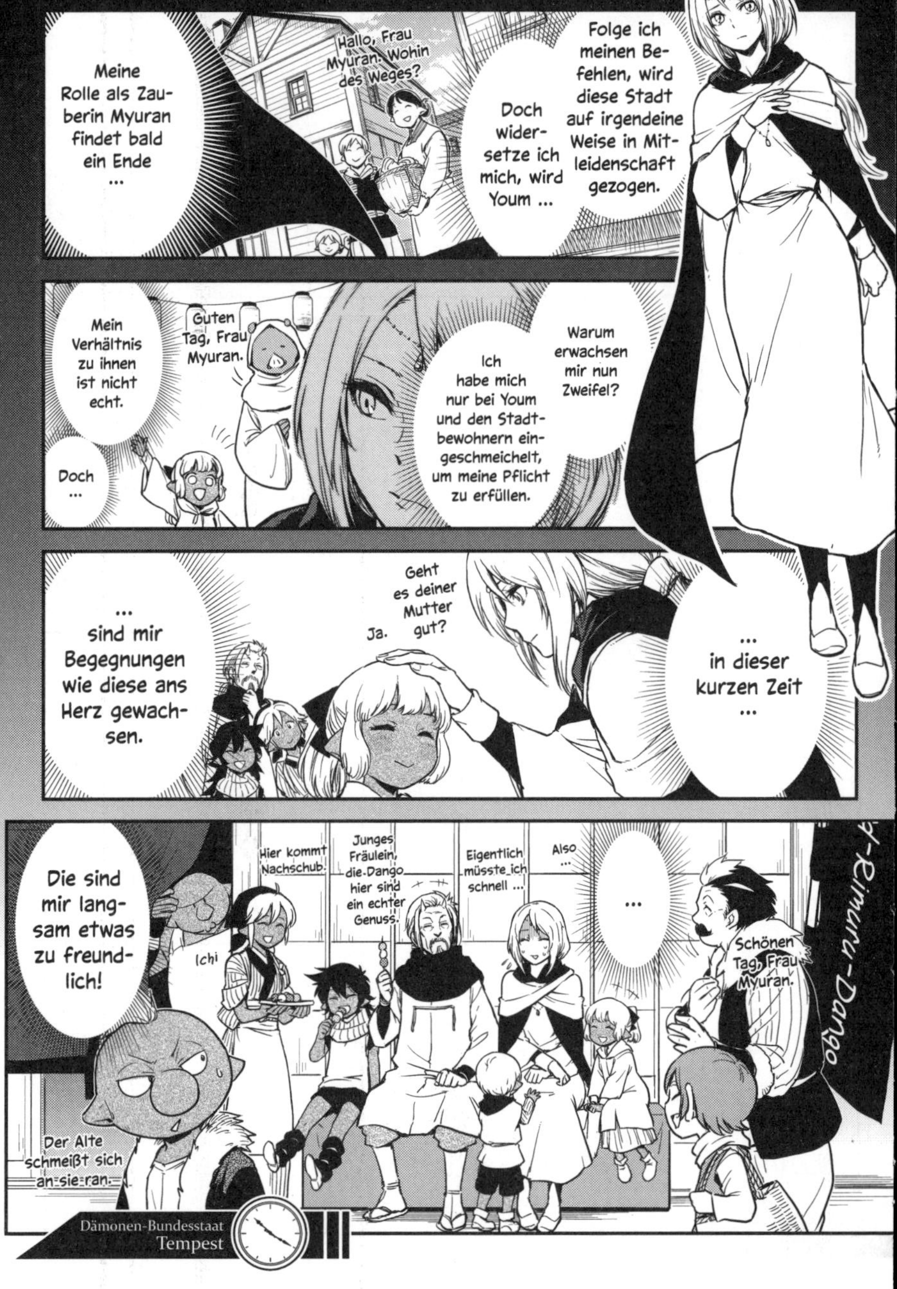

Folge ich meinen Befehlen, wird diese Stadt auf irgendeine Weise in Mitleidenschaft gezogen.
Doch widersetze ich mich, wird Youm ...
Hallo, Frau Myuran. Wohin des Weges?
Meine Rolle als Zauberin Myuran findet bald ein Ende ...
Warum erwachsen mir nun Zweifel?
Ich habe mich nur bei Youm und den Stadtbewohnern eingeschmeichelt, um meine Pflicht zu erfüllen.
Guten Tag, Frau Myuran.
Mein Verhältnis zu ihnen ist nicht echt.
Doch ...
... in dieser kurzen Zeit ...
Geht es deiner Mutter gut?
Ja.
... sind mir Begegnungen wie diese ans Herz gewachsen.
Schönen Tag, Frau Myuran.
...
Also ...
Eigentlich müsste ich schnell ...
Junges Fräulein, die Dango hier sind ein echter Genuss.
Hier kommt Nachschub.
Ichi
Die sind mir langsam etwas zu freundlich!
Der Alte schmeißt sich an sie ran.
Dämonen-Bundesstaat Tempest

Zwei aus einer anderen Welt

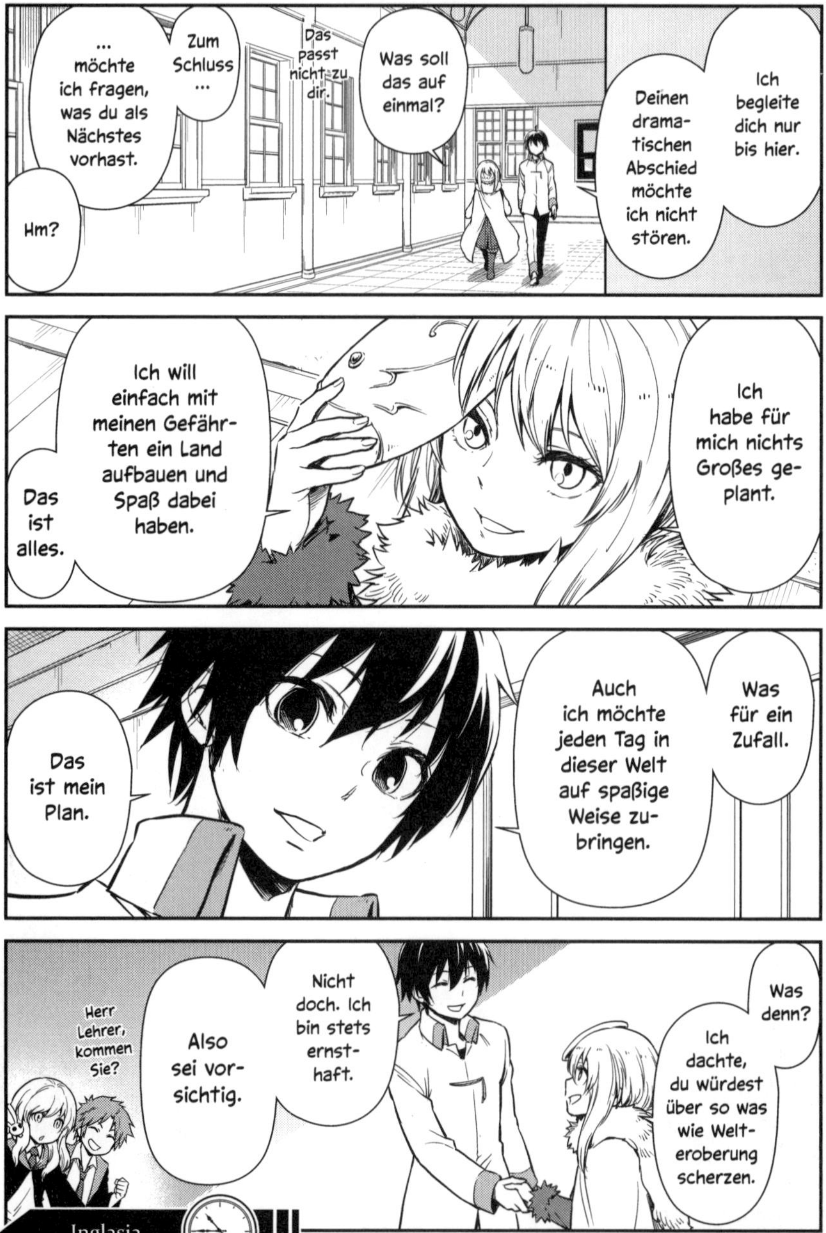
Ich begleite dich nur bis hier.
Deinen dramatischen Abschied möchte ich nicht stören.
Was soll das auf einmal?
Das passt nicht zu dir.
Zum Schluss ...
... möchte ich fragen, was du als Nächstes vorhast.
Hm?
Ich habe für mich nichts Großes geplant.
Ich will einfach mit meinen Gefährten ein Land aufbauen und Spaß dabei haben.
Das ist alles.
Was für ein Zufall.
Auch ich möchte jeden Tag in dieser Welt auf spaßige Weise zubringen.
Das ist mein Plan.
Was denn?
Ich dachte, du würdest über so was wie Welteroberung scherzen.
Nicht doch. Ich bin stets ernsthaft.
Also sei vorsichtig.
Herr Lehrer, kommen Sie?
Inglasia

Gute Absichten, böse Absichten

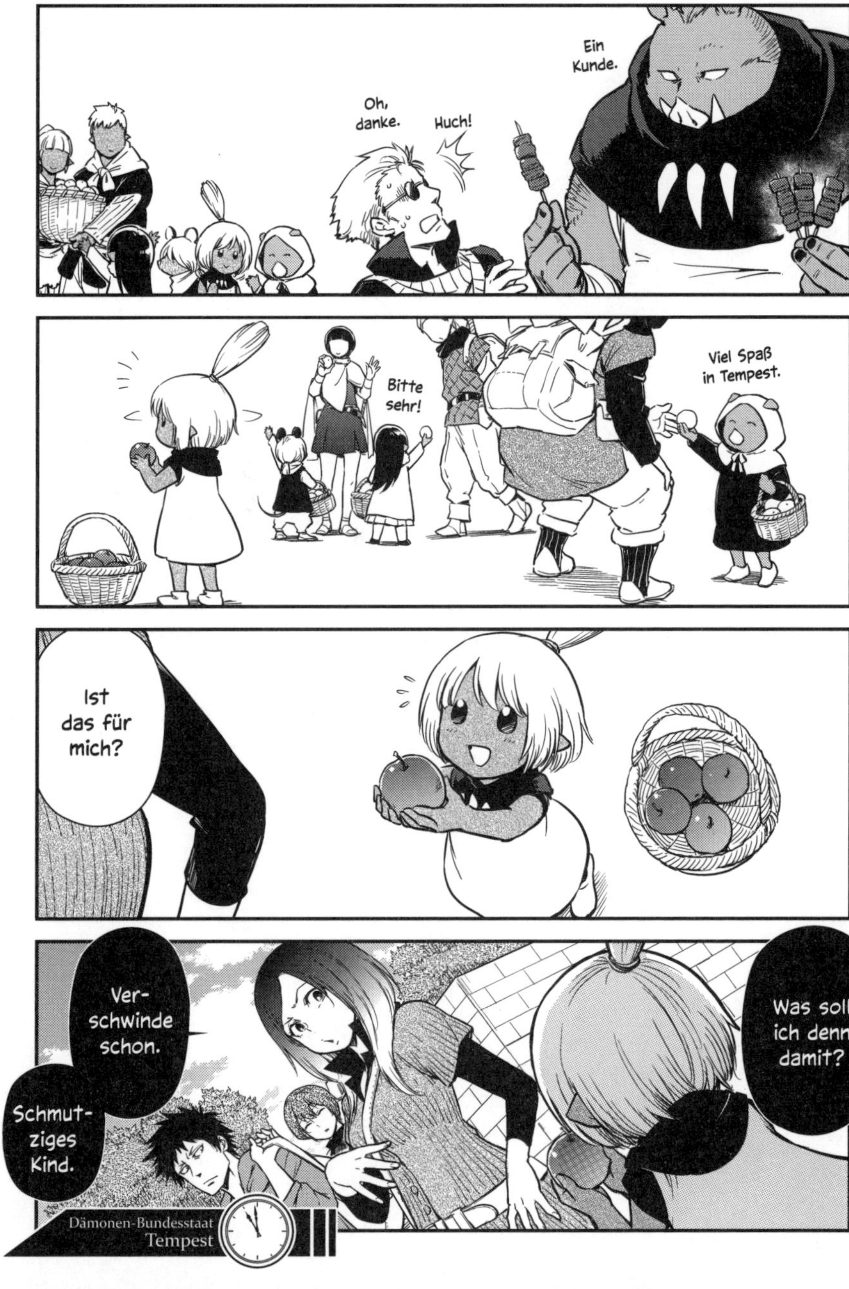
Ein Kunde.
Huch!
Oh, danke.
Viel Spaß in Tempest.
Bitte sehr!
Ist das für mich?
Was soll ich denn damit?
Ver-schwinde schon.
Schmut-ziges Kind.
Dämonen-Bundesstaat Tempest

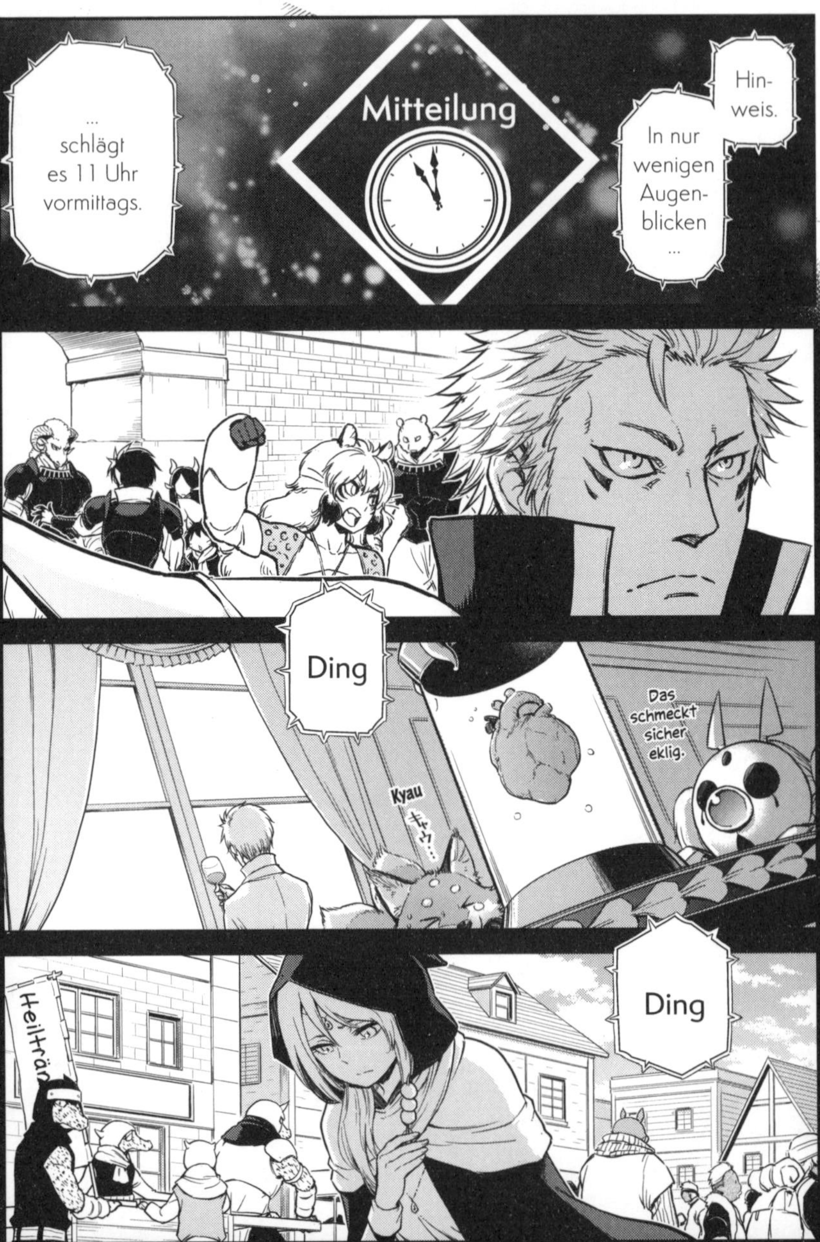
Hinweis.
In nur wenigen Augenblicken …
Mitteilung
… schlägt es 11 Uhr vormittags.
Ding
Das schmeckt sicher eklig.
Kyau
キャウ…
Ding
Heilträn

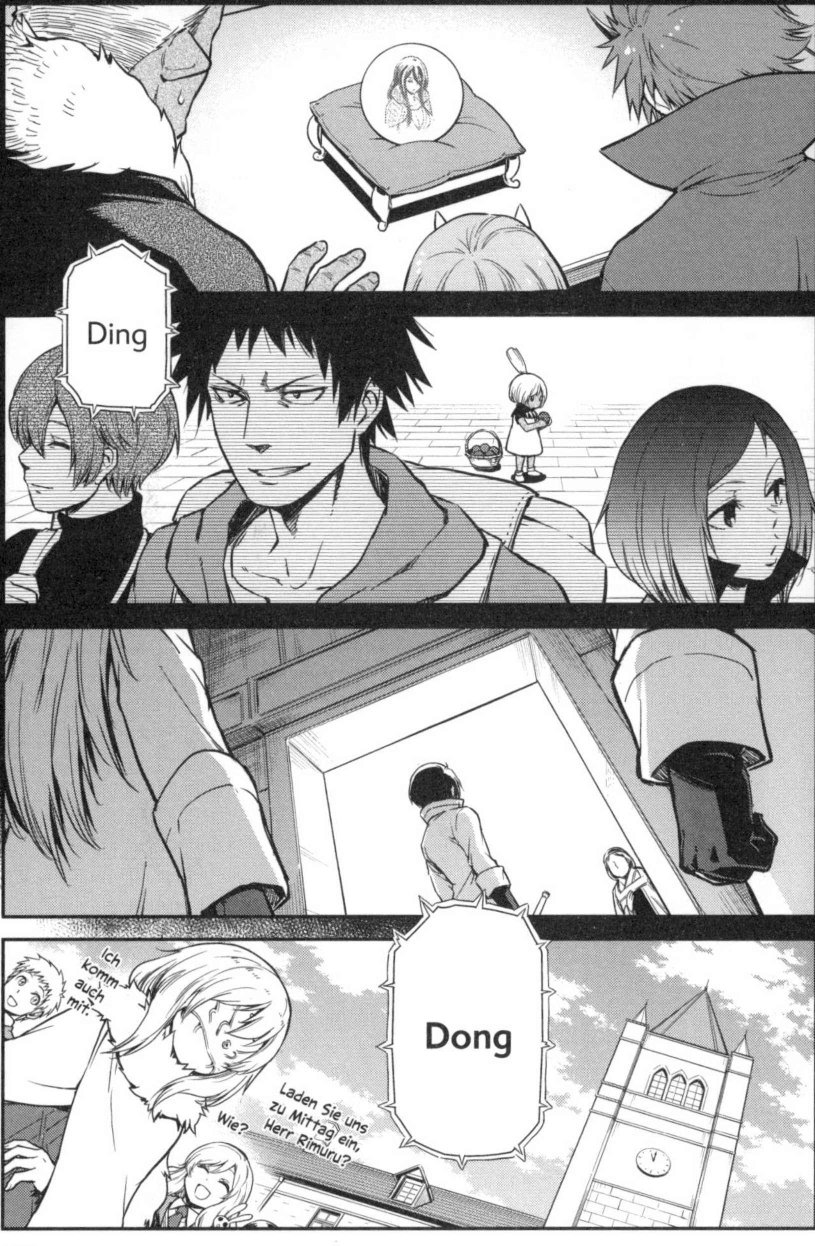
Ding
Dong
Ich komm auch mit.
Laden Sie uns zu Mittag ein, Herr Rimuru?
Wie?

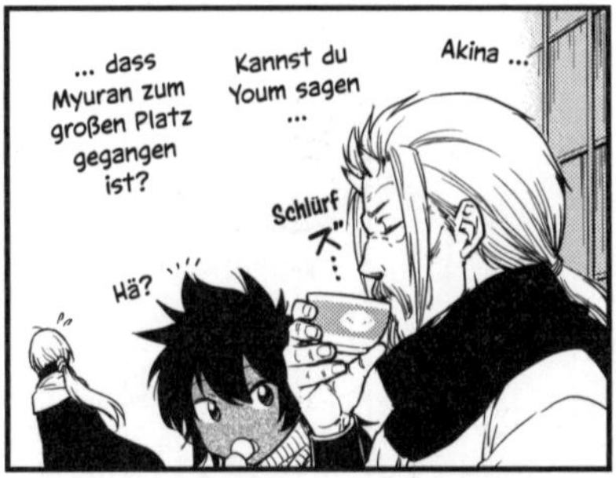
Akina ...
Kannst du Youm sagen ...
... dass Myuran zum großen Platz gegangen ist?
Schlürf
Hä?

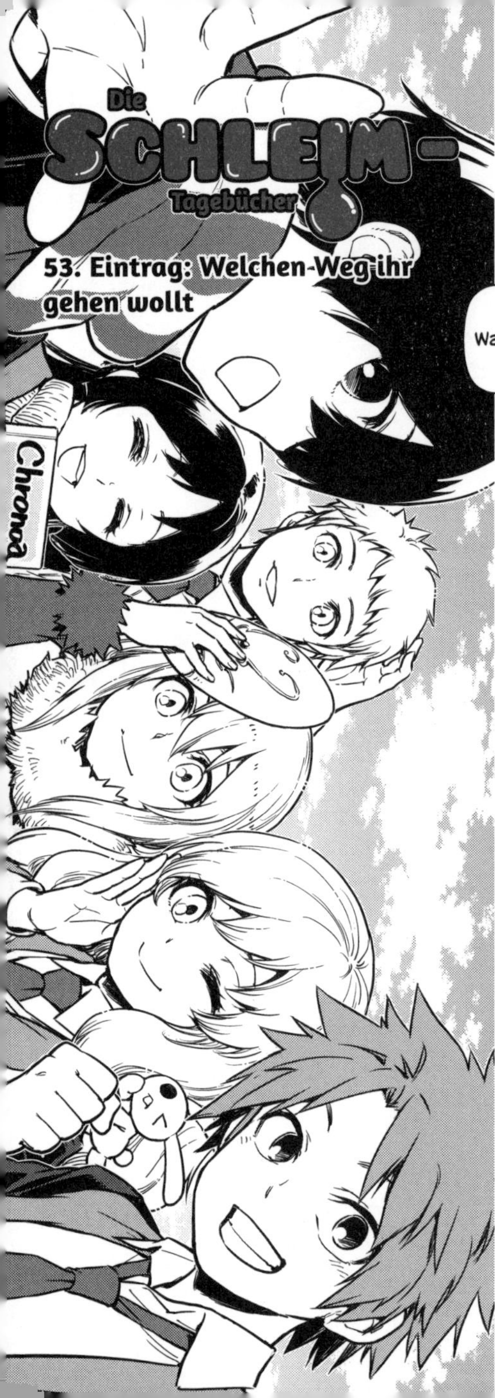
Die
SCHLEIM-
Tagebücher
53. Eintrag: Welchen Weg ihr gehen wollt
Chronoa

Die letzte Unterrichtsstunde

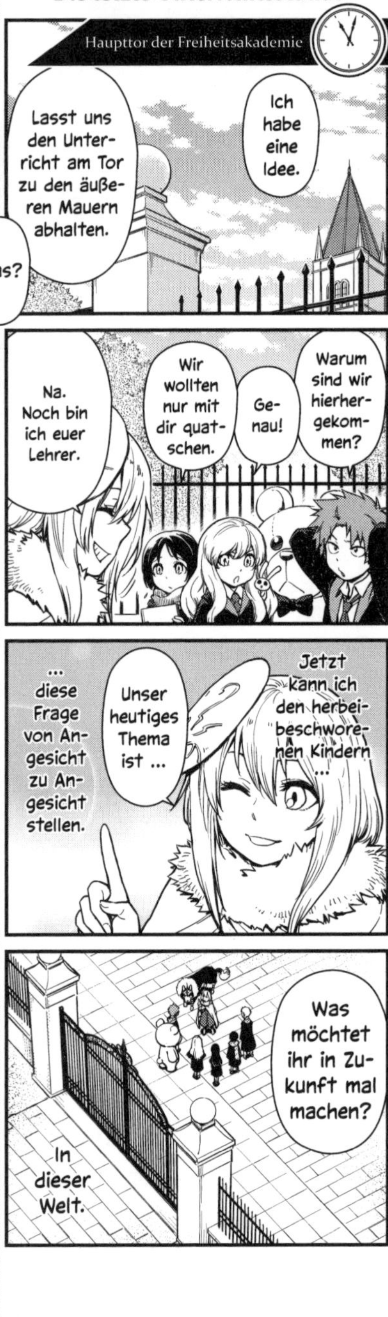
Haupttor der Freiheitsakademie
Ich habe eine Idee.
Lasst uns den Unterricht am Tor zu den äußeren Mauern abhalten.
Was?
Warum sind wir hierhergekommen?
Genau!
Wir wollten nur mit dir quatschen.
Na. Noch bin ich euer Lehrer.
Jetzt kann ich den herbeibeschworenen Kindern ...
Unser heutiges Thema ist ...
... diese Frage von Angesicht zu Angesicht stellen.
Was möchtet ihr in Zukunft mal machen?
In dieser Welt.

Der Lauf der Dinge

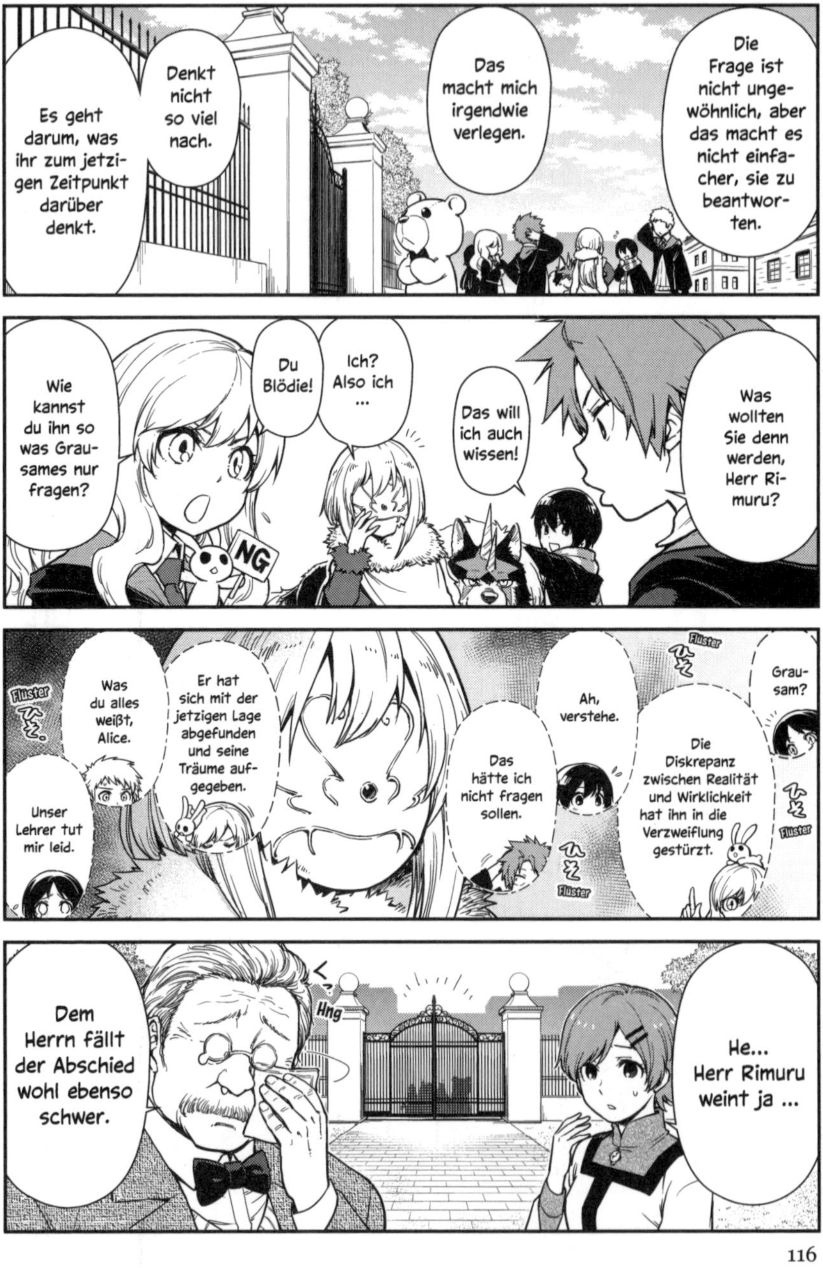

Die Frage ist nicht ungewöhnlich, aber das macht es nicht einfacher, sie zu beantworten.
Das macht mich irgendwie verlegen.
Denkt nicht so viel nach.
Es geht darum, was ihr zum jetzigen Zeitpunkt darüber denkt.
Was wollten Sie denn werden, Herr Rimuru?
Das will ich auch wissen!
Ich? Also ich ...
Du Blödie!
Wie kannst du ihn so was Grausames nur fragen?
NG
Grausam?
Flüster
Die Diskrepanz zwischen Realität und Wirklichkeit hat ihn in die Verzweiflung gestürzt.
Flüster
Ah, verstehe.
Das hätte ich nicht fragen sollen.
Flüster
Er hat sich mit der jetzigen Lage abgefunden und seine Träume aufgegeben.
Was du alles weißt, Alice.
Flüster
Unser Lehrer tut mir leid.
He... Herr Rimuru weint ja ...
Hng
Dem Herrn fällt der Abschied wohl ebenso schwer.

Wie man ein Heroe wird

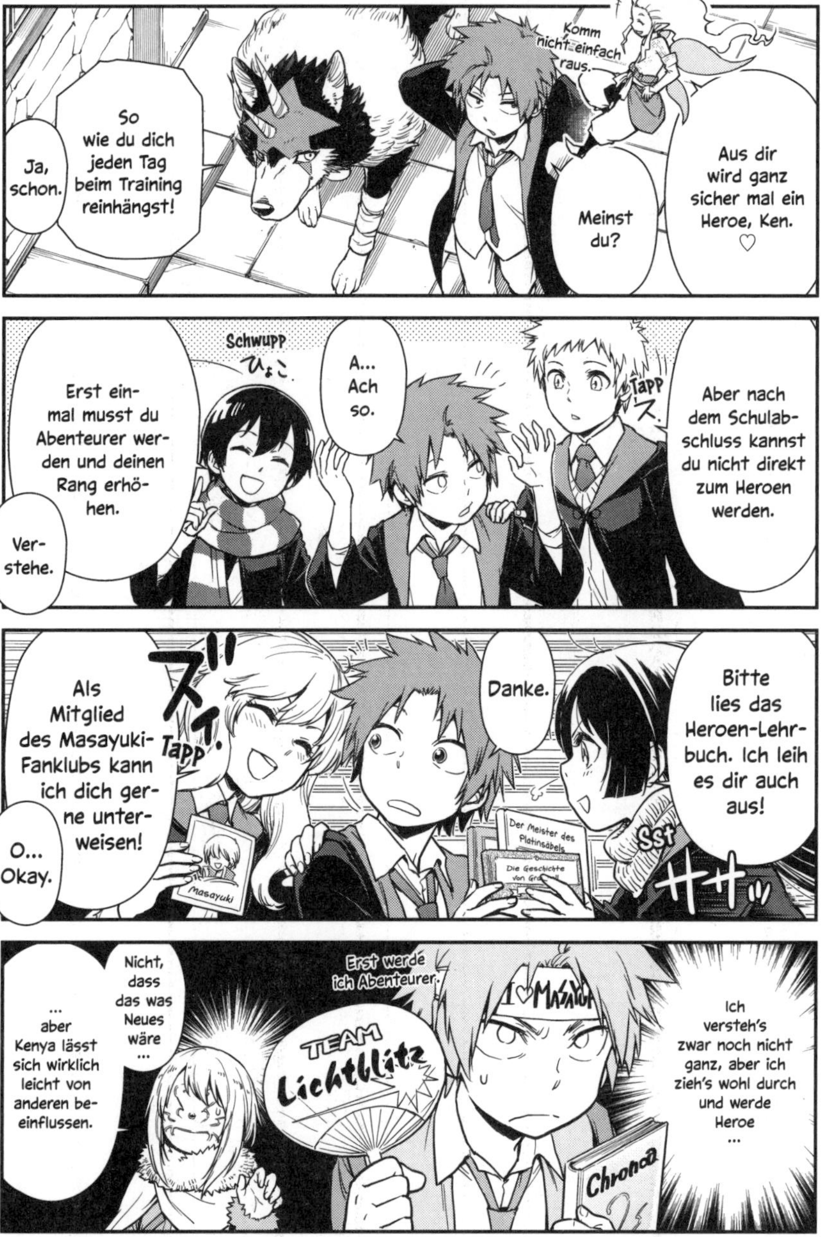
Aus dir wird ganz sicher mal ein Heroe, Ken. ♡
Komm nicht einfach raus.
Meinst du?
So wie du dich jeden Tag beim Training reinhängst!
Ja, schon.
Aber nach dem Schulabschluss kannst du nicht direkt zum Heroen werden.
Tapp ス.
A... Ach so.
Schwupp ひょこ
Erst einmal musst du Abenteurer werden und deinen Rang erhöhen.
Verstehe.
Bitte lies das Heroen-Lehrbuch. Ich leih es dir auch aus!
Sst
Der Meister des Platinsäbels
Die Geschichte von Gr...
Danke.
Als Mitglied des Masayuki-Fanklubs kann ich dich gerne unterweisen!
Tapp
Masayuki
O... Okay.
Ich versteh's zwar noch nicht ganz, aber ich zieh's wohl durch und werde Heroe ...
Chronoa
I ♡ MASAYUKI
Erst werde ich Abenteurer.
TEAM Lichtblitz
Nicht, dass das was Neues wäre ...
... aber Kenya lässt sich wirklich leicht von anderen beeinflussen.

Eine große, kleine Welt

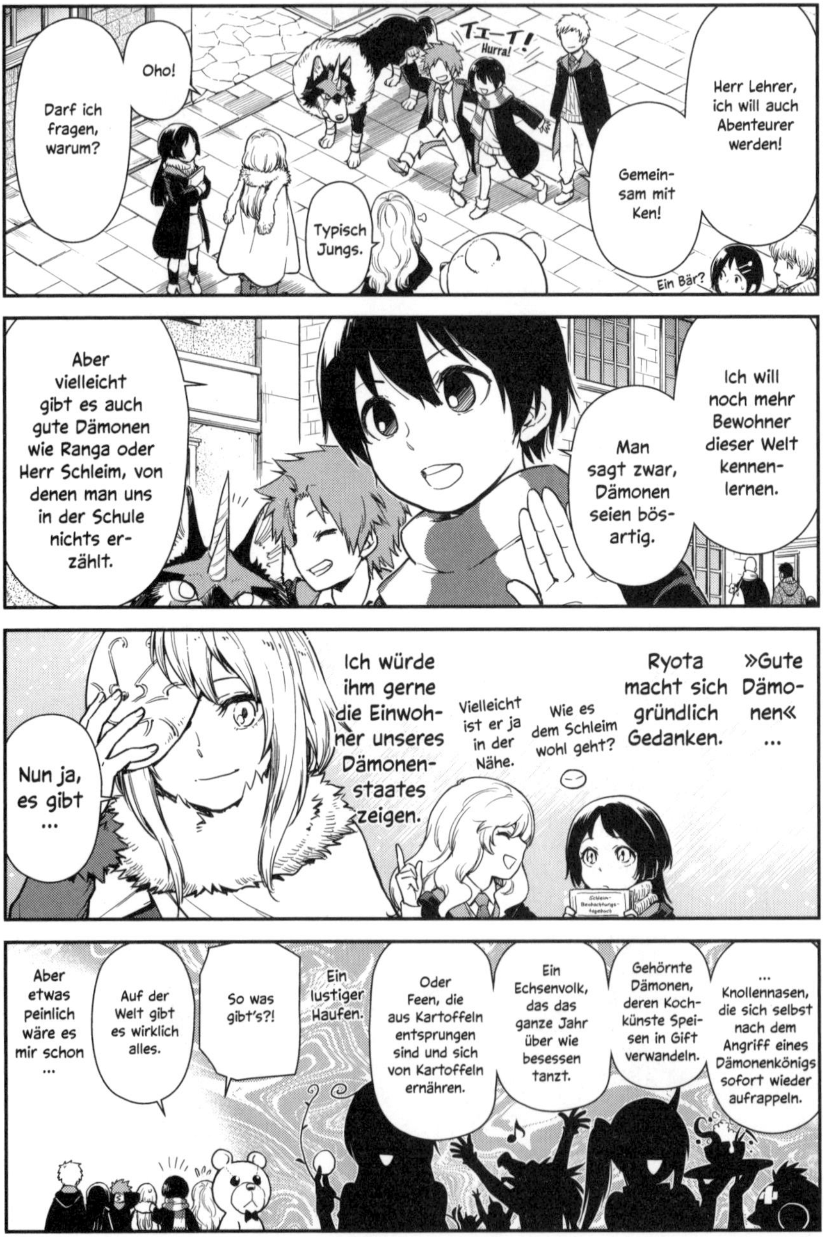
Herr Lehrer, ich will auch Abenteurer werden!
Gemeinsam mit Ken!
イエーイ! Hurra!
Ein Bär?
Typisch Jungs.
Oho!
Darf ich fragen, warum?
Ich will noch mehr Bewohner dieser Welt kennenlernen.
Man sagt zwar, Dämonen seien bösartig.
Aber vielleicht gibt es auch gute Dämonen wie Ranga oder Herr Schleim, von denen man uns in der Schule nichts erzählt.
»Gute Dämonen« …
Ryota macht sich gründlich Gedanken.
Wie es dem Schleim wohl geht?
Vielleicht ist er ja in der Nähe.
Ich würde ihm gerne die Einwohner unseres Dämonenstaates zeigen.
Nun ja, es gibt …
… Knollennasen, die sich selbst nach dem Angriff eines Dämonenkönigs sofort wieder aufrappeln.
Gehörnte Dämonen, deren Kochkünste Speisen in Gift verwandeln.
Ein Echsenvolk, das das ganze Jahr über wie besessen tanzt.
Oder Feen, die aus Kartoffeln entsprungen sind und sich von Kartoffeln ernähren.
Ein lustiger Haufen.
So was gibt's?!
Auf der Welt gibt es wirklich alles.
Aber etwas peinlich wäre es mir schon …

Dafür braucht es keine Wahrsagerei

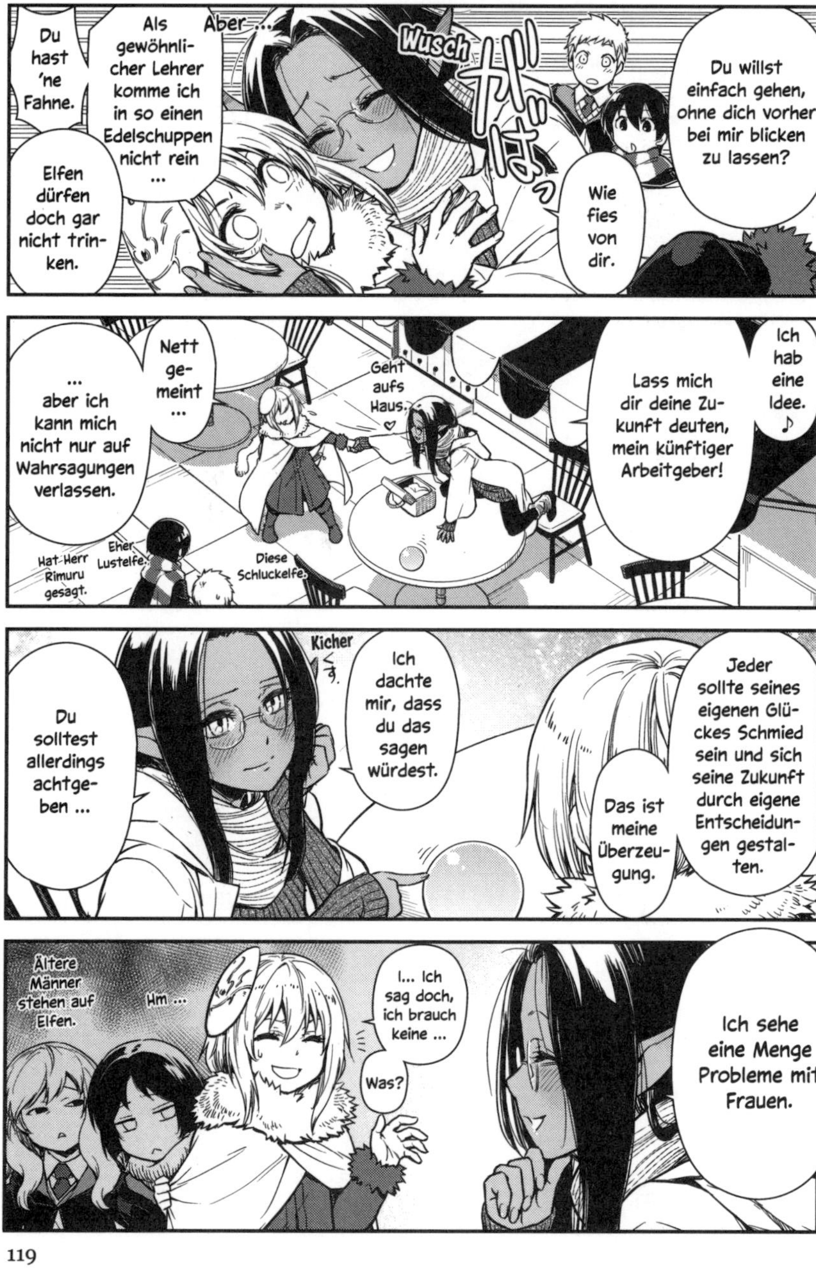

Du willst einfach gehen, ohne dich vorher bei mir blicken zu lassen?
Wusch
Wie fies von dir.
Aber ...
Als gewöhnlicher Lehrer komme ich in so einen Edelschuppen nicht rein ...
Du hast 'ne Fahne.
Elfen dürfen doch gar nicht trinken.
Ich hab eine Idee. ♪
Lass mich dir deine Zukunft deuten, mein künftiger Arbeitgeber!
Geht aufs Haus. ♡
Nett gemeint ...
... aber ich kann mich nicht nur auf Wahrsagungen verlassen.
Diese Schluckelfe.
Eher Lustelfe.
Hat Herr Rimuru gesagt.
Jeder sollte seines eigenen Glückes Schmied sein und sich seine Zukunft durch eigene Entscheidungen gestalten.
Das ist meine Überzeugung.
Ich dachte mir, dass du das sagen würdest.
Kicher
Du solltest allerdings achtgeben ...
Ich sehe eine Menge Probleme mit Frauen.
I... Ich sag doch, ich brauch keine ...
Was?
Hm ...
Ältere Männer stehen auf Elfen.

Ich möchte werden wie Sie

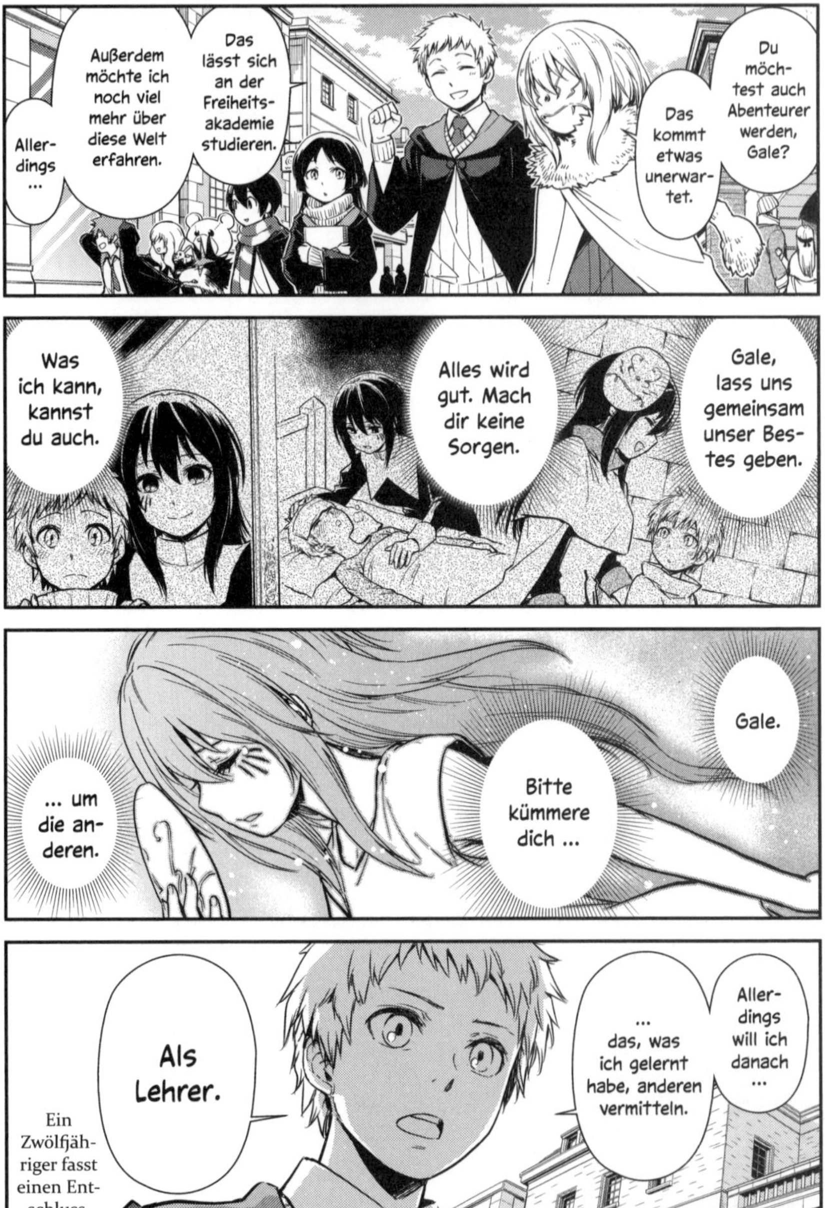

Du möchtest auch Abenteurer werden, Gale?
Das kommt etwas unerwartet.
Das lässt sich an der Freiheitsakademie studieren.
Außerdem möchte ich noch viel mehr über diese Welt erfahren.
Allerdings ...
Gale, lass uns gemeinsam unser Bestes geben.
Alles wird gut. Mach dir keine Sorgen.
Was ich kann, kannst du auch.
Gale.
Bitte kümmere dich ...
... um die anderen.
Allerdings will ich danach ...
... das, was ich gelernt habe, anderen vermitteln.
Als Lehrer.
Ein Zwölfjähriger fasst einen Entschluss.

Der Bericht der Tempelritter

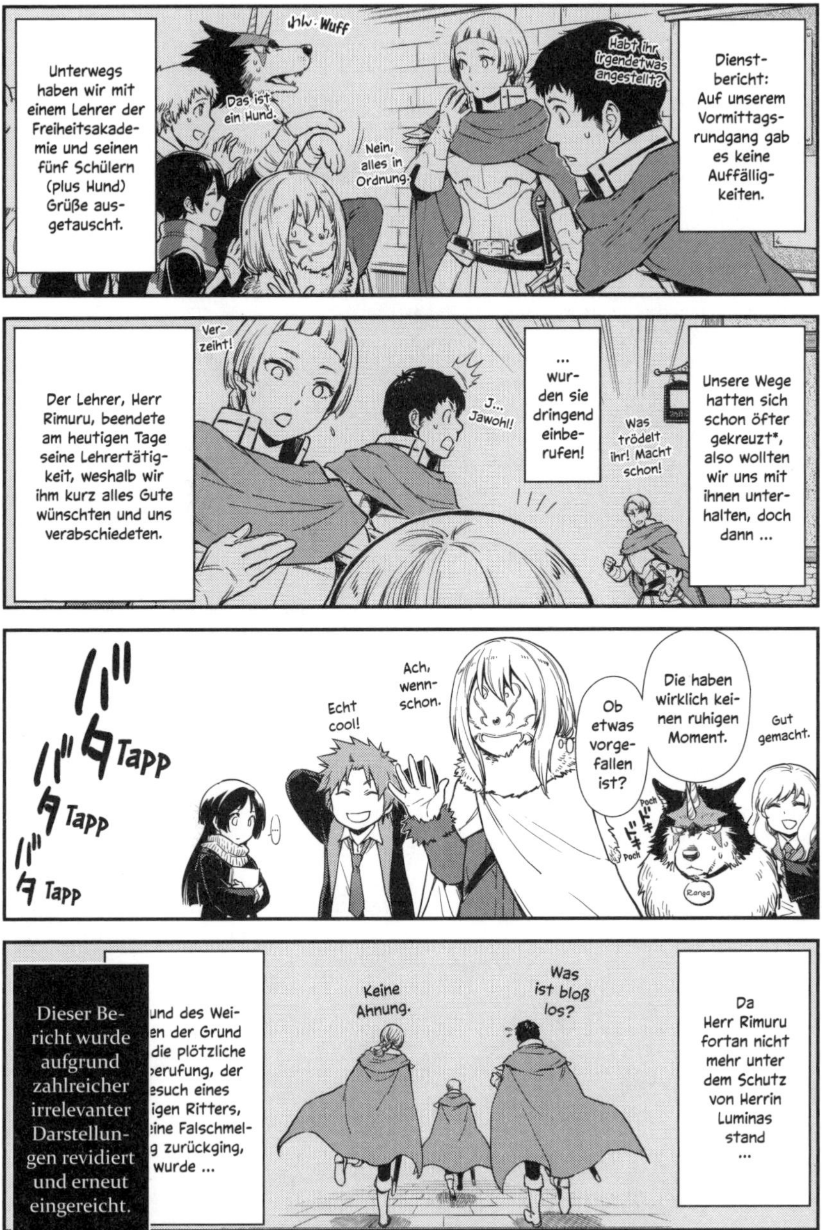

Dienstbericht: Auf unserem Vormittagsrundgang gab es keine Auffälligkeiten.
Habt ihr irgendetwas angestellt?
Nein, alles in Ordnung.
Das ist ein Hund.
Wuff
Unterwegs haben wir mit einem Lehrer der Freiheitsakademie und seinen fünf Schülern (plus Hund) Grüße ausgetauscht.
Unsere Wege hatten sich schon öfter gekreuzt*, also wollten wir uns mit ihnen unterhalten, doch dann …
Was trödelt ihr! Macht schon!
… wurden sie dringend einberufen!
J… Jawohl!
Verzeiht!
Der Lehrer, Herr Rimuru, beendete am heutigen Tage seine Lehrertätigkeit, weshalb wir ihm kurz alles Gute wünschten und uns verabschiedeten.
Gut gemacht.
Die haben wirklich keinen ruhigen Moment.
Ob etwas vorgefallen ist?
Poch
Poch
Ranga
Ach, wennschon.
Echt cool!
…
Tapp
Tapp
Tapp
Da Herr Rimuru fortan nicht mehr unter dem Schutz von Herrin Luminas stand …
Was ist bloß los?
Keine Ahnung.
und des Wei-
en der Grund
die plötzliche
berufung, der
esuch eines
igen Ritters,
eine Falschmel-
g zurückging,
wurde …
Dieser Bericht wurde aufgrund zahlreicher irrelevanter Darstellungen revidiert und erneut eingereicht.

* Sie haben ein Auge auf Rimuru, da er in den Einträgen 24, 30 und 42 als verloren geganges Kind sowie als Zeuge verhört wurde. — Großer Weiser

Typisch Alice

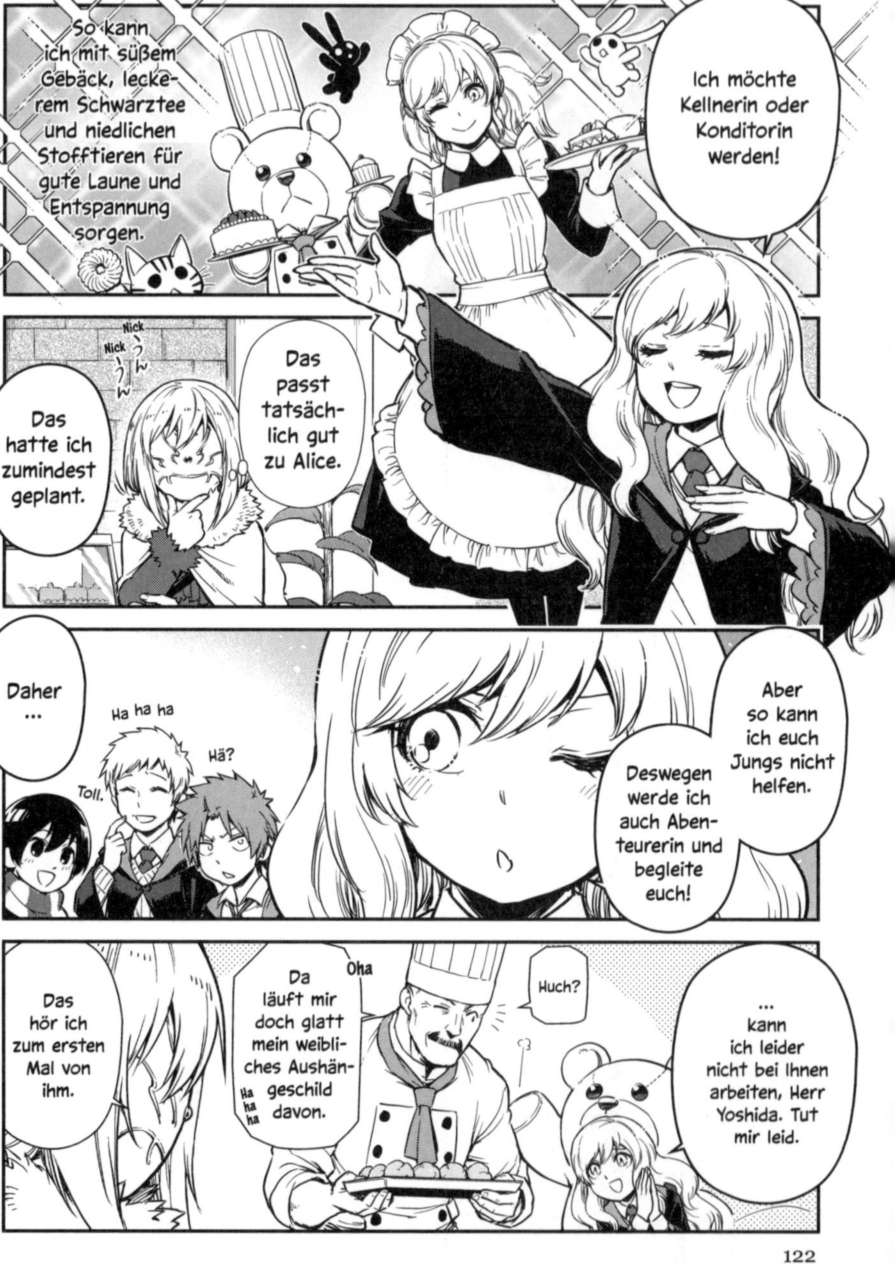
Ich möchte Kellnerin oder Konditorin werden!
So kann ich mit süßem Gebäck, leckerem Schwarztee und niedlichen Stofftieren für gute Laune und Entspannung sorgen.
Das passt tatsächlich gut zu Alice.
Nick Nick
Das hatte ich zumindest geplant.
Aber so kann ich euch Jungs nicht helfen.
Deswegen werde ich auch Abenteurerin und begleite euch!
Hä?
Ha ha ha
Toll.
Daher …
… kann ich leider nicht bei Ihnen arbeiten, Herr Yoshida. Tut mir leid.
Huch?
Oha
Da läuft mir doch glatt mein weibliches Aushängeschild davon.
Ha ha ha
Das hör ich zum ersten Mal von ihm.

Plan zur Abwerbung von Herrn Yoshida

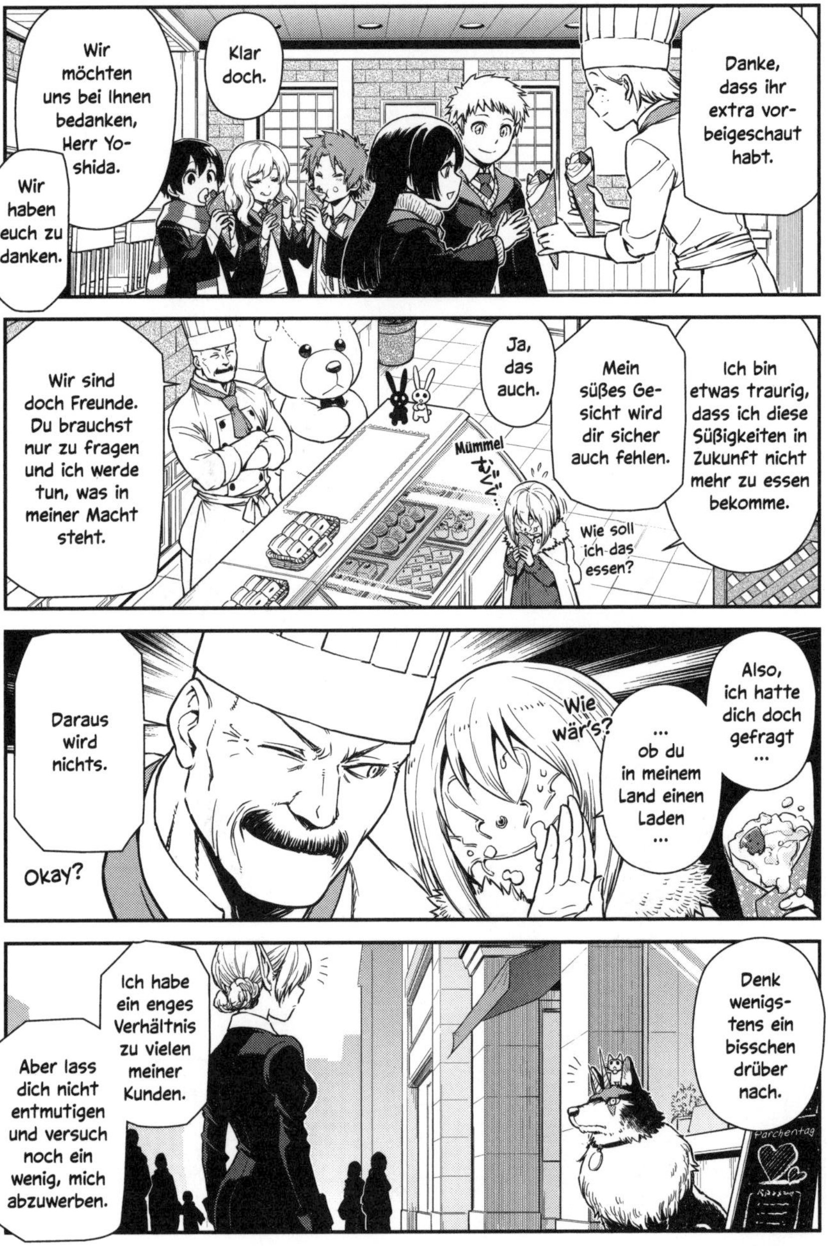
Danke, dass ihr extra vorbeigeschaut habt.
Klar doch.
Wir möchten uns bei Ihnen bedanken, Herr Yoshida.
Wir haben euch zu danken.
Ich bin etwas traurig, dass ich diese Süßigkeiten in Zukunft nicht mehr zu essen bekomme.
Mein süßes Gesicht wird dir sicher auch fehlen.
Ja, das auch.
Mümmel
Wie soll ich das essen?
Wir sind doch Freunde. Du brauchst nur zu fragen und ich werde tun, was in meiner Macht steht.
Also, ich hatte dich doch gefragt …
… ob du in meinem Land einen Laden …
Wie wär's?
Daraus wird nichts.
Okay?
Denk wenigstens ein bisschen drüber nach.
Ich habe ein enges Verhältnis zu vielen meiner Kunden.
Aber lass dich nicht entmutigen und versuch noch ein wenig, mich abzuwerben.

Im Schatten leuchten die Tränen nicht

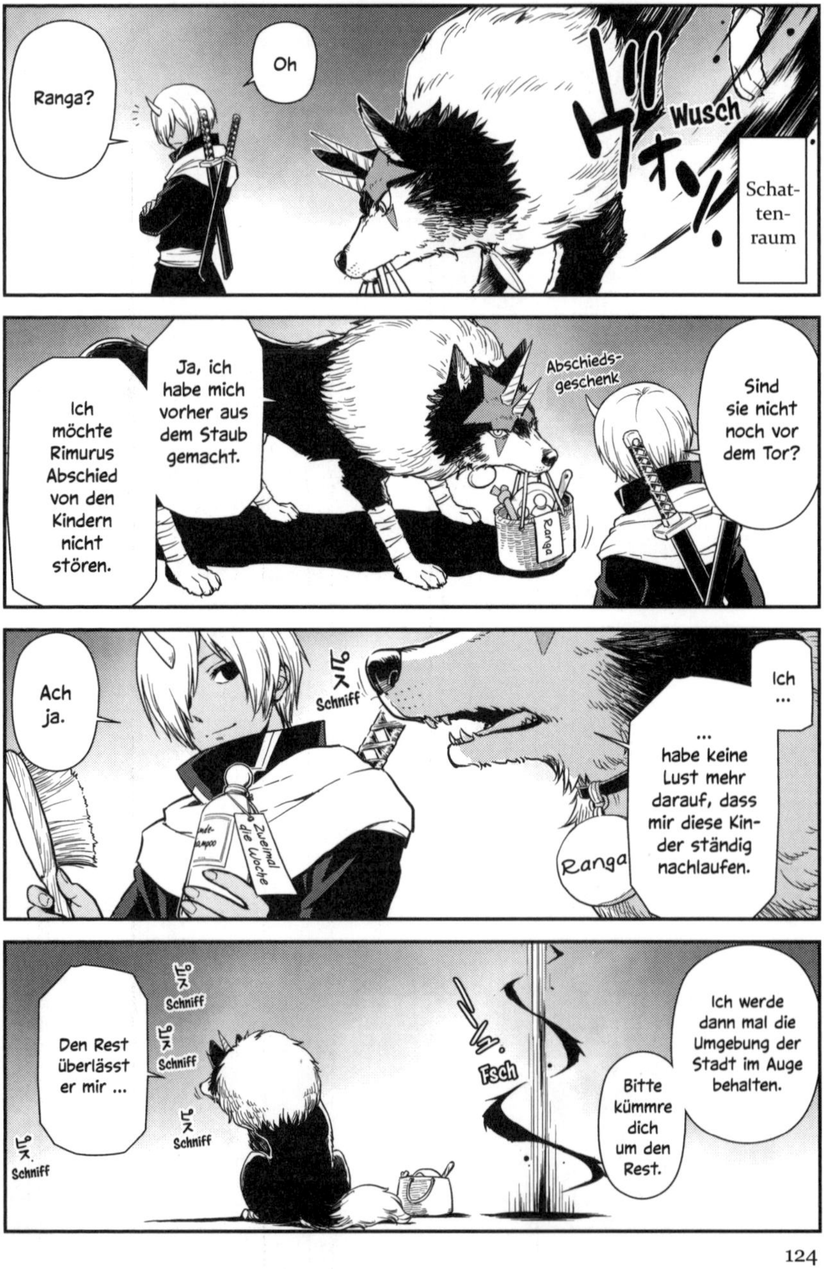
Schatten-raum
Wusch
Oh
Ranga?
Sind sie nicht noch vor dem Tor?
Abschiedsgeschenk
Ja, ich habe mich vorher aus dem Staub gemacht.
Ich möchte Rimurus Abschied von den Kindern nicht stören.
Ranga
Ich …
… habe keine Lust mehr darauf, dass mir diese Kinder ständig nachlaufen.
Ranga
Schniff
Ach ja.
Zweimal die Woche
Ich werde dann mal die Umgebung der Stadt im Auge behalten.
Bitte kümmre dich um den Rest.
Fsch
Schniff
Schniff
Schniff
Den Rest überlässt er mir …
Schniff

Chloes Antwort

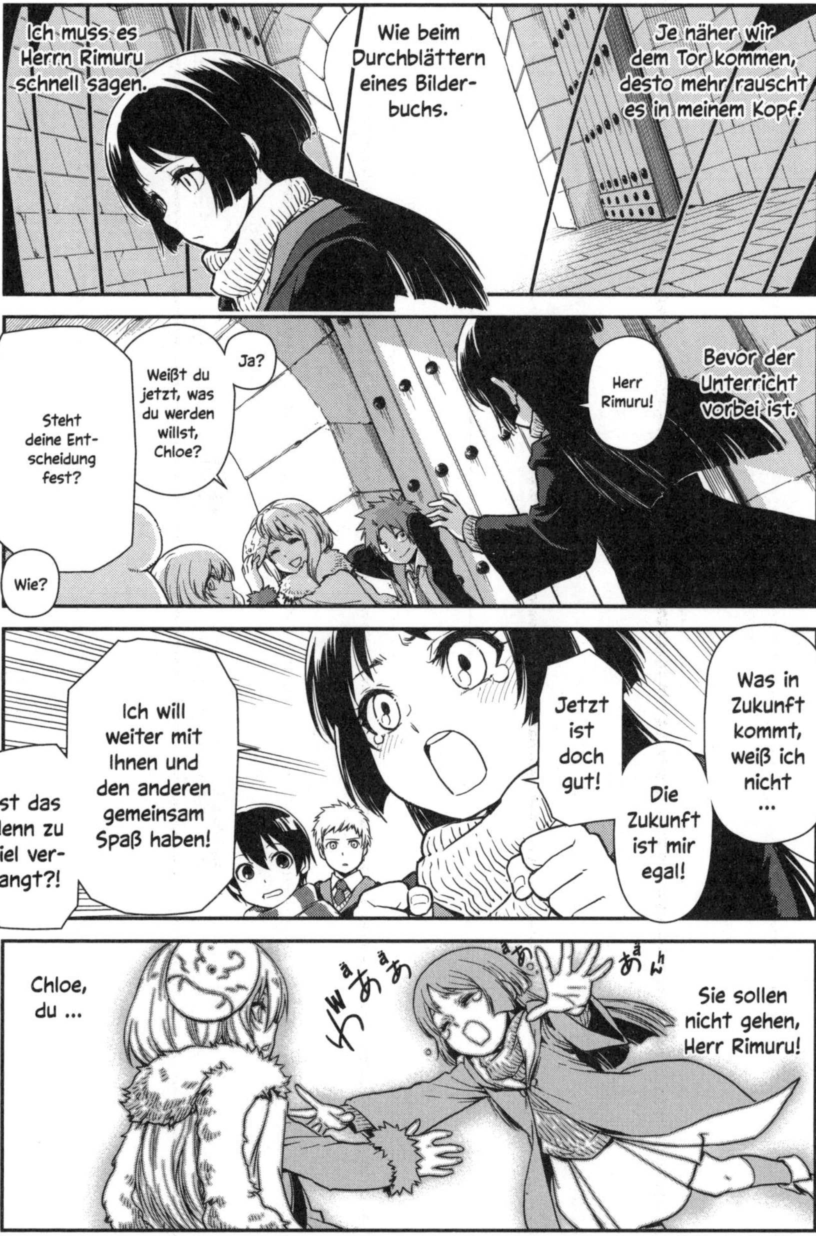
Je näher wir dem Tor kommen, desto mehr rauscht es in meinem Kopf.
Wie beim Durchblättern eines Bilderbuchs.
Ich muss es Herrn Rimuru schnell sagen.
Bevor der Unterricht vorbei ist.
Herr Rimuru!
Ja?
Weißt du jetzt, was du werden willst, Chloe?
Steht deine Entscheidung fest?
Wie?
Was in Zukunft kommt, weiß ich nicht ...
Die Zukunft ist mir egal!
Jetzt ist doch gut!
Ich will weiter mit Ihnen und den anderen gemeinsam Spaß haben!
Ist das denn zu viel verlangt?!
Sie sollen nicht gehen, Herr Rimuru!
Chloe, du ...

Was einen Gefährten ausmacht

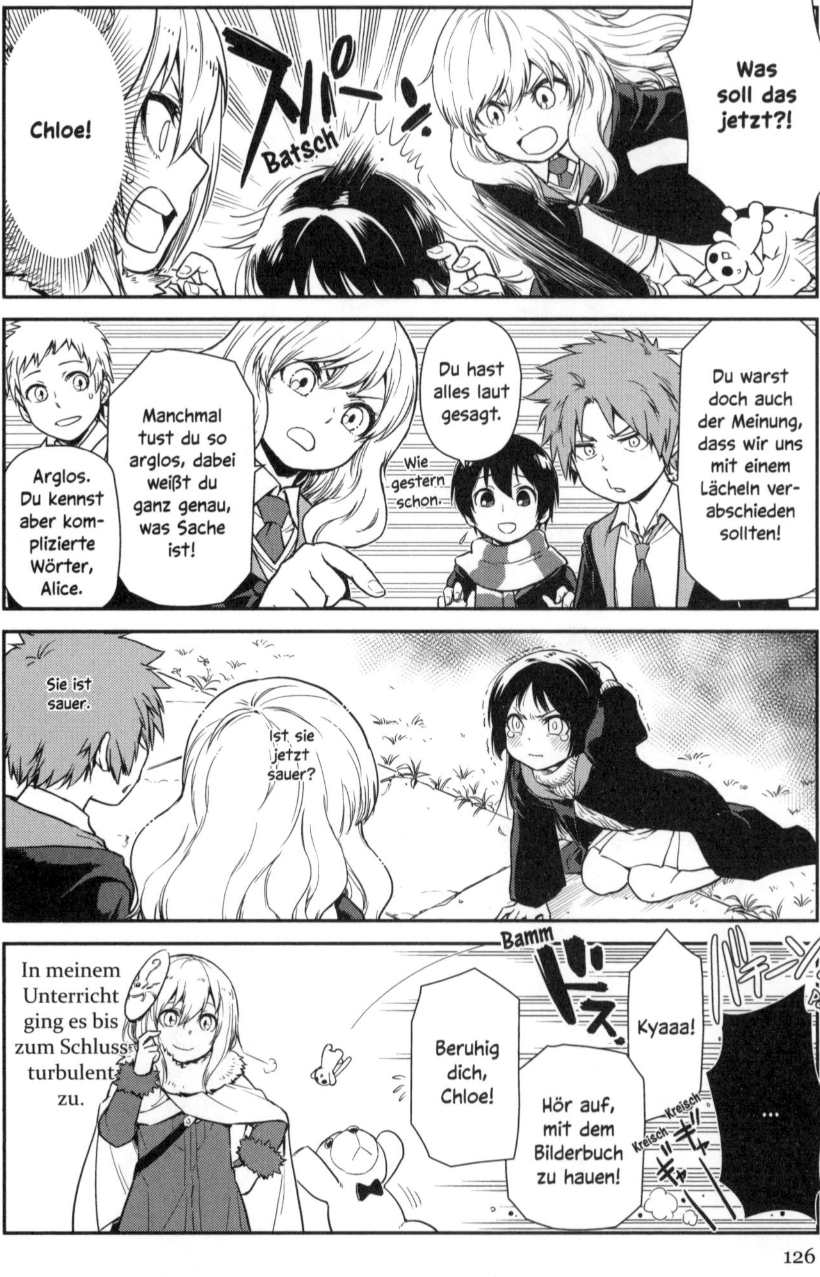
Was soll das jetzt?!
Batsch
Chloe!
Du warst doch auch der Meinung, dass wir uns mit einem Lächeln verabschieden sollten!
Du hast alles laut gesagt.
Wie gestern schon.
Manchmal tust du so arglos, dabei weißt du ganz genau, was Sache ist!
Arglos. Du kennst aber komplizierte Wörter, Alice.
Ist sie jetzt sauer?
Sie ist sauer.
Patsch
Bamm
Kyaaa!
...
Kreisch
Kreisch
Hör auf, mit dem Bilderbuch zu hauen!
Beruhig dich, Chloe!
In meinem Unterricht ging es bis zum Schluss turbulent zu.

Übergabe für die Zukunft

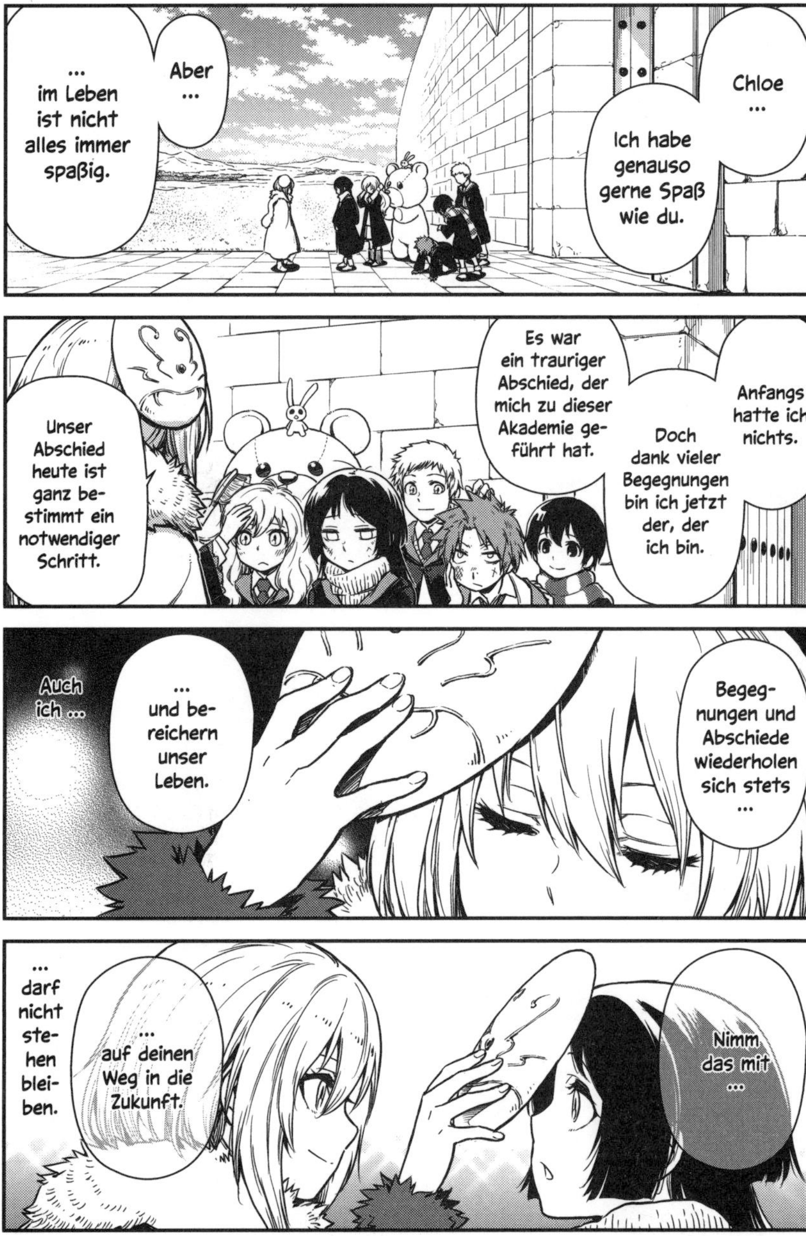
Chloe …
Ich habe genauso gerne Spaß wie du.
Aber …
… im Leben ist nicht alles immer spaßig.
Anfangs hatte ich nichts.
Doch dank vieler Begegnungen bin ich jetzt der, der ich bin.
Es war ein trauriger Abschied, der mich zu dieser Akademie geführt hat.
Unser Abschied heute ist ganz bestimmt ein notwendiger Schritt.
Begegnungen und Abschiede wiederholen sich stets …
… und bereichern unser Leben.
Auch ich …
Nimm das mit …
… auf deinen Weg in die Zukunft.
… darf nicht stehen bleiben.

Herr Veldora aus Klasse 3B (Finale)

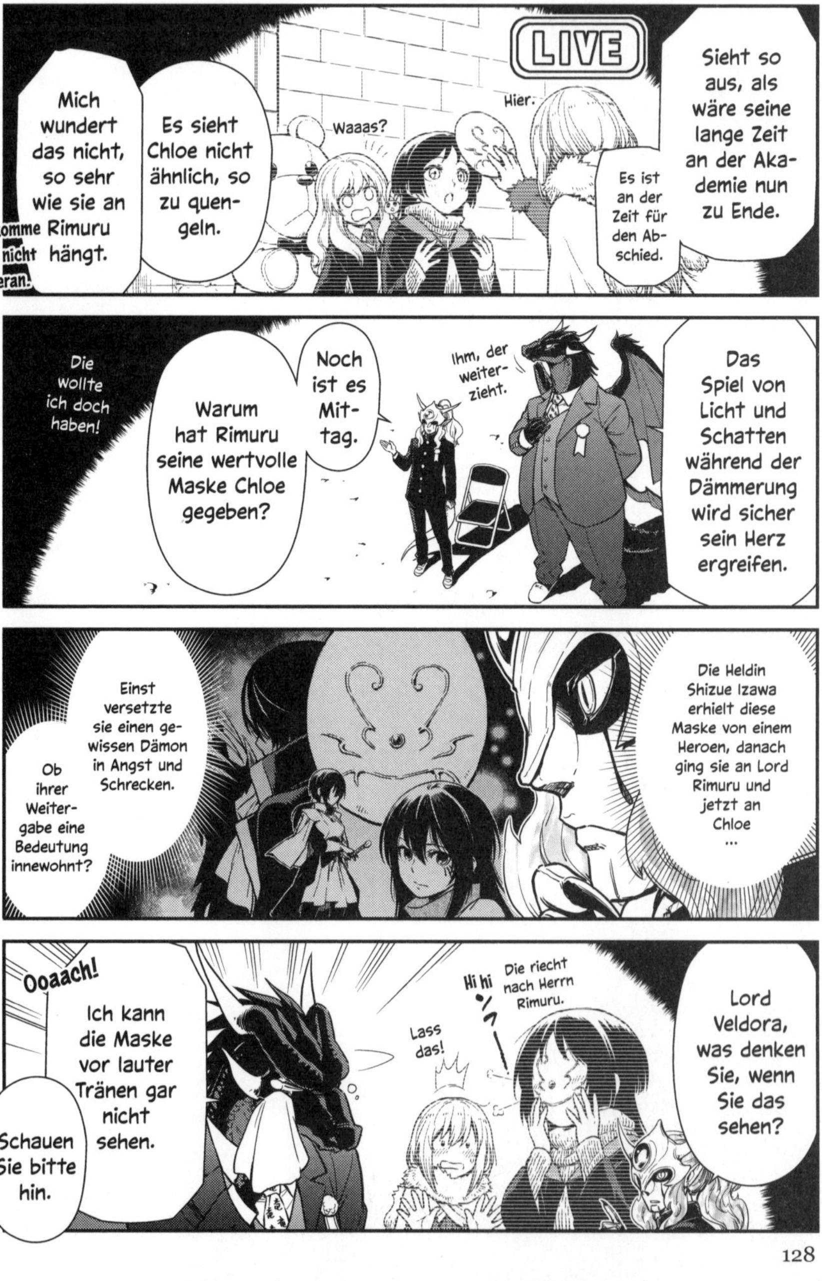
LIVE
Sieht so aus, als wäre seine lange Zeit an der Akademie nun zu Ende.
Es ist an der Zeit für den Abschied.
Hier.
Waaas?
Es sieht Chloe nicht ähnlich, so zu quengeln.
Mich wundert das nicht, so sehr wie sie an Rimuru hängt.
Da komme ich nicht heran.
Das Spiel von Licht und Schatten während der Dämmerung wird sicher sein Herz ergreifen.
Ihm, der weiterzieht.
Noch ist es Mittag.
Warum hat Rimuru seine wertvolle Maske Chloe gegeben?
Die wollte ich doch haben!
Die Heldin Shizue Izawa erhielt diese Maske von einem Heroen, danach ging sie an Lord Rimuru und jetzt an Chloe …
Einst versetzte sie einen gewissen Dämon in Angst und Schrecken.
Ob ihrer Weitergabe eine Bedeutung innewohnt?
Lord Veldora, was denken Sie, wenn Sie das sehen?
Die riecht nach Herrn Rimuru.
Hi hi
Lass das!
Ooaach!
Ich kann die Maske vor lauter Tränen gar nicht sehen.
Schauen Sie bitte hin.

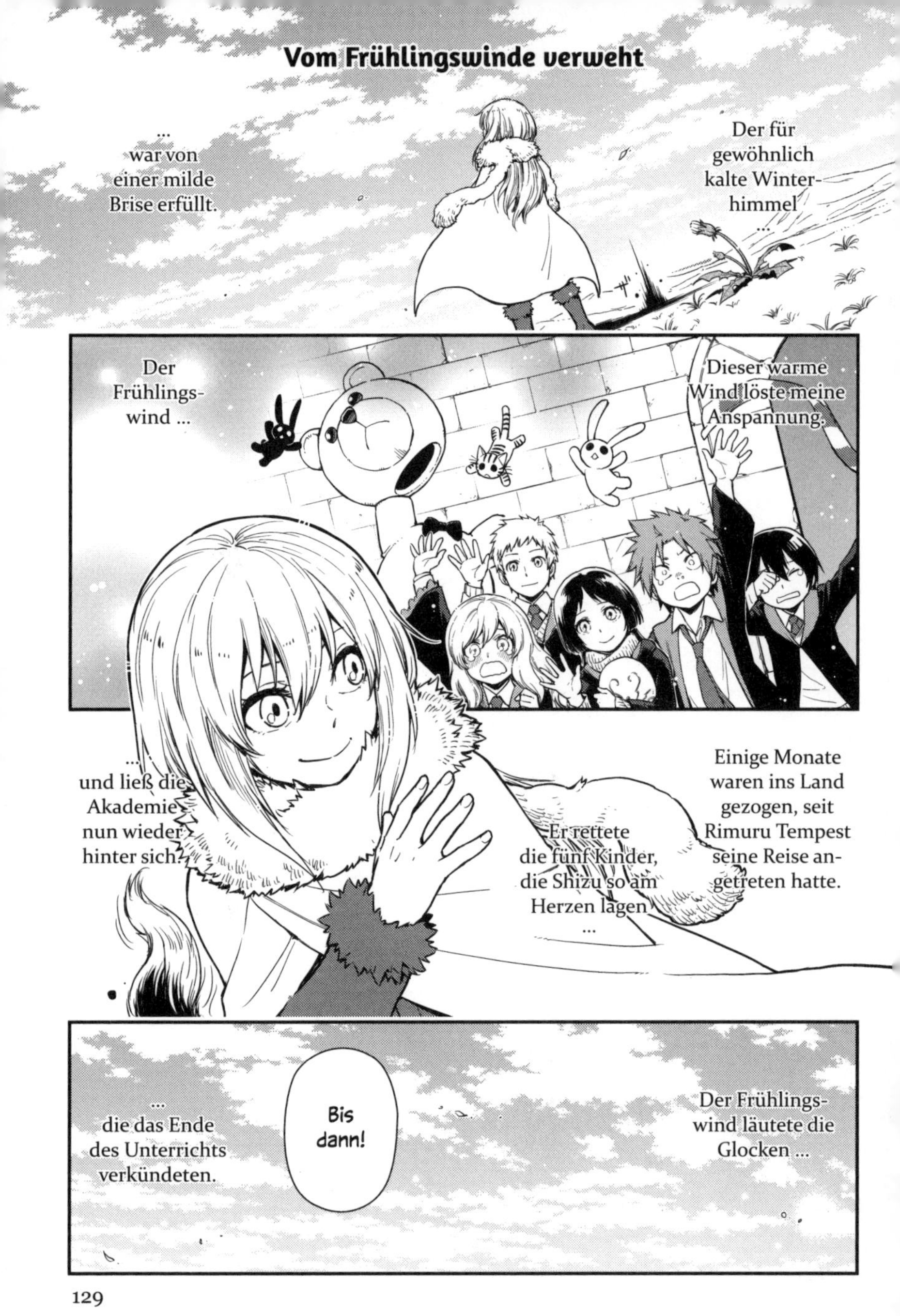
Vom Frühlingswinde verweht
Der für gewöhnlich kalte Winterhimmel …
… war von einer milde Brise erfüllt.
Dieser warme Wind löste meine Anspannung.
Der Frühlingswind …
Einige Monate waren ins Land gezogen, seit Rimuru Tempest seine Reise angetreten hatte.
Er rettete die fünf Kinder, die Shizu so am Herzen lagen …
… und ließ die Akademie nun wieder hinter sich.
Der Frühlingswind läutete die Glocken …
Bis dann!
… die das Ende des Unterrichts verkündeten.

Yuki Kagurazakas Bedauern

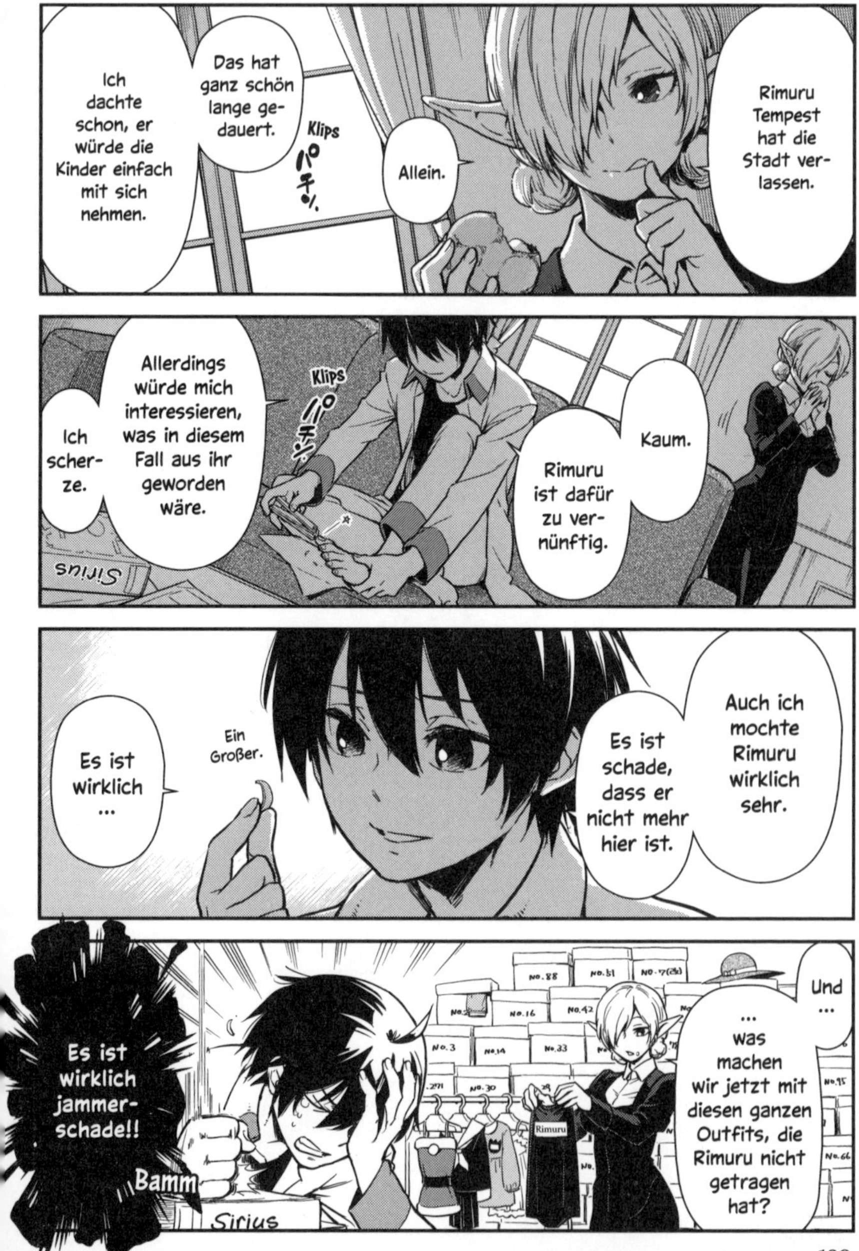
Rimuru Tempest hat die Stadt verlassen.
Allein.
Klips
Das hat ganz schön lange gedauert.
Ich dachte schon, er würde die Kinder einfach mit sich nehmen.
Kaum.
Rimuru ist dafür zu vernünftig.
Klips
Allerdings würde mich interessieren, was in diesem Fall aus ihr geworden wäre.
Ich scherze.
Sirius
Auch ich mochte Rimuru wirklich sehr.
Es ist schade, dass er nicht mehr hier ist.
Ein Großer.
Es ist wirklich …
Und …
… was machen wir jetzt mit diesen ganzen Outfits, die Rimuru nicht getragen hat?
Rimuru
Es ist wirklich jammerschade!!
Bamm
Sirius

Auf dem Rückweg

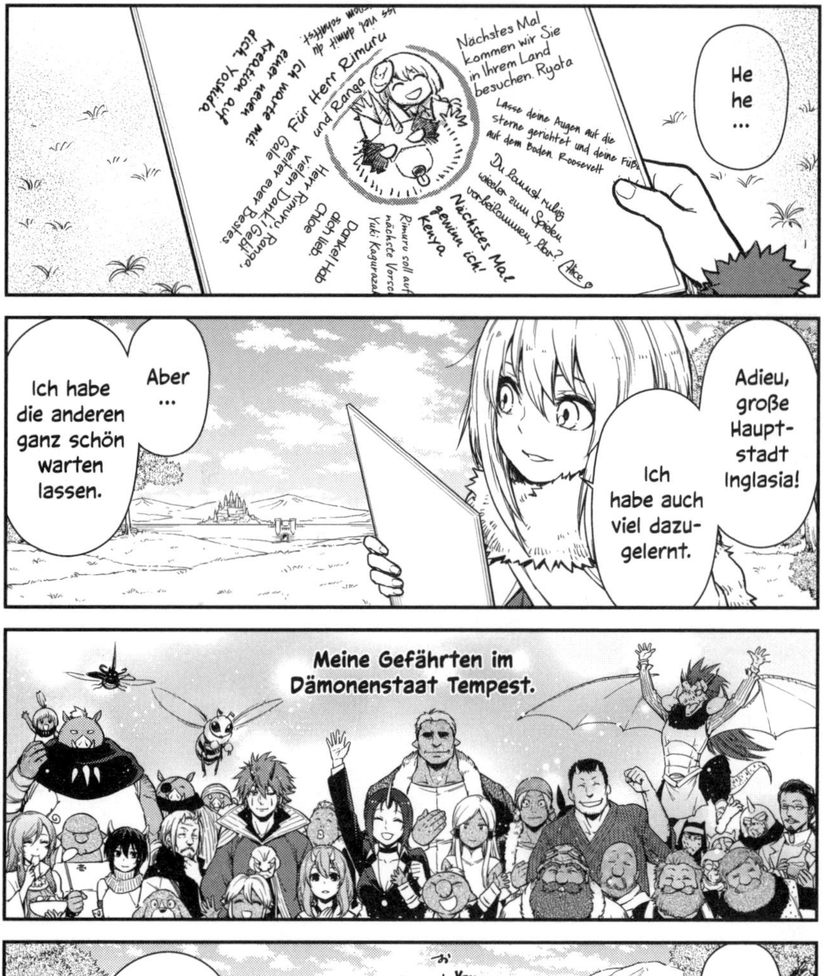

He he ...
Nächstes Mal kommen wir Sie in Ihrem Land besuchen. Ryota
Lasse deine Augen auf die Sterne gerichtet und deine Füße auf dem Boden. Roosevelt
Du kannst ruhig wieder zum Spielen vorbeikommen, klar? Alice
Nächstes Mal gewinn ich! Kenya
Danke! Hab dich lieb. Chloe
Herr Rimuru, Ranga, vielen Dank! Gebt weiter euer Bestes. Gale
Für Herr Rimuru und Ranga
Ich warte mit einer neuen Kreation auf dich. Yoshida
Aber ...
Ich habe die anderen ganz schön warten lassen.
Adieu, große Hauptstadt Inglasia!
Ich habe auch viel dazugelernt.
Meine Gefährten im Dämonenstaat Tempest.
Yay
Los geht's!
Ich habe eine ganze Menge vor.
Meine Tagebücher werden auch in Zukunft viel Futter haben!

◂ Fortsetzung folgt.
Nächster Eintrag: Tempest ...

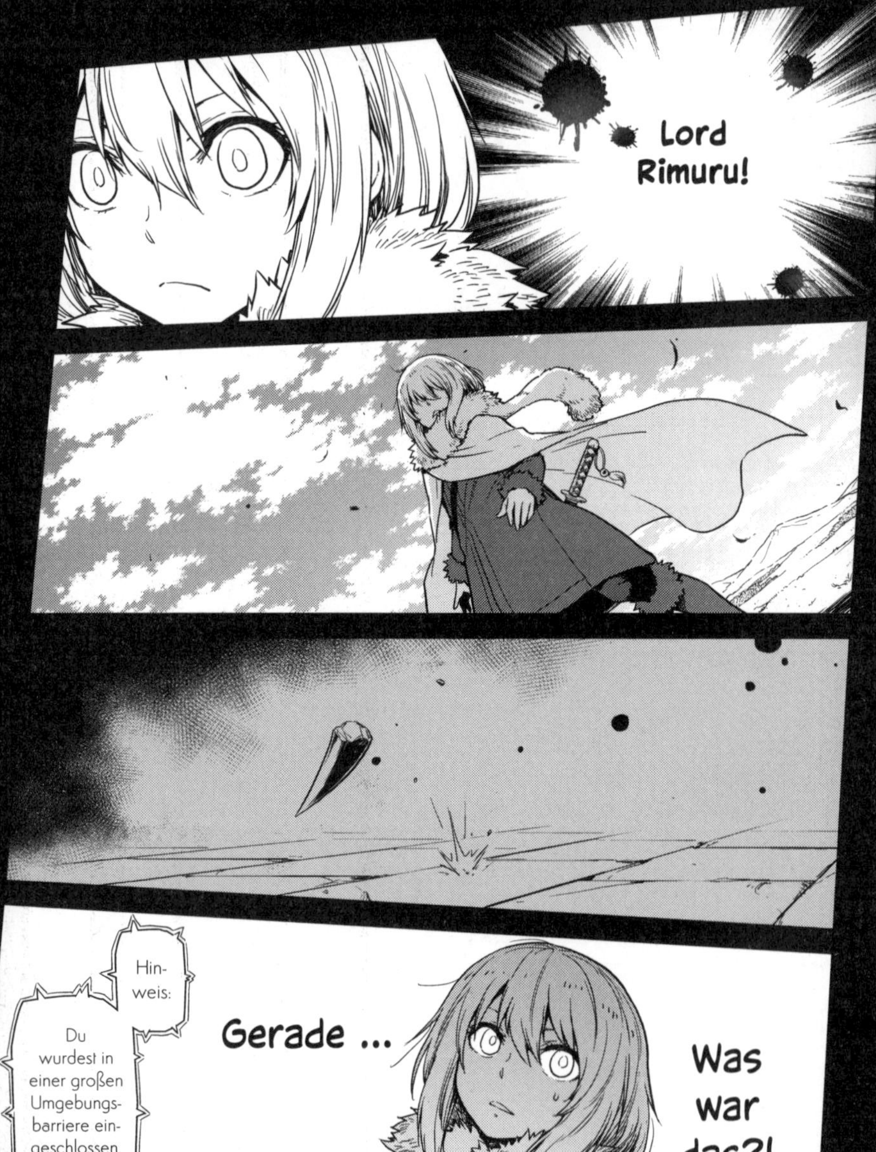
Lord Rimuru!
Was war das?!
Gerade ...
Hinweis:
Du wurdest in einer großen Umgebungsbarriere eingeschlossen.

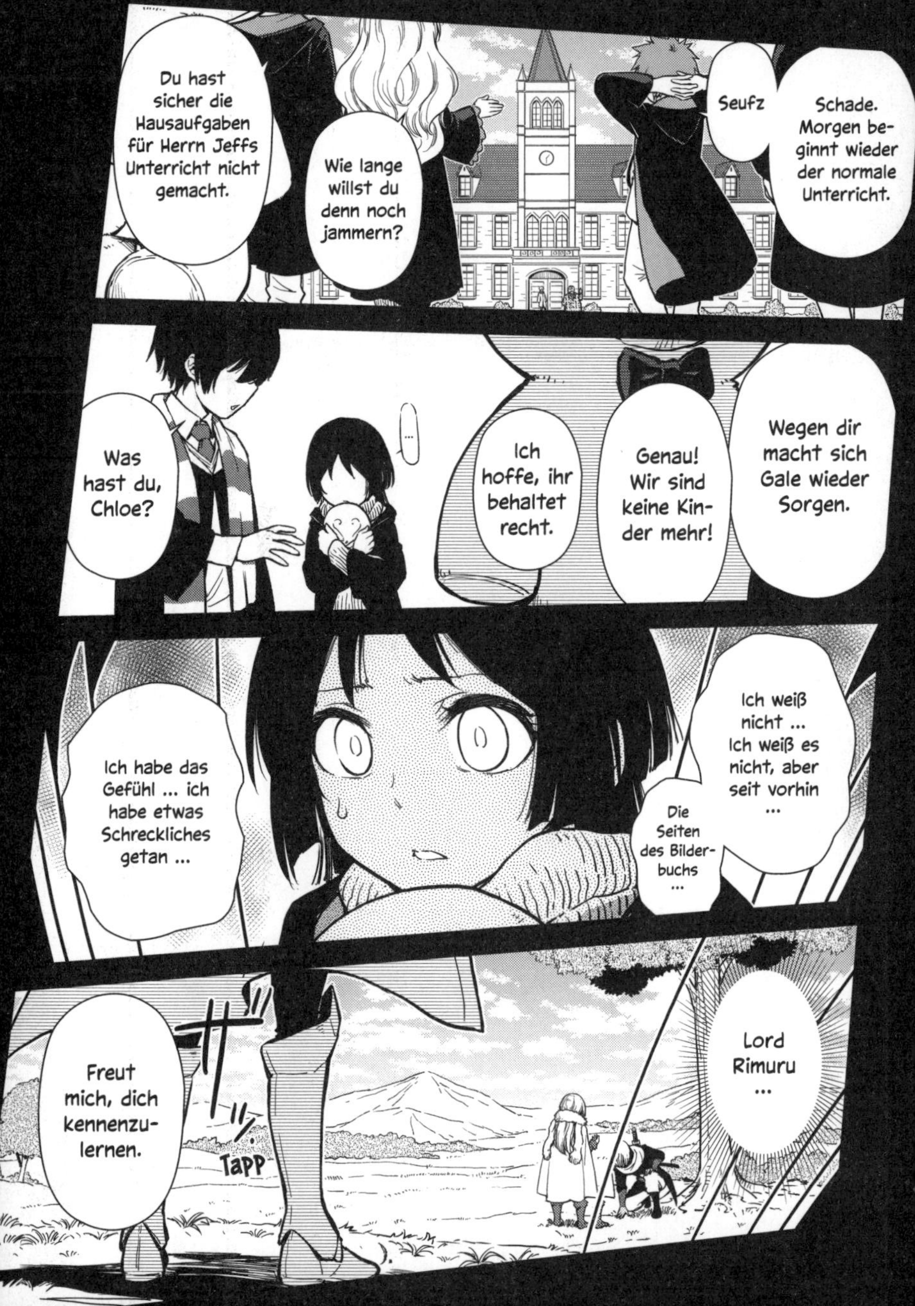
Schade. Morgen beginnt wieder der normale Unterricht.
Seufz
Wie lange willst du denn noch jammern?
Du hast sicher die Hausaufgaben für Herrn Jeffs Unterricht nicht gemacht.
Wegen dir macht sich Gale wieder Sorgen.
Genau! Wir sind keine Kinder mehr!
Ich hoffe, ihr behaltet recht.
…
Was hast du, Chloe?
Ich weiß nicht … Ich weiß es nicht, aber seit vorhin …
Die Seiten des Bilderbuchs …
Ich habe das Gefühl … ich habe etwas Schreckliches getan …
Lord Rimuru …
Tapp
Freut mich, dich kennenzulernen.

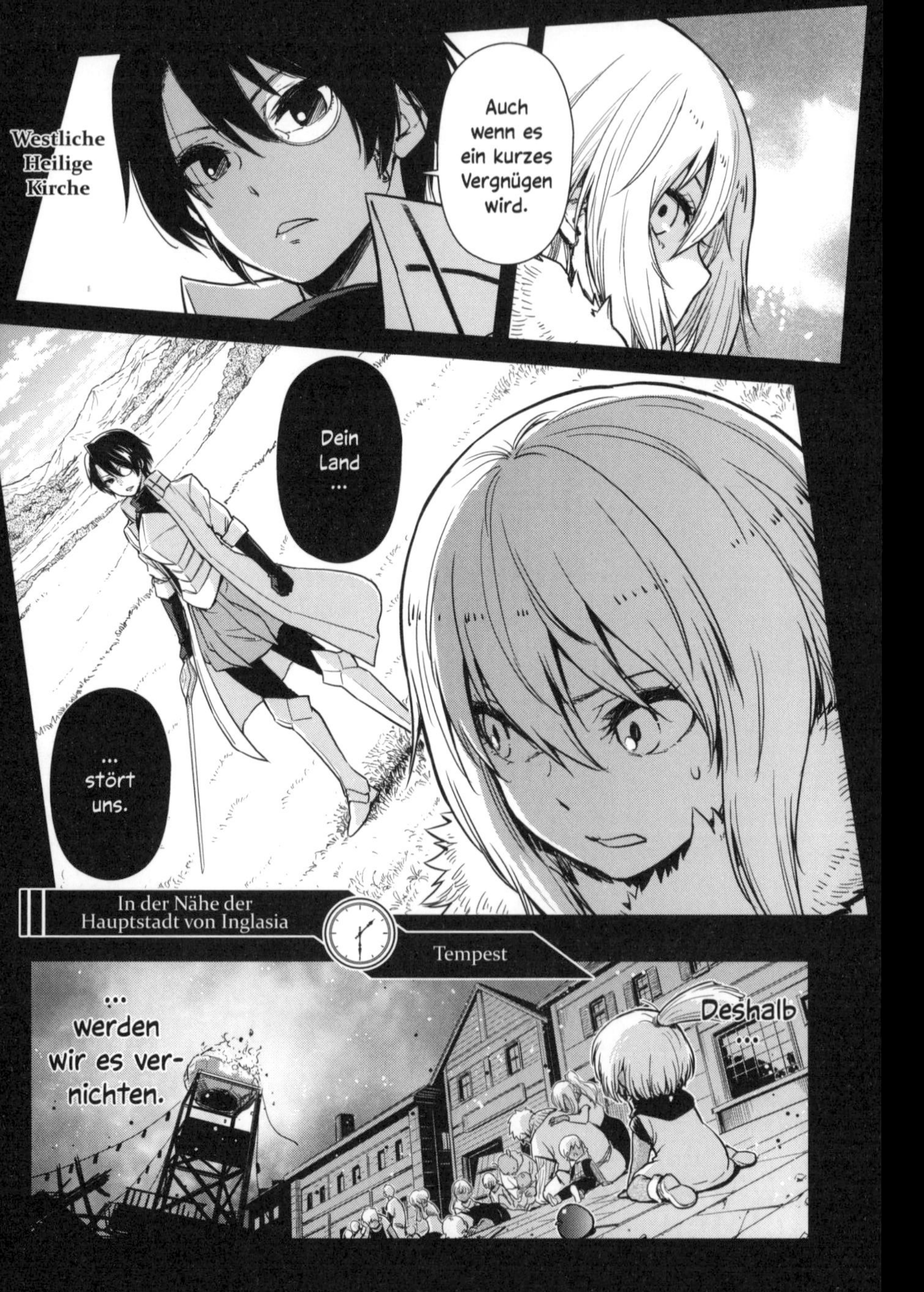
Westliche Heilige Kirche
Auch wenn es ein kurzes Vergnügen wird.
Dein Land …
… stört uns.
In der Nähe der Hauptstadt von Inglasia
Tempest
Deshalb …
… werden wir es vernichten.

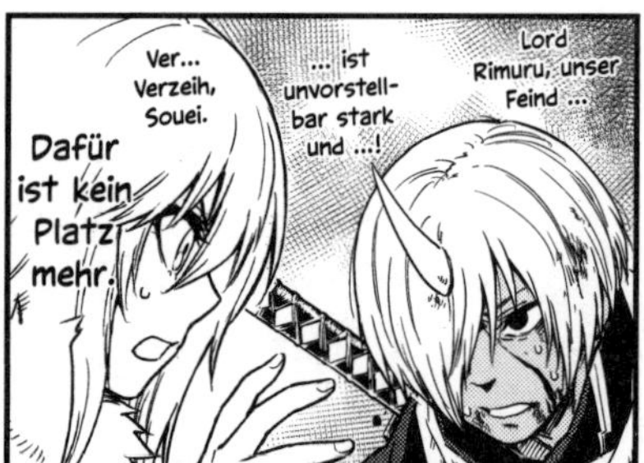
Lord Rimuru, unser Feind ...
... ist unvorstell-bar stark und ...!
Ver... Verzeih, Souei.
Dafür ist kein Platz mehr.

Die SCHLEIM-Tagebücher

Unterschiedliche Ansichten

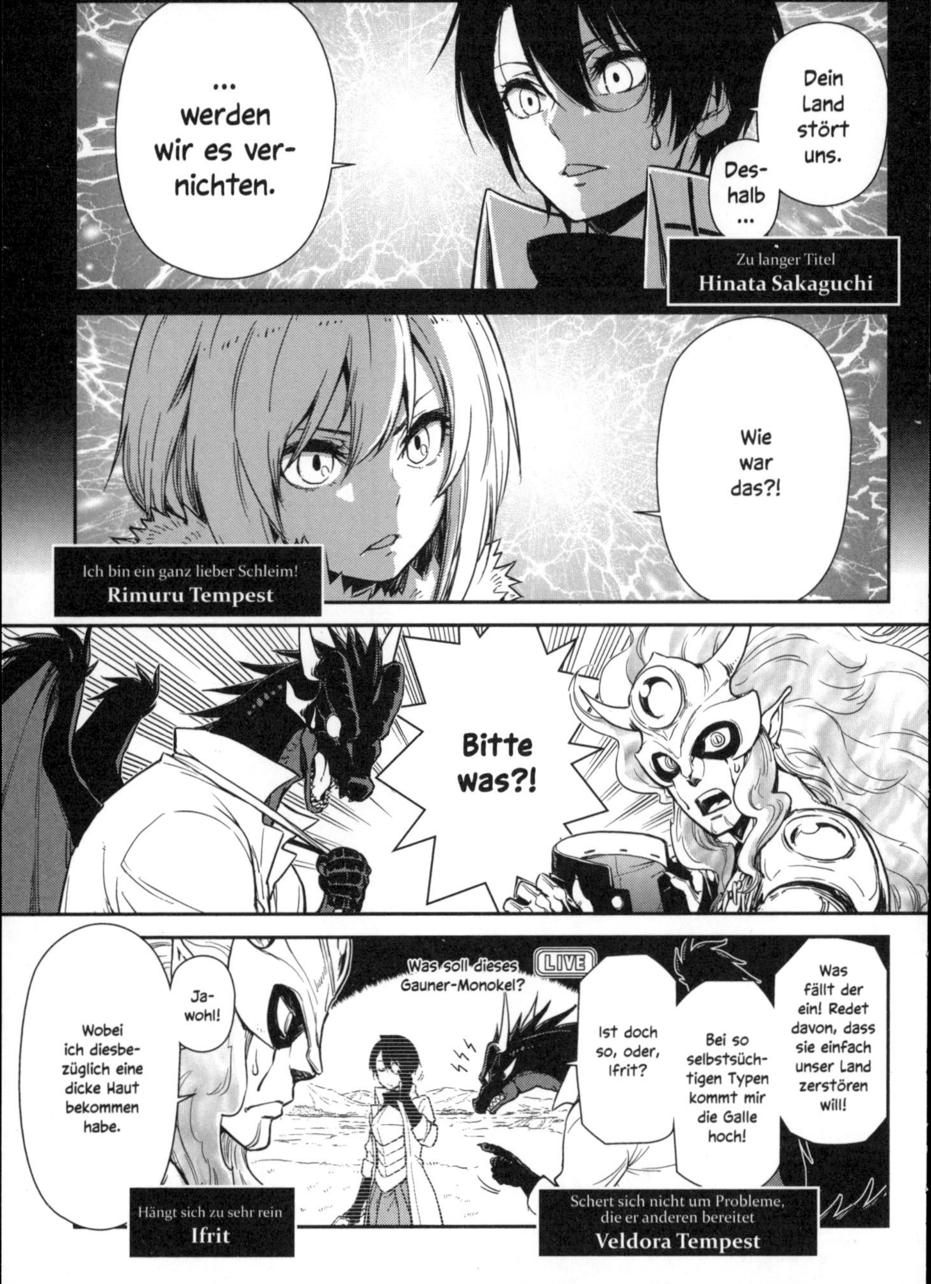
Dein Land stört uns.
Des-halb ...
... werden wir es vernichten.
Zu langer Titel
Hinata Sakaguchi
Wie war das?!
Ich bin ein ganz lieber Schleim!
Rimuru Tempest
Bitte was?!
Was fällt der ein! Redet davon, dass sie einfach unser Land zerstören will!
Bei so selbstsüchtigen Typen kommt mir die Galle hoch!
Ist doch so, oder, Ifrit?
LIVE
Was soll dieses Gauner-Monokel?
Ja-wohl!
Wobei ich diesbezüglich eine dicke Haut bekommen habe.
Schert sich nicht um Probleme, die er anderen bereitet
Veldora Tempest
Hängt sich zu sehr rein
Ifrit

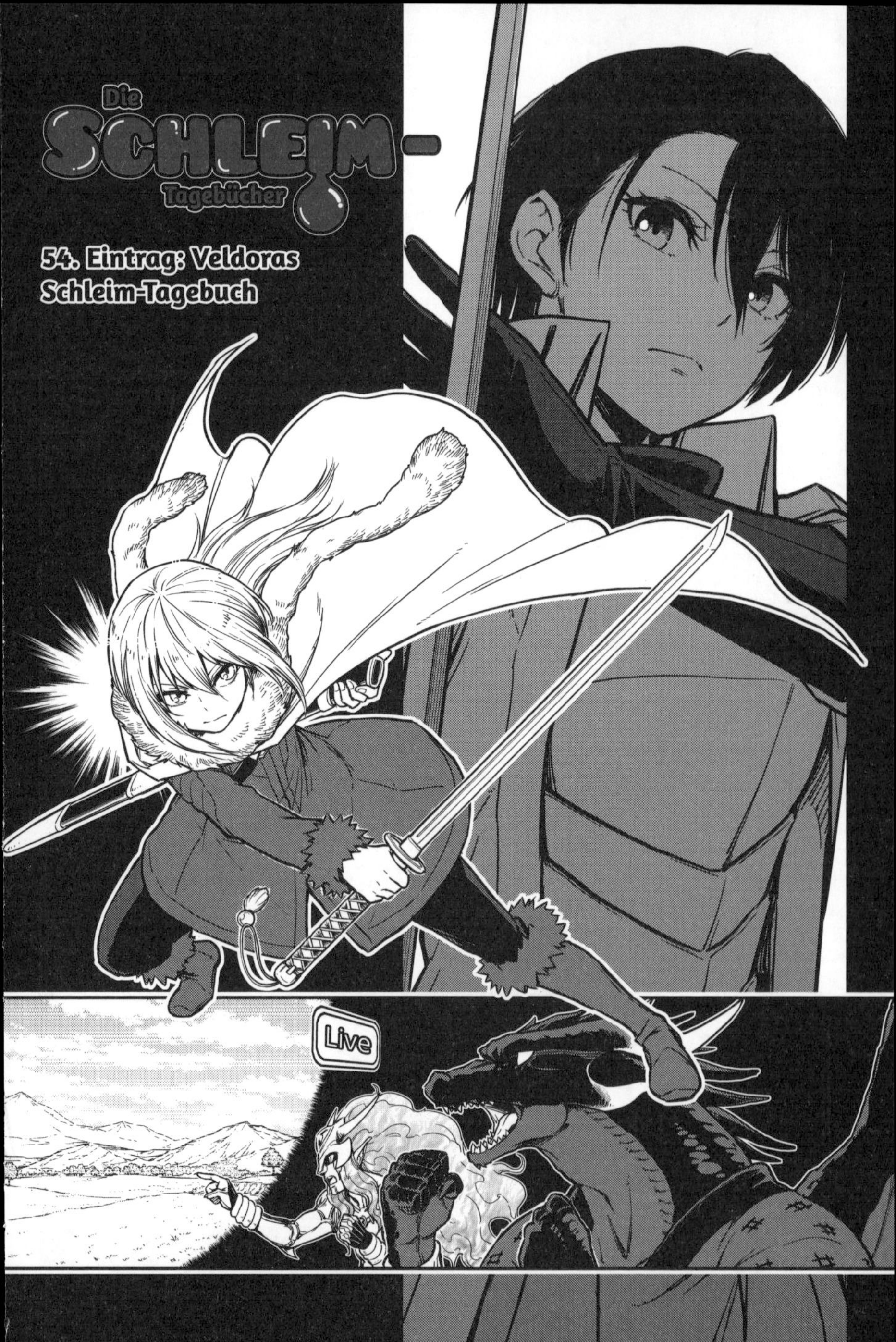
Die SCHLEIM-Tagebücher
54. Eintrag: Veldoras Schleim-Tagebuch
Live

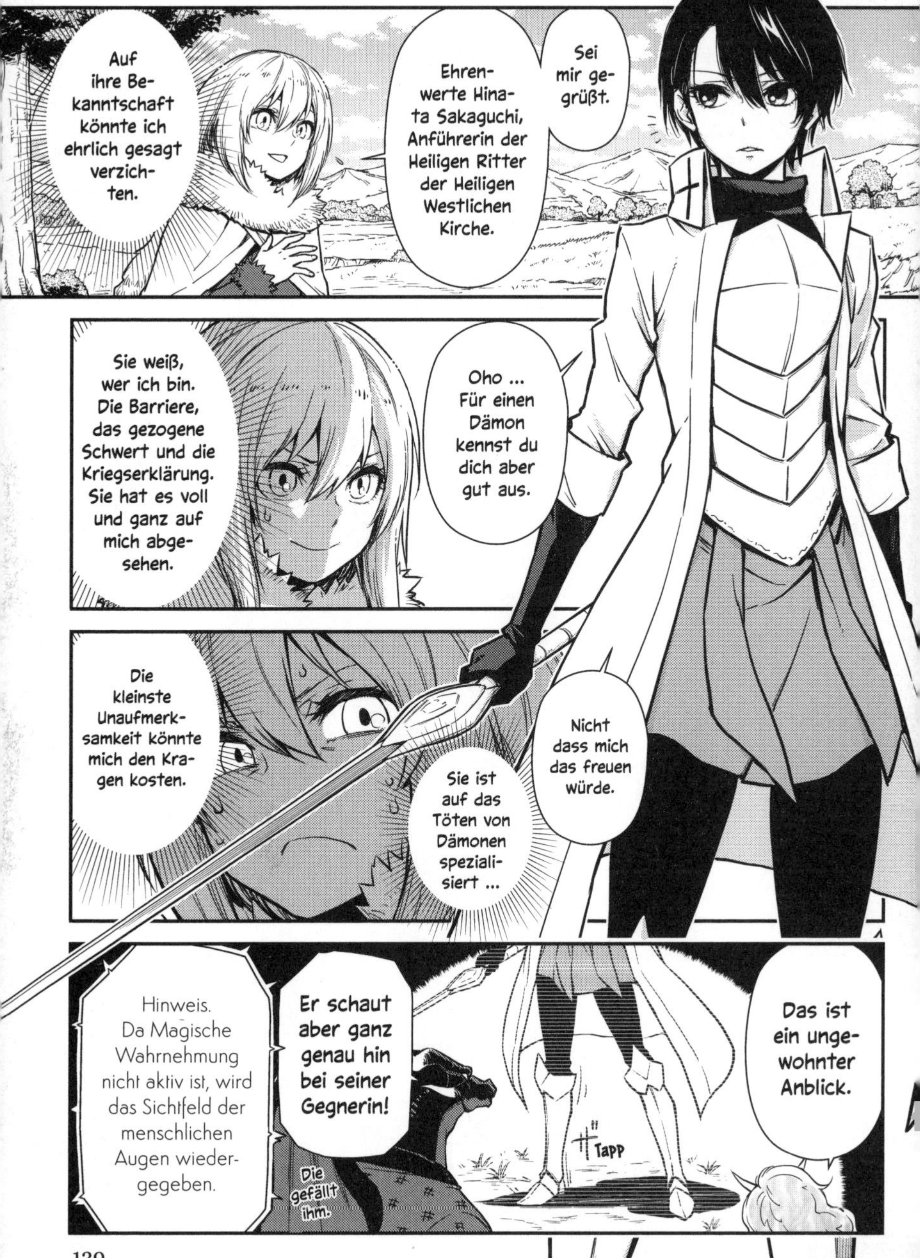
Sei mir gegrüßt.
Ehrenwerte Hinata Sakaguchi, Anführerin der Heiligen Ritter der Heiligen Westlichen Kirche.
Auf ihre Bekanntschaft könnte ich ehrlich gesagt verzichten.
Oho ... Für einen Dämon kennst du dich aber gut aus.
Sie weiß, wer ich bin. Die Barriere, das gezogene Schwert und die Kriegserklärung. Sie hat es voll und ganz auf mich abgesehen.
Nicht dass mich das freuen würde.
Sie ist auf das Töten von Dämonen spezialisiert ...
Die kleinste Unaufmerksamkeit könnte mich den Kragen kosten.
Das ist ein ungewohnter Anblick.
Tapp
Er schaut aber ganz genau hin bei seiner Gegnerin!
Hinweis. Da Magische Wahrnehmung nicht aktiv ist, wird das Sichtfeld der menschlichen Augen wiedergegeben.
Die gefällt ihm.

Worte scharf wie Klingen

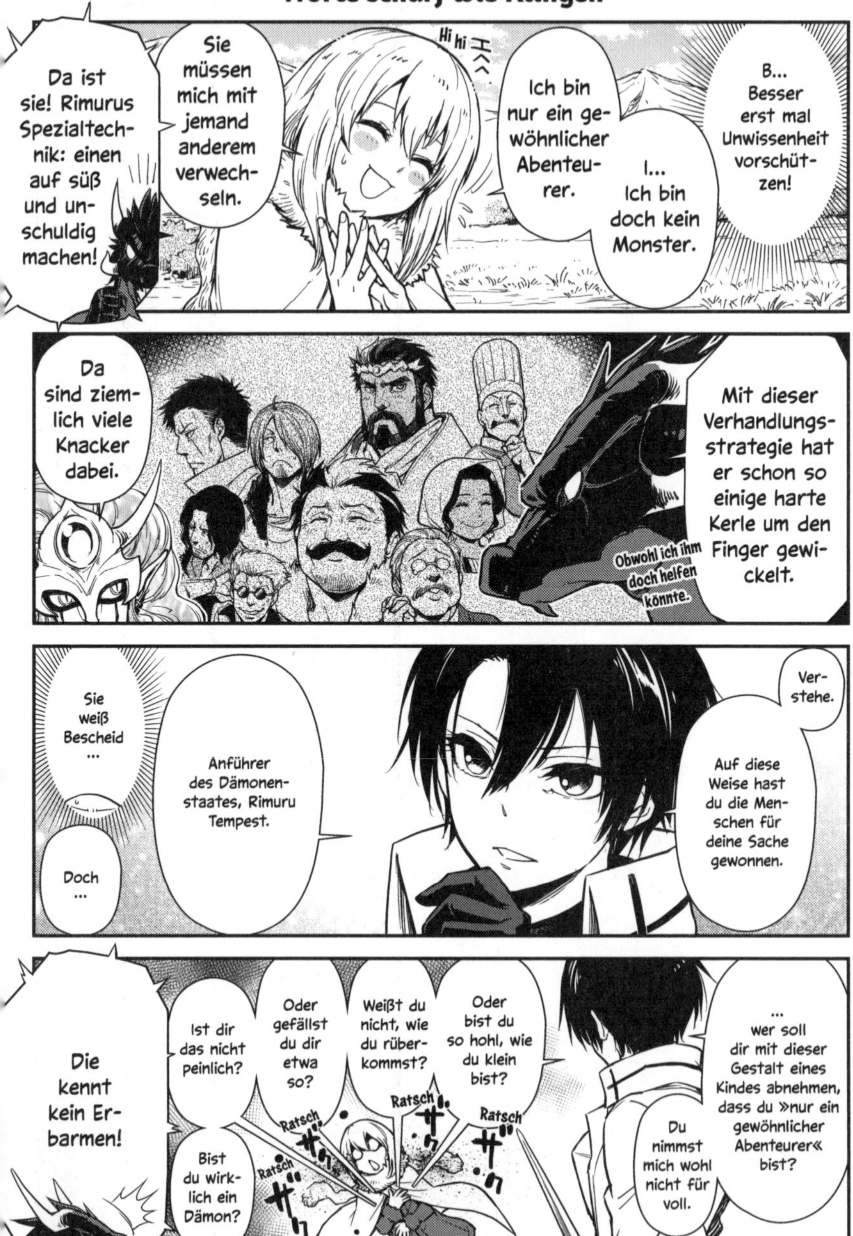
B... Besser erst mal Unwissenheit vorschützen!
Ich bin nur ein gewöhnlicher Abenteurer.
I... Ich bin doch kein Monster.
Hi hi
Sie müssen mich mit jemand anderem verwechseln.
Da ist sie! Rimurus Spezialtechnik: einen auf süß und unschuldig machen!
Mit dieser Verhandlungsstrategie hat er schon so einige harte Kerle um den Finger gewickelt.
Obwohl ich ihm doch helfen könnte.
Da sind ziemlich viele Knacker dabei.
Verstehe.
Auf diese Weise hast du die Menschen für deine Sache gewonnen.
Anführer des Dämonenstaates, Rimuru Tempest.
Sie weiß Bescheid ...
Doch ...
... wer soll dir mit dieser Gestalt eines Kindes abnehmen, dass du »nur ein gewöhnlicher Abenteurer« bist?
Du nimmst mich wohl nicht für voll.
Oder bist du so hohl, wie du klein bist?
Weißt du nicht, wie du rüberkommst?
Oder gefällst du dir etwa so?
Ist dir das nicht peinlich?
Bist du wirklich ein Dämon?
Ratsch
Ratsch
Ratsch
Ratsch
Die kennt kein Erbarmen!

Eine Frau aus Eis

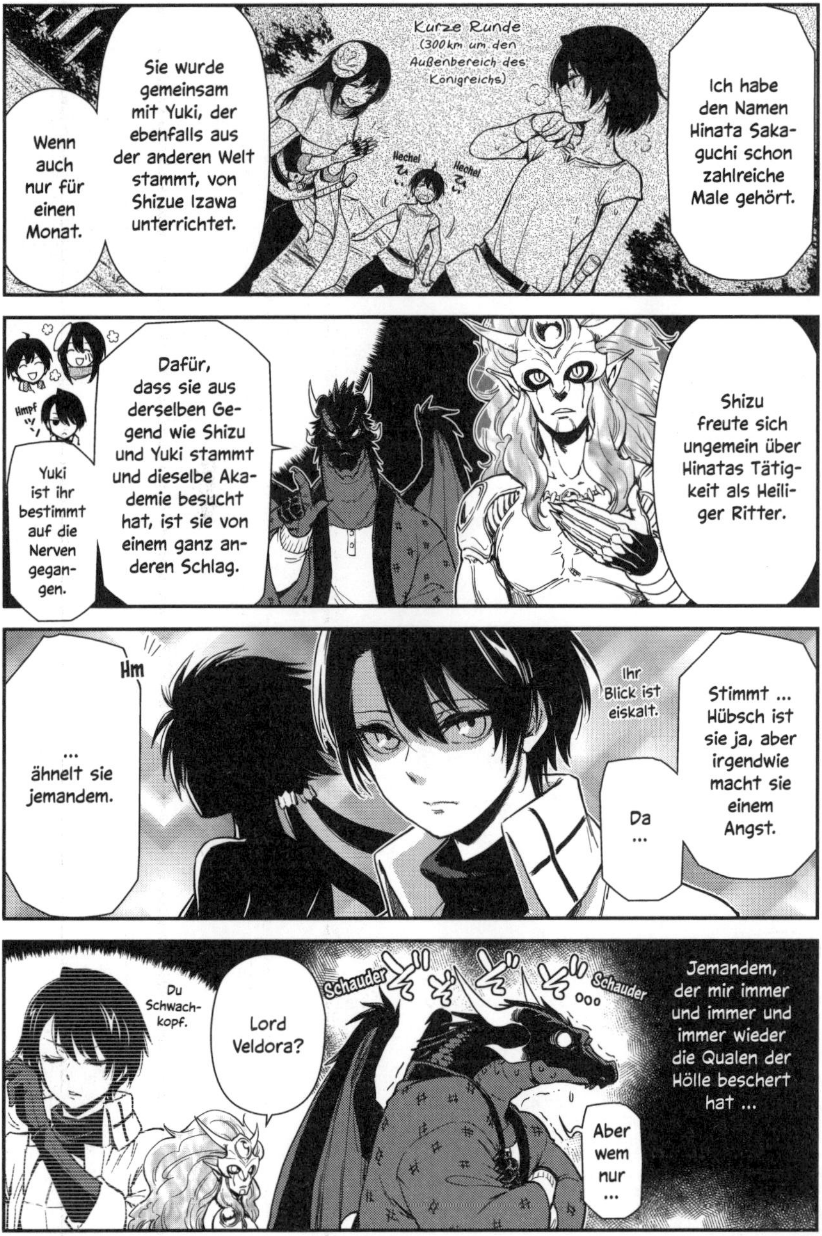
Ich habe den Namen Hinata Sakaguchi schon zahlreiche Male gehört.
Kurze Runde (300km um den Außenbereich des Königreichs)
Hechel
Hechel
Sie wurde gemeinsam mit Yuki, der ebenfalls aus der anderen Welt stammt, von Shizue Izawa unterrichtet.
Wenn auch nur für einen Monat.
Shizu freute sich ungemein über Hinatas Tätigkeit als Heiliger Ritter.
Dafür, dass sie aus derselben Gegend wie Shizu und Yuki stammt und dieselbe Akademie besucht hat, ist sie von einem ganz anderen Schlag.
Hmpf
Yuki ist ihr bestimmt auf die Nerven gegangen.
Stimmt ... Hübsch ist sie ja, aber irgendwie macht sie einem Angst.
Ihr Blick ist eiskalt.
Da ...
Hm
... ähnelt sie jemandem.
Jemandem, der mir immer und immer und immer wieder die Qualen der Hölle beschert hat ...
Schauder
Schauder
Aber wem nur ...
Lord Veldora?
Du Schwachkopf.

Der Informant

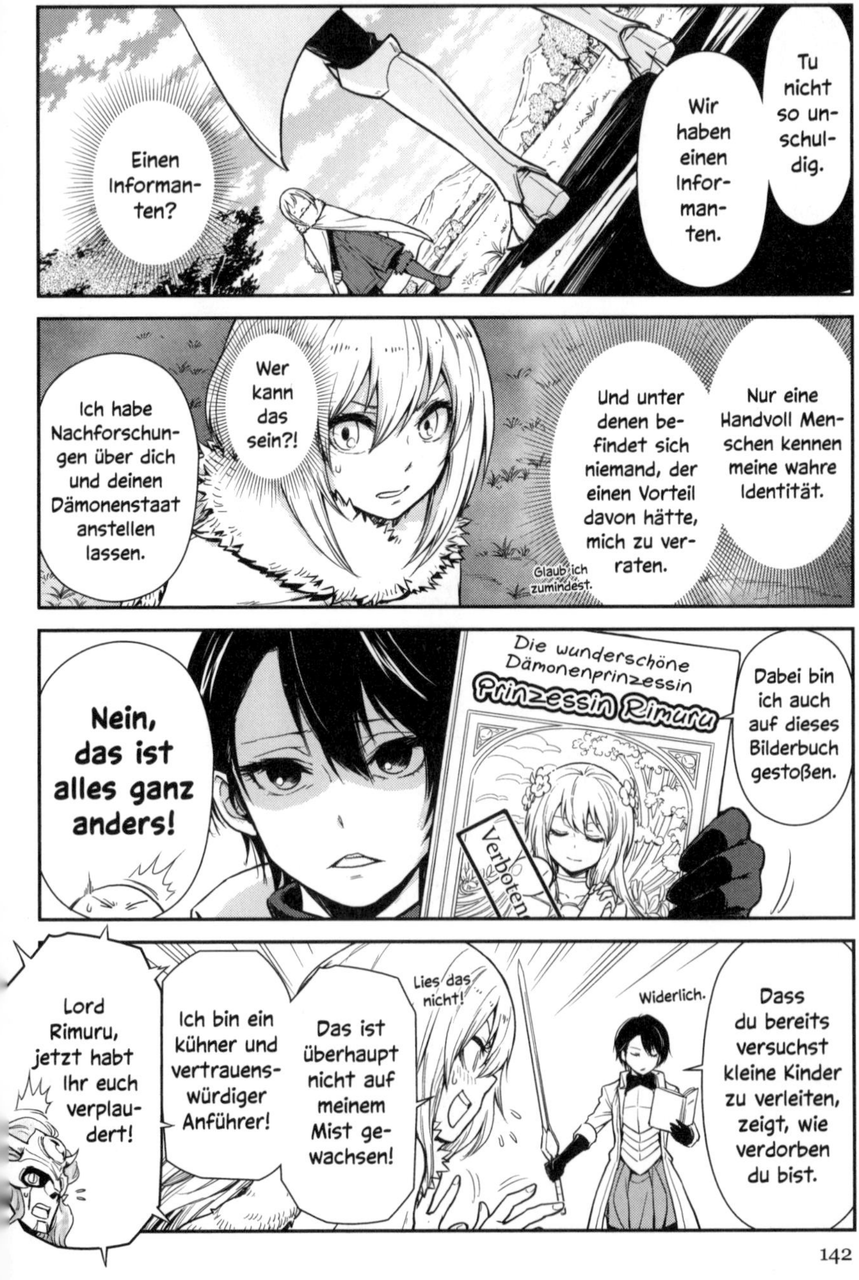
Tu nicht so unschuldig.
Wir haben einen Informanten.
Einen Informanten?
Nur eine Handvoll Menschen kennen meine wahre Identität.
Und unter denen befindet sich niemand, der einen Vorteil davon hätte, mich zu verraten.
Glaub ich zumindest.
Wer kann das sein?!
Ich habe Nachforschungen über dich und deinen Dämonenstaat anstellen lassen.
Dabei bin ich auch auf dieses Bilderbuch gestoßen.
Die wunderschöne Dämonenprinzessin
Prinzessin Rimuru
Verboten
Nein, das ist alles ganz anders!
Dass du bereits versuchst kleine Kinder zu verleiten, zeigt, wie verdorben du bist.
Widerlich.
Lies das nicht!
Das ist überhaupt nicht auf meinem Mist gewachsen!
Ich bin ein kühner und vertrauenswürdiger Anführer!
Lord Rimuru, jetzt habt Ihr euch verplaudert!

Detektive im Mageninneren

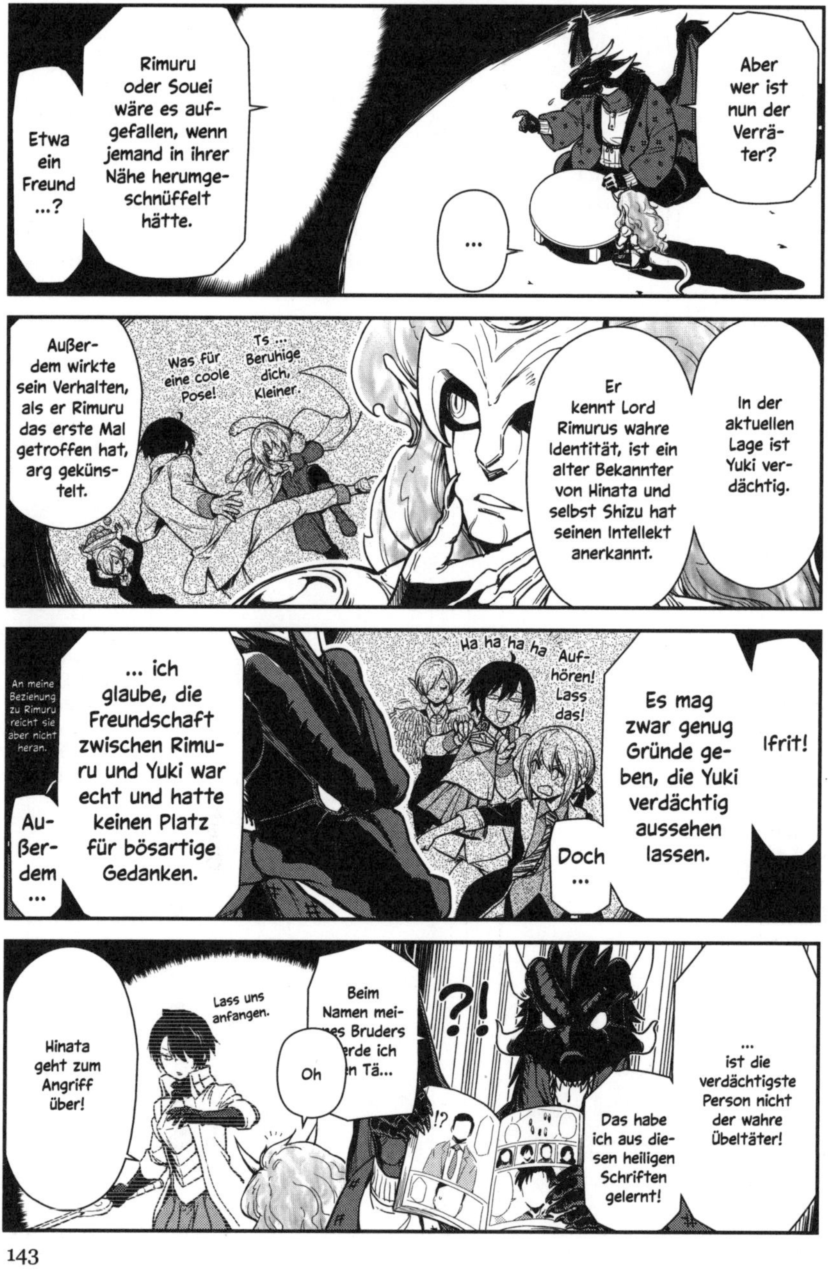
Aber wer ist nun der Verräter?
...
Rimuru oder Souei wäre es aufgefallen, wenn jemand in ihrer Nähe herumgeschnüffelt hätte.
Etwa ein Freund ...?
In der aktuellen Lage ist Yuki verdächtig.
Er kennt Lord Rimurus wahre Identität, ist ein alter Bekannter von Hinata und selbst Shizu hat seinen Intellekt anerkannt.
Ts ... Beruhige dich, Kleiner.
Was für eine coole Pose!
Außerdem wirkte sein Verhalten, als er Rimuru das erste Mal getroffen hat, arg gekünstelt.
Ifrit!
Es mag zwar genug Gründe geben, die Yuki verdächtig aussehen lassen.
Doch ...
Ha ha ha ha
Aufhören! Lass das!
... ich glaube, die Freundschaft zwischen Rimuru und Yuki war echt und hatte keinen Platz für bösartige Gedanken.
An meine Beziehung zu Rimuru reicht sie aber nicht heran.
Außerdem ...
... ist die verdächtigste Person nicht der wahre Übeltäter!
Das habe ich aus diesen heiligen Schriften gelernt!
?!
!?
Oh
Beim Namen mei-
Lass uns anfangen.
Hinata geht zum Angriff über!

Das habe ich nicht so verstanden

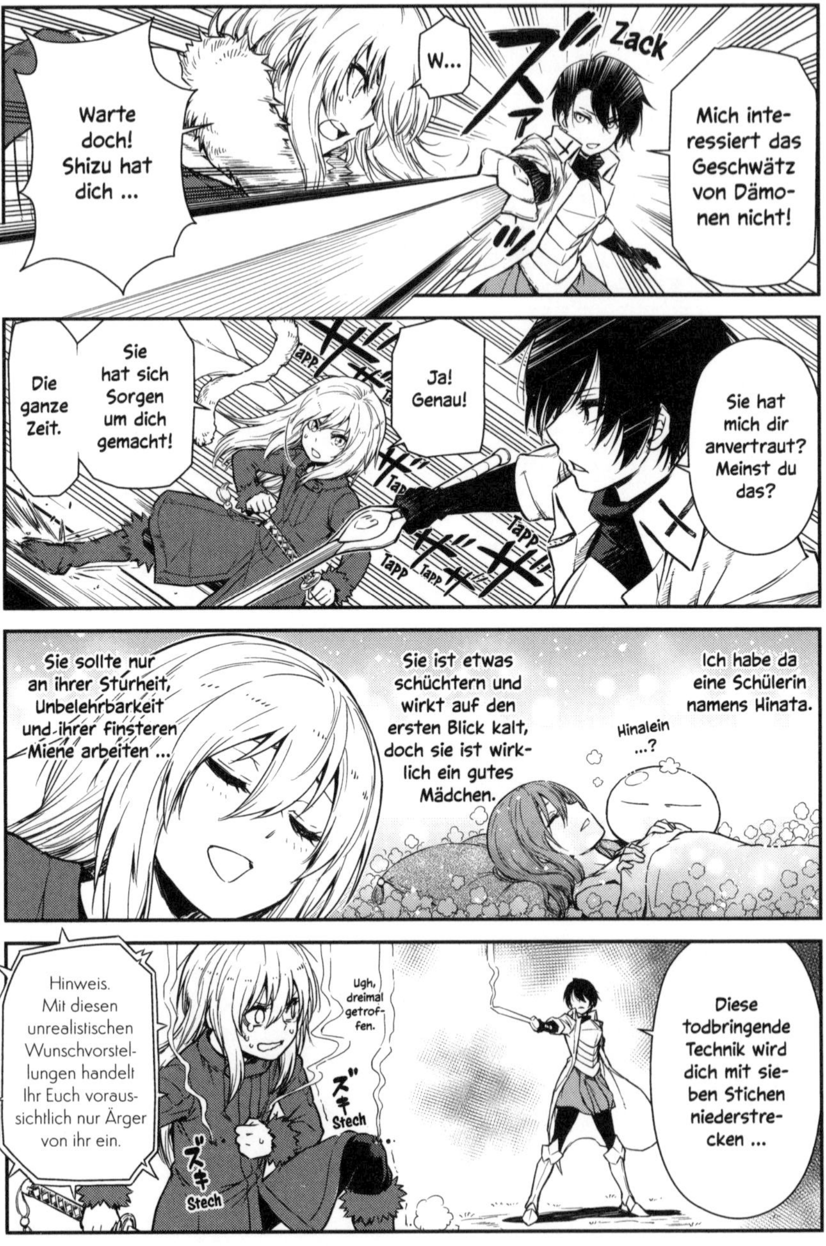
Mich interessiert das Geschwätz von Dämonen nicht!
Zack
W...
Warte doch! Shizu hat dich ...
Sie hat mich dir anvertraut? Meinst du das?
Ja! Genau!
Sie hat sich Sorgen um dich gemacht!
Die ganze Zeit.
Tapp
Tapp
Tapp
Tapp
Ich habe da eine Schülerin namens Hinata.
Hinalein ...?
Sie ist etwas schüchtern und wirkt auf den ersten Blick kalt, doch sie ist wirklich ein gutes Mädchen.
Sie sollte nur an ihrer Sturheit, Unbelehrbarkeit und ihrer finsteren Miene arbeiten ...
Diese todbringende Technik wird dich mit sieben Stichen niederstrecken ...
Ugh, dreimal getroffen.
Stech
Stech
Hinweis. Mit diesen unrealistischen Wunschvorstellungen handelt Ihr Euch voraussichtlich nur Ärger von ihr ein.

Veldoras Überlegungen

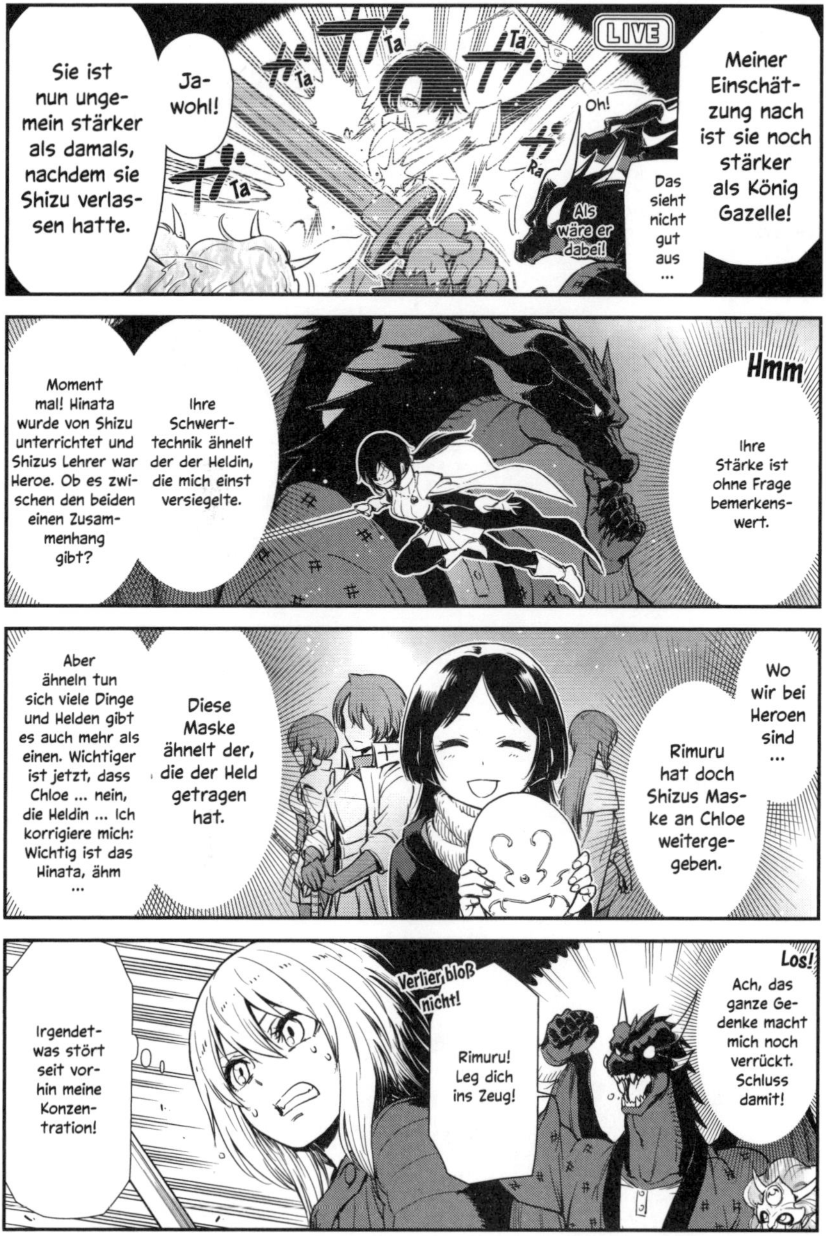
LIVE
Meiner Einschätzung nach ist sie noch stärker als König Gazelle!
Das sieht nicht gut aus …
Als wäre er dabei!
Oh!
Ra
Ta
Ta
Ja-wohl!
Ta
Ta
Sie ist nun ungemein stärker als damals, nachdem sie Shizu verlassen hatte.
Hmm
Ihre Stärke ist ohne Frage bemerkenswert.
Ihre Schwerttechnik ähnelt der der Heldin, die mich einst versiegelte.
Moment mal! Hinata wurde von Shizu unterrichtet und Shizus Lehrer war Heroe. Ob es zwischen den beiden einen Zusammenhang gibt?
Wo wir bei Heroen sind …
Rimuru hat doch Shizus Maske an Chloe weitergegeben.
Diese Maske ähnelt der, die der Held getragen hat.
Aber ähneln tun sich viele Dinge und Helden gibt es auch mehr als einen. Wichtiger ist jetzt, dass Chloe … nein, die Heldin … Ich korrigiere mich: Wichtig ist das Hinata, ähm …
Los!
Ach, das ganze Gedenke macht mich noch verrückt. Schluss damit!
Rimuru! Leg dich ins Zeug!
Verlier bloß nicht!
Irgendetwas stört seit vorhin meine Konzentration!

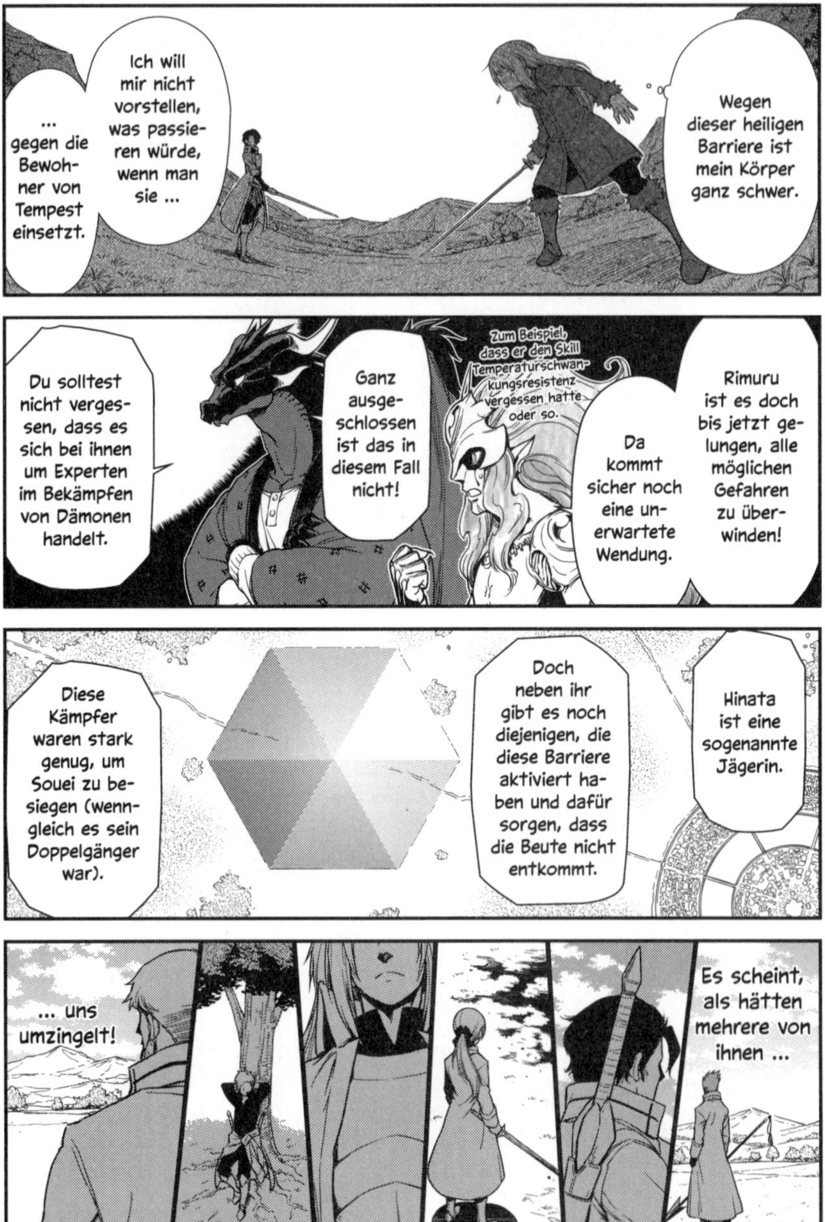
Wegen dieser heiligen Barriere ist mein Körper ganz schwer.
Ich will mir nicht vorstellen, was passieren würde, wenn man sie ...
... gegen die Bewohner von Tempest einsetzt.
Rimuru ist es doch bis jetzt gelungen, alle möglichen Gefahren zu überwinden!
Da kommt sicher noch eine unerwartete Wendung.
Zum Beispiel, dass er den Skill Temperaturschwankungsresistenz vergessen hatte oder so.
Ganz ausgeschlossen ist das in diesem Fall nicht!
Du solltest nicht vergessen, dass es sich bei ihnen um Experten im Bekämpfen von Dämonen handelt.
Hinata ist eine sogenannte Jägerin.
Doch neben ihr gibt es noch diejenigen, die diese Barriere aktiviert haben und dafür sorgen, dass die Beute nicht entkommt.
Diese Kämpfer waren stark genug, um Souei zu besiegen (wenngleich es sein Doppelgänger war).
Es scheint, als hätten mehrere von ihnen ...
... uns umzingelt!

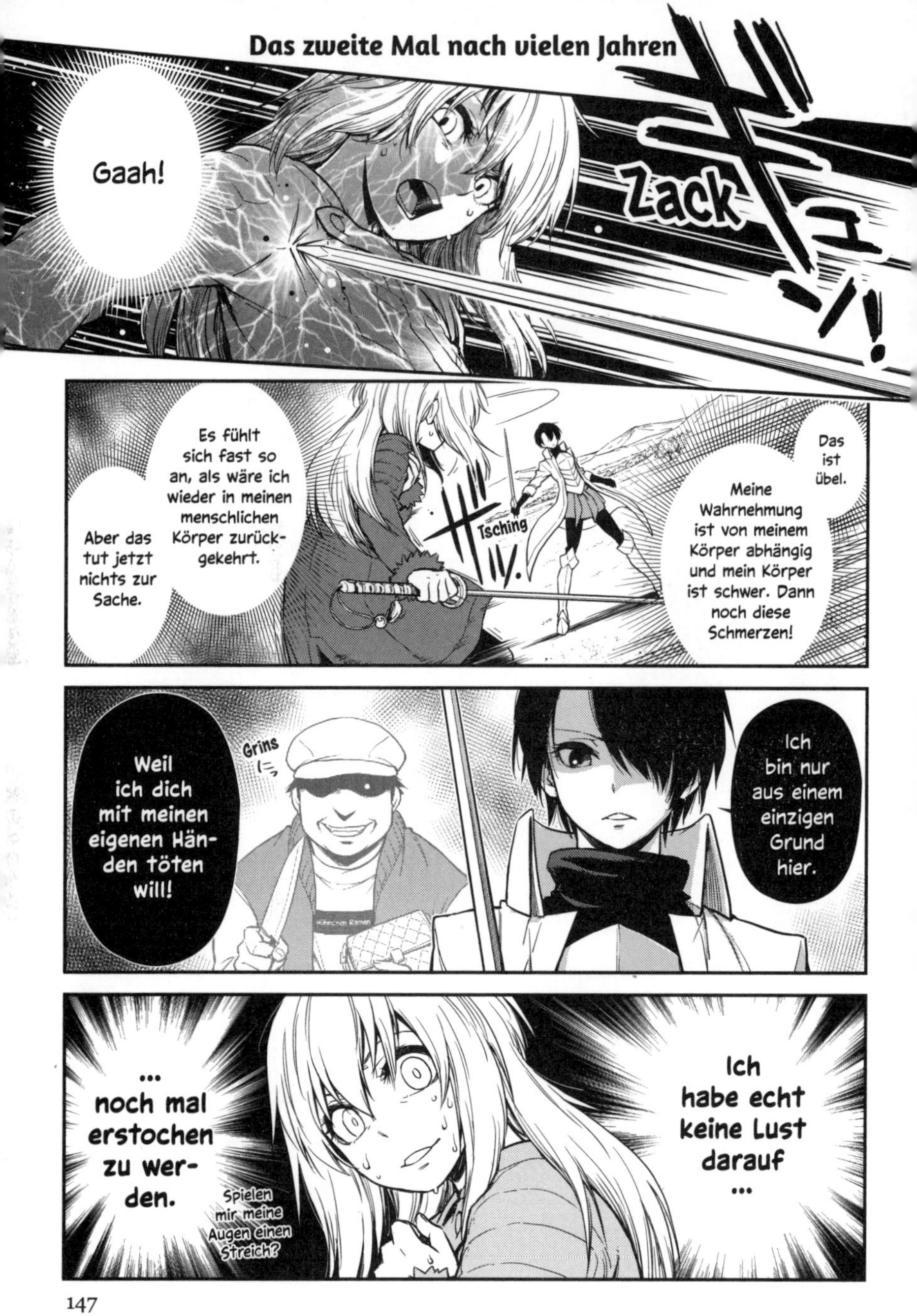
Das zweite Mal nach vielen Jahren
Zack
Gaah!
Das ist übel.
Meine Wahrnehmung ist von meinem Körper abhängig und mein Körper ist schwer. Dann noch diese Schmerzen!
Tsching
Es fühlt sich fast so an, als wäre ich wieder in meinen menschlichen Körper zurückgekehrt.
Aber das tut jetzt nichts zur Sache.
Ich bin nur aus einem einzigen Grund hier.
Grins
Weil ich dich mit meinen eigenen Händen töten will!
Ich habe echt keine Lust darauf …
… noch mal erstochen zu werden.
Spielen mir meine Augen einen Streich?

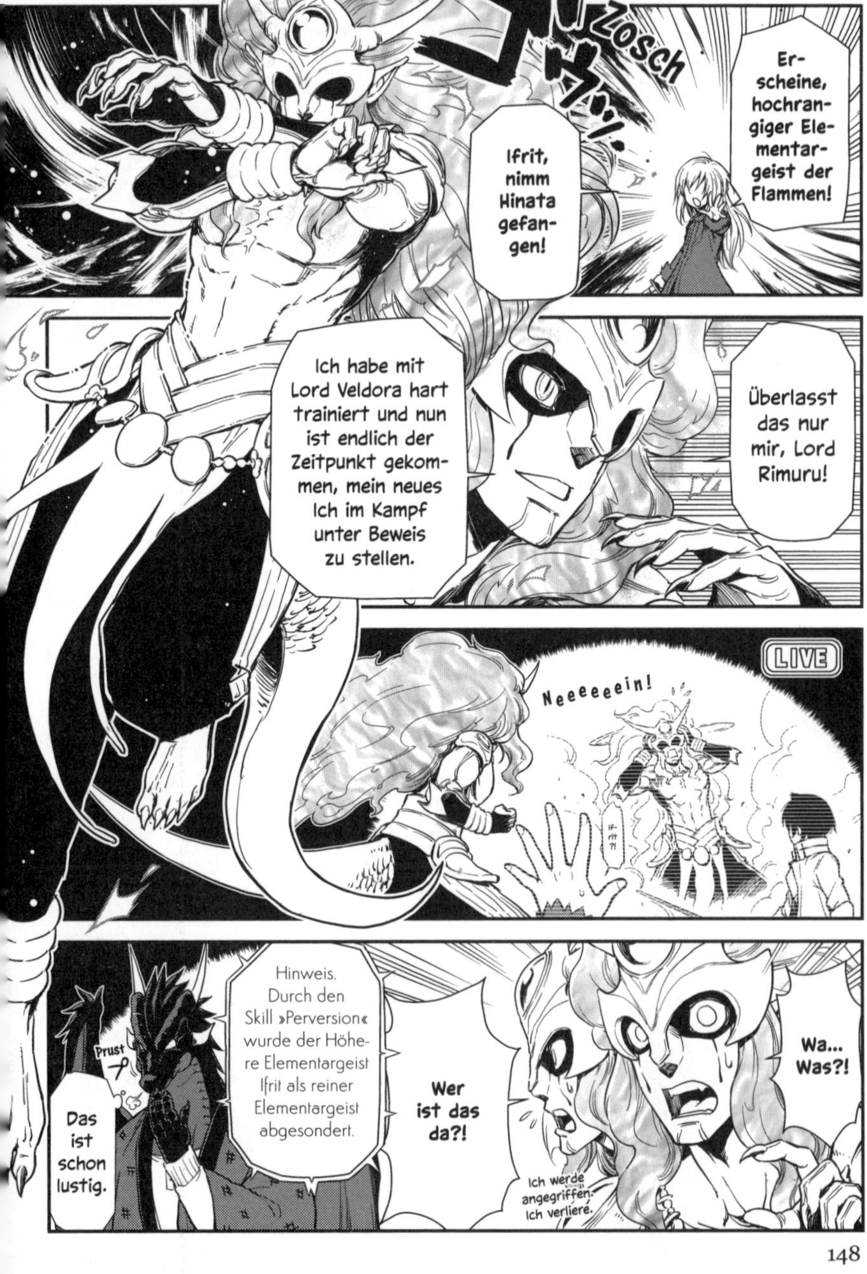
Er-
scheine,
hochran-
giger Ele-
mentar-
geist der
Flammen!
Zosch
Ifrit,
nimm
Hinata
gefan-
gen!
Überlasst
das nur
mir, Lord
Rimuru!
Ich habe mit
Lord Veldora hart
trainiert und nun
ist endlich der
Zeitpunkt gekom-
men, mein neues
Ich im Kampf
unter Beweis
zu stellen.
LIVE
Neeeeeein!
If-
rit
?!
Wa...
Was?!
Wer
ist das
da?!
Ich werde
angegriffen.
Ich verliere.
Hinweis.
Durch den
Skill »Perversion«
wurde der Höhe-
re Elementargeist
Ifrit als reiner
Elementargeist
abgesondert.
Prust
Das
ist
schon
lustig.

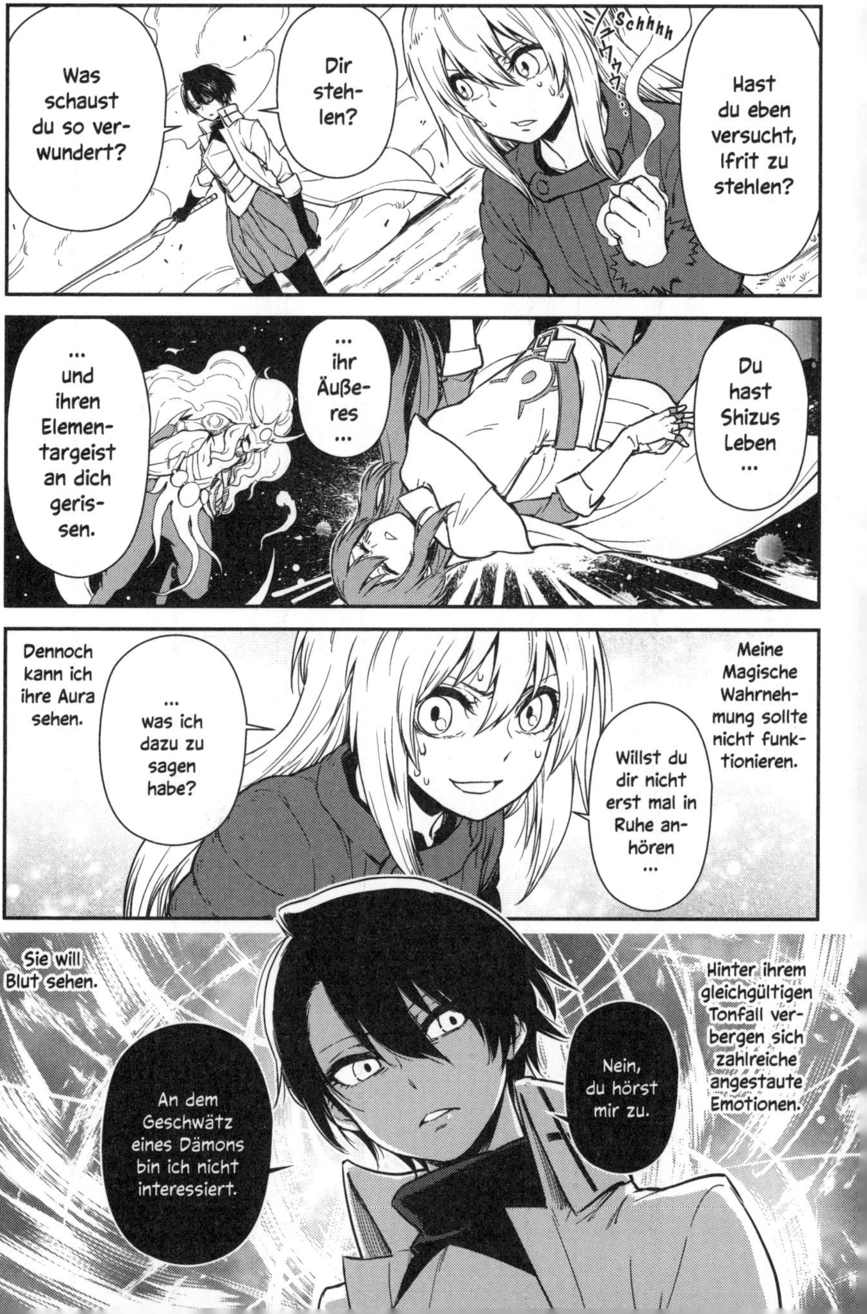
Schhhh
Hast du eben versucht, Ifrit zu stehlen?
Dir stehlen?
Was schaust du so verwundert?
Du hast Shizus Leben ...
... ihr Äußeres ...
... und ihren Elementargeist an dich gerissen.
Meine Magische Wahrnehmung sollte nicht funktionieren.
Willst du dir nicht erst mal in Ruhe anhören ...
... was ich dazu zu sagen habe?
Dennoch kann ich ihre Aura sehen.
Hinter ihrem gleichgültigen Tonfall verbergen sich zahlreiche angestaute Emotionen.
Nein, du hörst mir zu.
An dem Geschwätz eines Dämons bin ich nicht interessiert.
Sie will Blut sehen.

Ein großes Herz

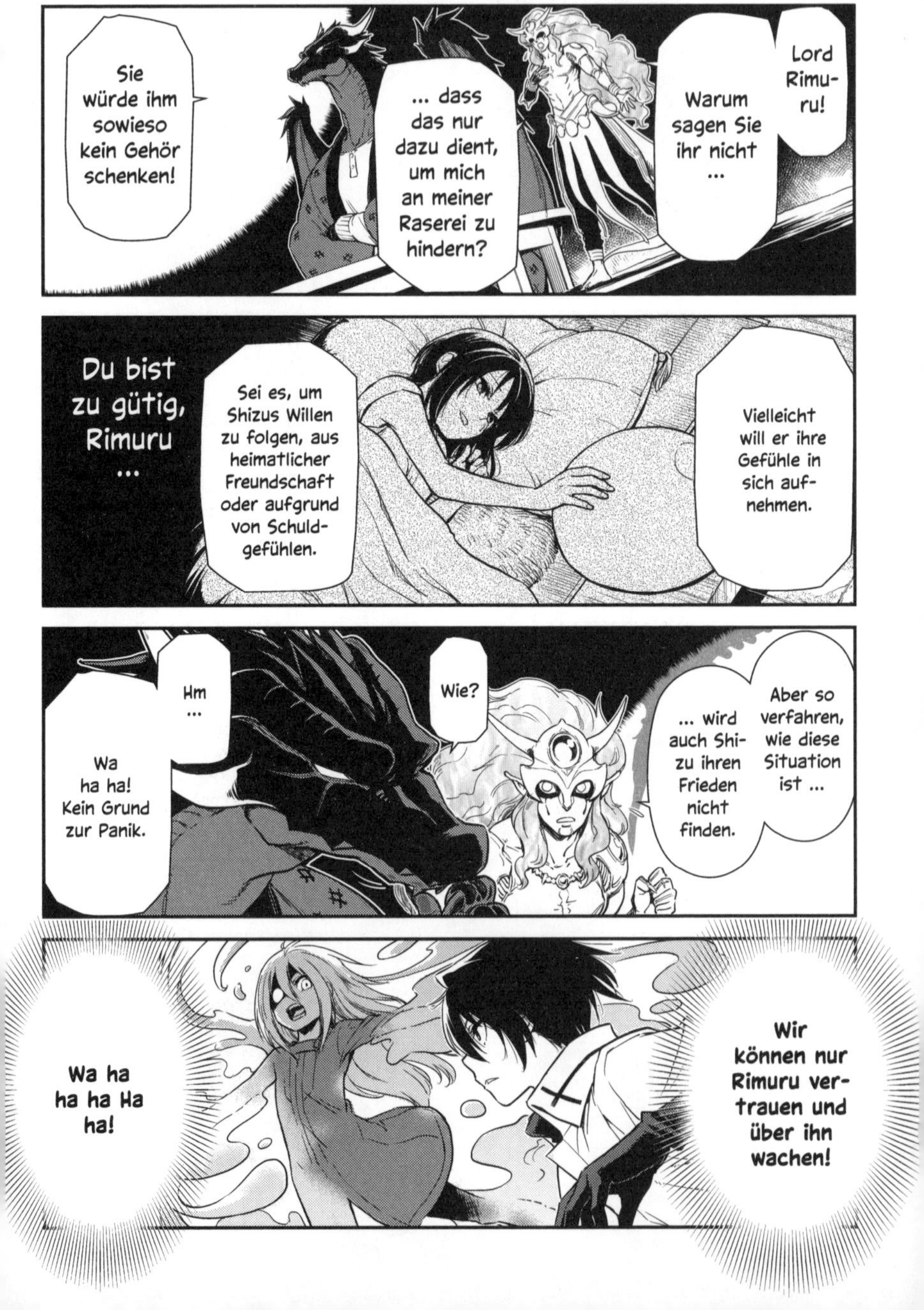
Lord Rimu-ru!
Warum sagen Sie ihr nicht ...
... dass das nur dazu dient, um mich an meiner Raserei zu hindern?
Sie würde ihm sowieso kein Gehör schenken!
Vielleicht will er ihre Gefühle in sich auf-nehmen.
Sei es, um Shizus Willen zu folgen, aus heimatlicher Freundschaft oder aufgrund von Schuld-gefühlen.
Du bist zu gütig, Rimuru ...
Aber so verfahren, wie diese Situation ist ...
... wird auch Shi-zu ihren Frieden nicht finden.
Wie?
Hm ...
Wa ha ha! Kein Grund zur Panik.
Wir können nur Rimuru ver-trauen und über ihn wachen!
Wa ha ha ha Ha ha!

Das allerstärkste Monster

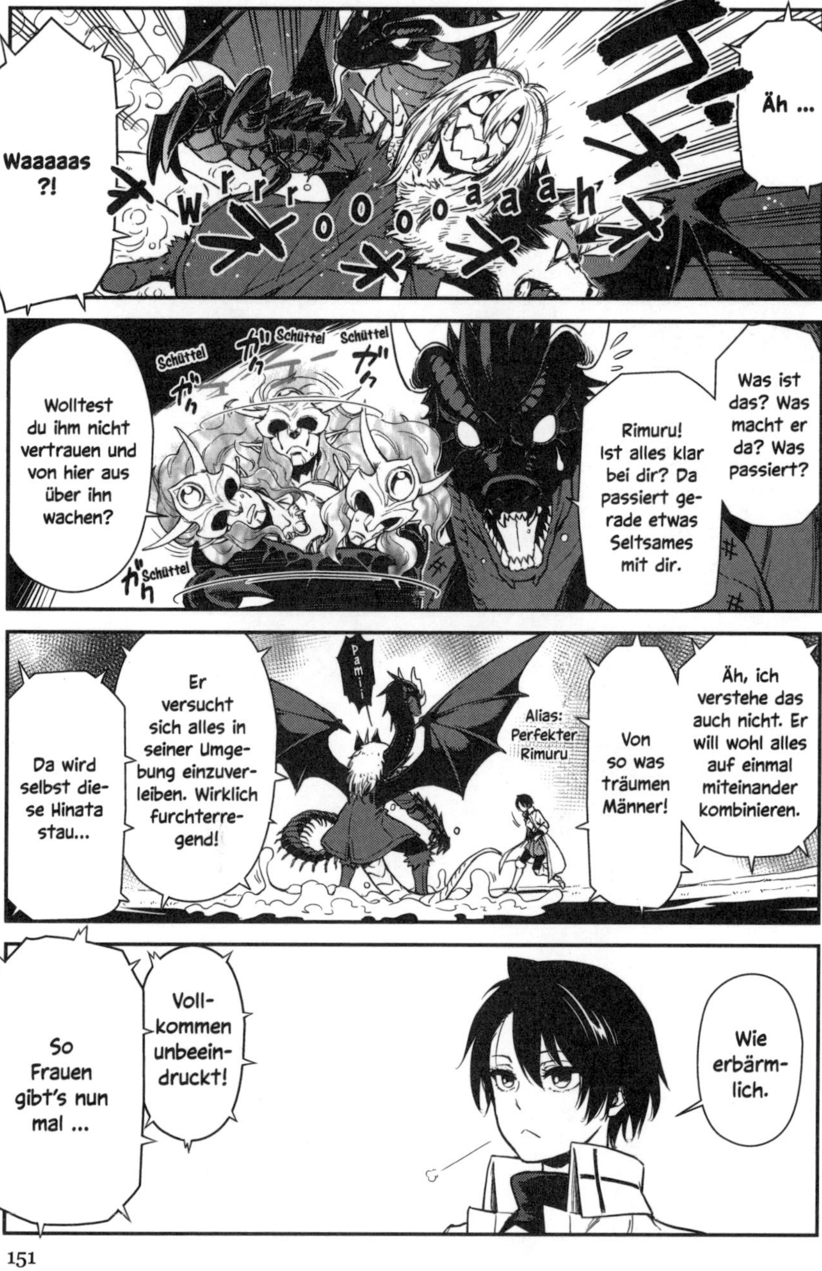
Äh ...
Wrrrooooaah
Waaaaas ?!
Was ist das? Was macht er da? Was passiert?
Rimuru! Ist alles klar bei dir? Da passiert gerade etwas Seltsames mit dir.
Schüttel
Schüttel
Schüttel
Wolltest du ihm nicht vertrauen und von hier aus über ihn wachen?
Äh, ich verstehe das auch nicht. Er will wohl alles auf einmal miteinander kombinieren.
Von so was träumen Männer!
Alias: Perfekter Rimuru
Pam!
Er versucht sich alles in seiner Umgebung einzuverleiben. Wirklich furchterregend!
Da wird selbst diese Hinata stau...
Wie erbärmlich.
Vollkommen unbeeindruckt!
So Frauen gibt's nun mal ...

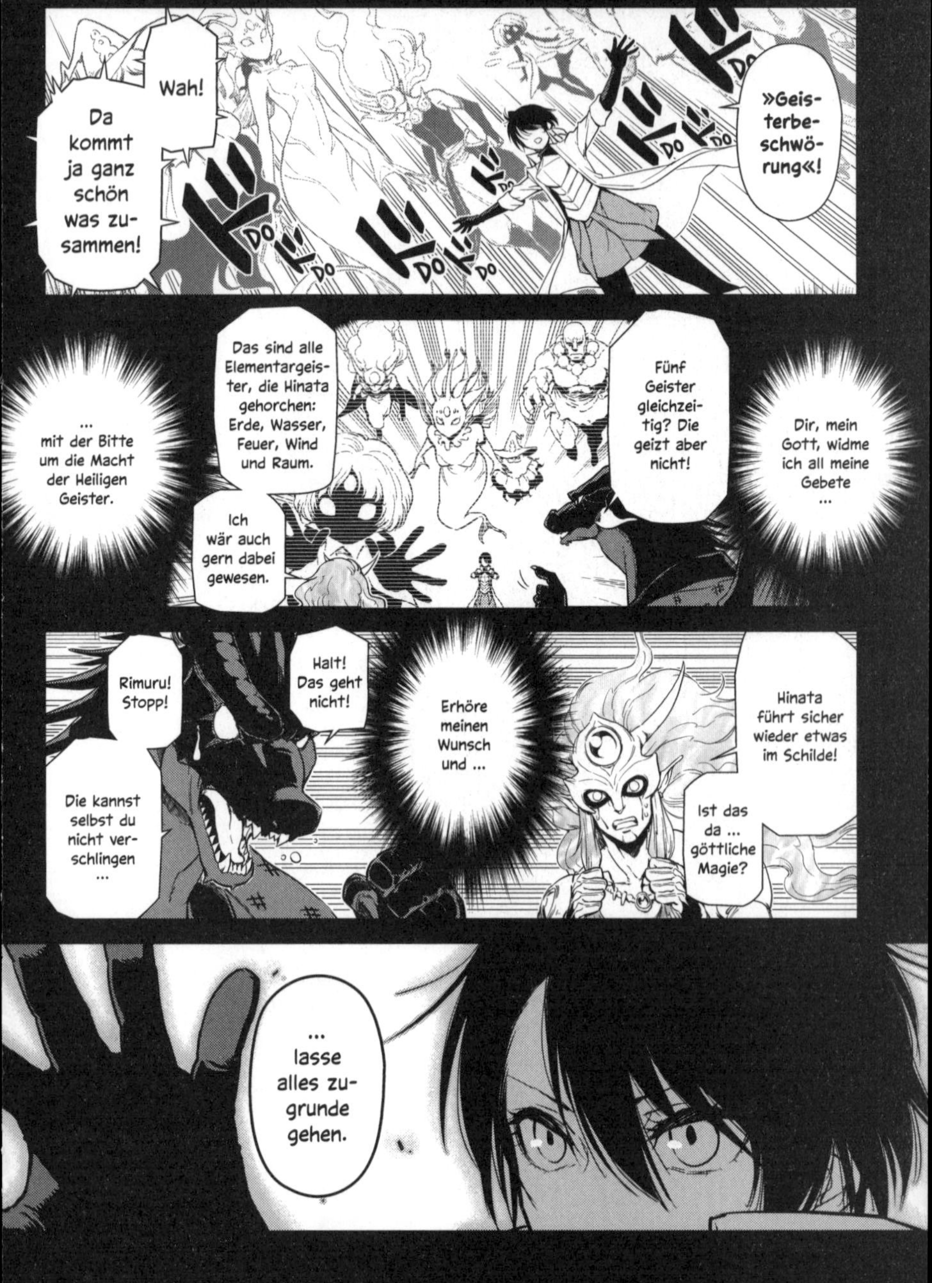
»Geisterbeschwörung«!
Wah!
Da kommt ja ganz schön was zusammen!
Dir, mein Gott, widme ich all meine Gebete …
Fünf Geister gleichzeitig? Die geizt aber nicht!
Das sind alle Elementargeister, die Hinata gehorchen: Erde, Wasser, Feuer, Wind und Raum.
Ich wär auch gern dabei gewesen.
… mit der Bitte um die Macht der Heiligen Geister.
Hinata führt sicher wieder etwas im Schilde!
Ist das da … göttliche Magie?
Erhöre meinen Wunsch und …
Halt! Das geht nicht!
Rimuru! Stopp!
Die kannst selbst du nicht verschlingen …
… lasse alles zugrunde gehen.

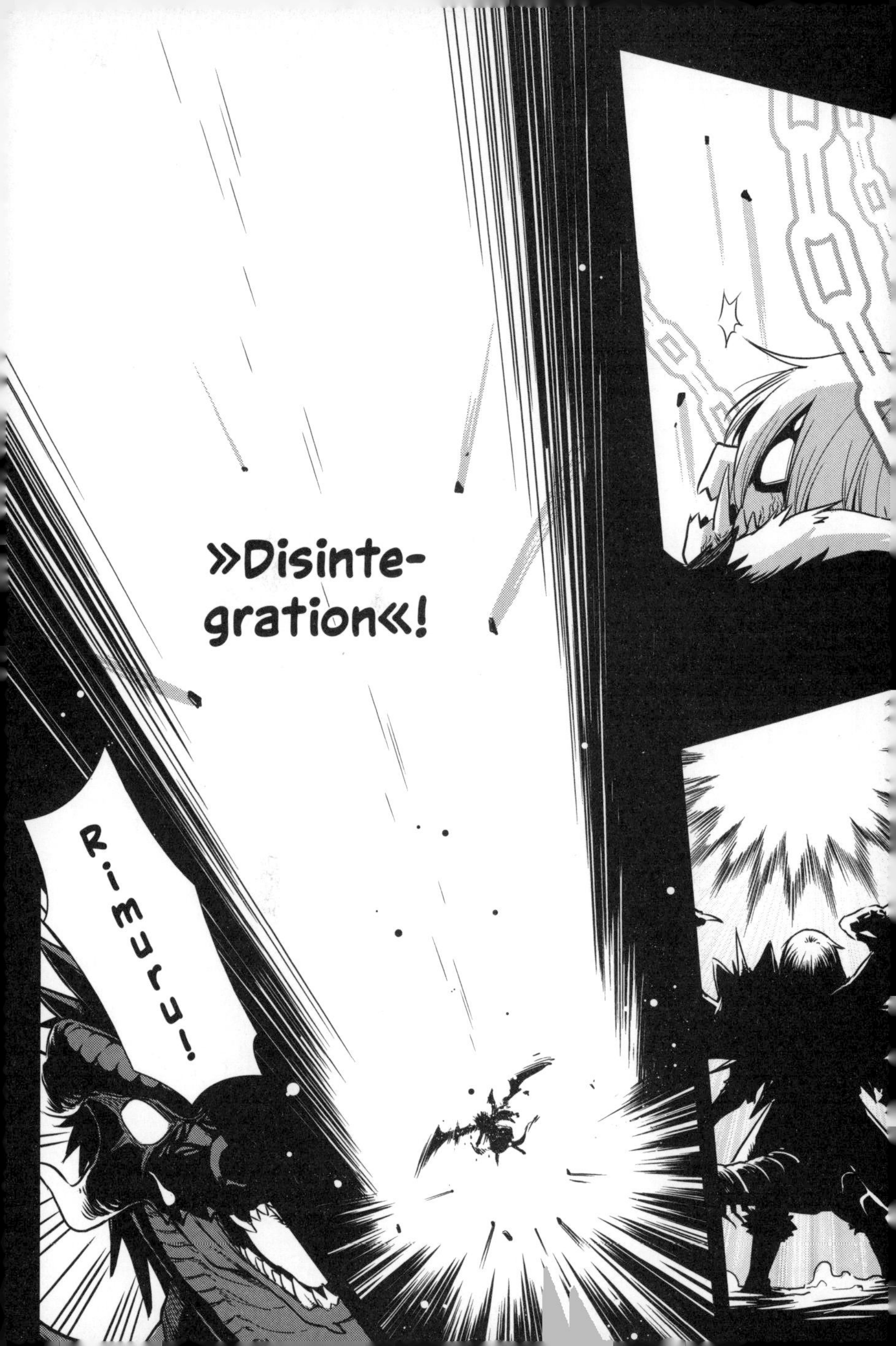
»Disinte-
gration«!
Rimuru!

Eine wünschenswerte Zukunft

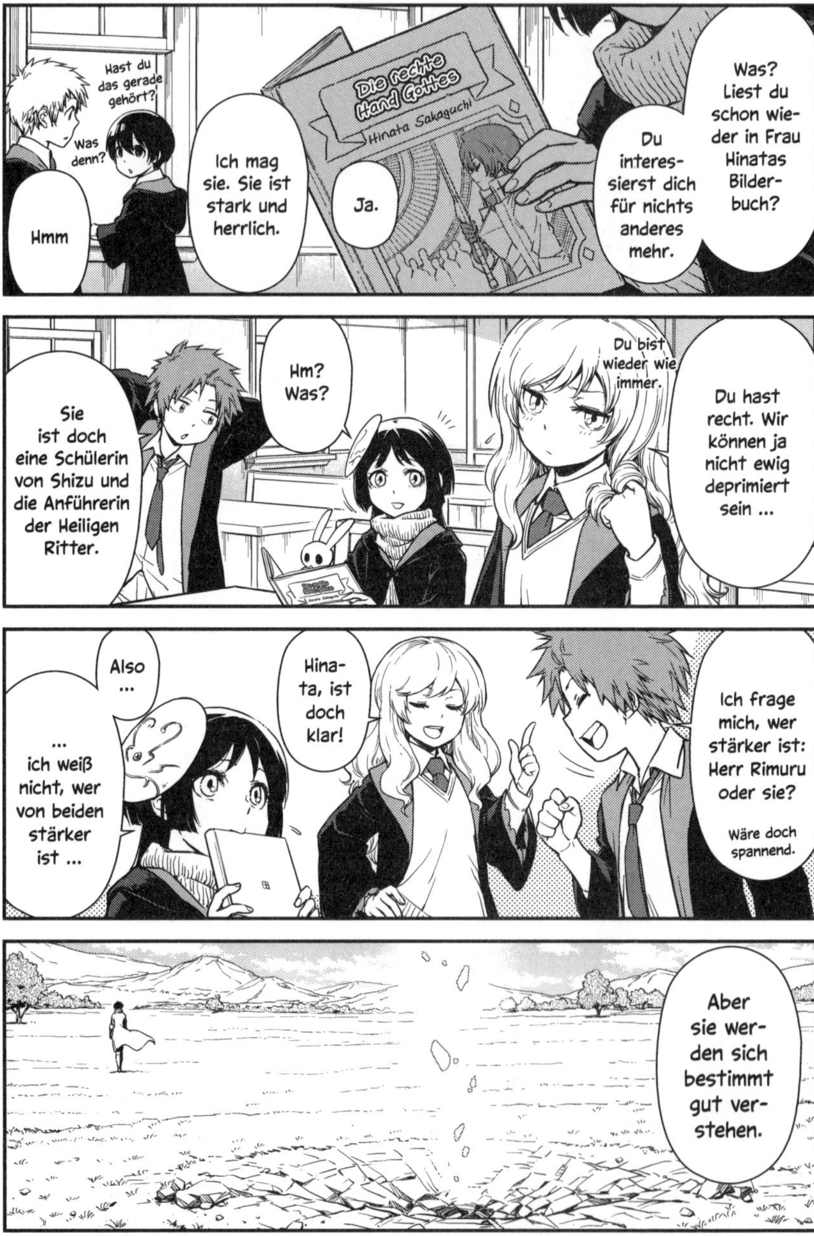
Was? Liest du schon wieder in Frau Hinatas Bilderbuch?
Du interessierst dich für nichts anderes mehr.
Die rechte Hand Gottes
Hinata Sakaguchi
Ja.
Ich mag sie. Sie ist stark und herrlich.
Hast du das gerade gehört?
Was denn?
Hmm
Du hast recht. Wir können ja nicht ewig deprimiert sein ...
Du bist wieder wie immer.
Hm? Was?
Sie ist doch eine Schülerin von Shizu und die Anführerin der Heiligen Ritter.
Ich frage mich, wer stärker ist: Herr Rimuru oder sie?
Wäre doch spannend.
Hinata, ist doch klar!
Also ...
... ich weiß nicht, wer von beiden stärker ist ...
Aber sie werden sich bestimmt gut verstehen.

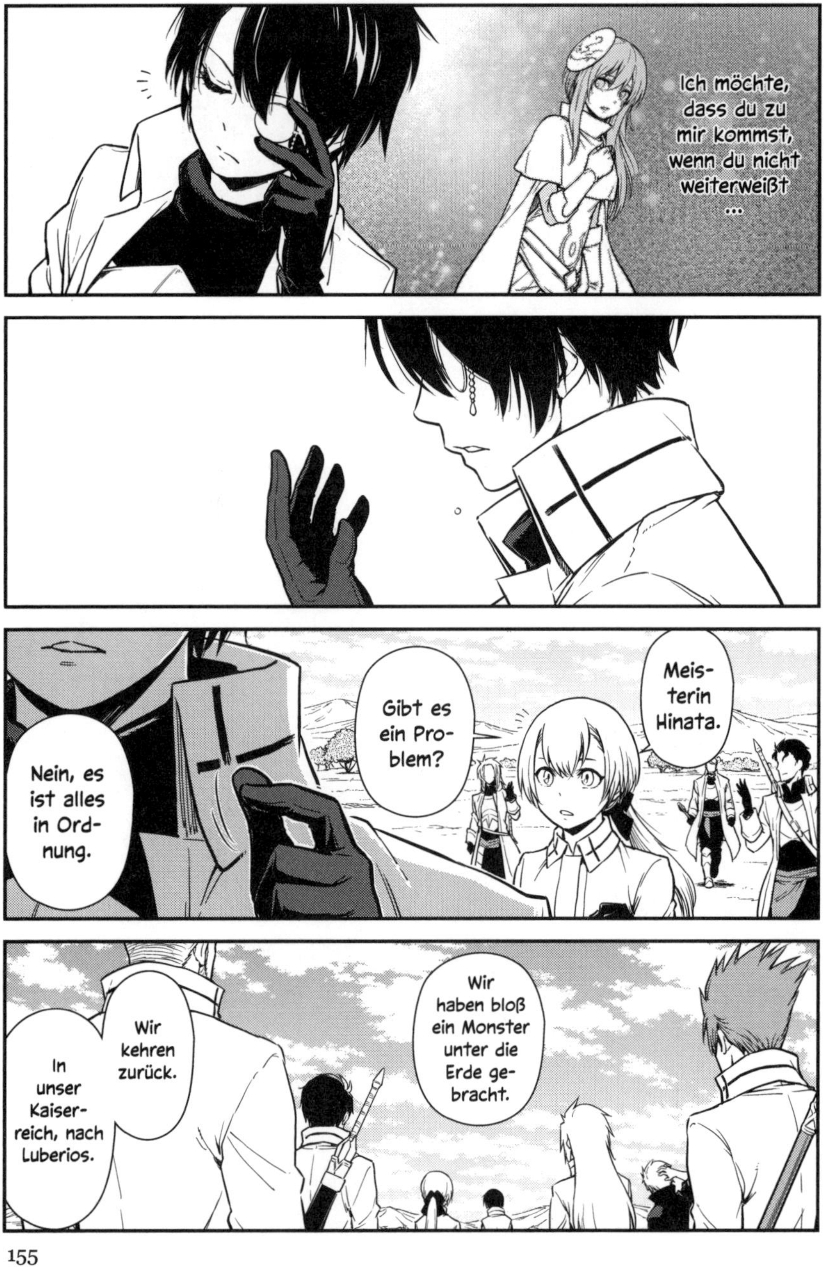
Ich möchte, dass du zu mir kommst, wenn du nicht weiterweißt …
Meis- terin Hinata.
Gibt es ein Pro- blem?
Nein, es ist alles in Ord- nung.
Wir haben bloß ein Monster unter die Erde ge- bracht.
Wir kehren zurück.
In unser Kaiser- reich, nach Luberios.

Der verwitwete Drache

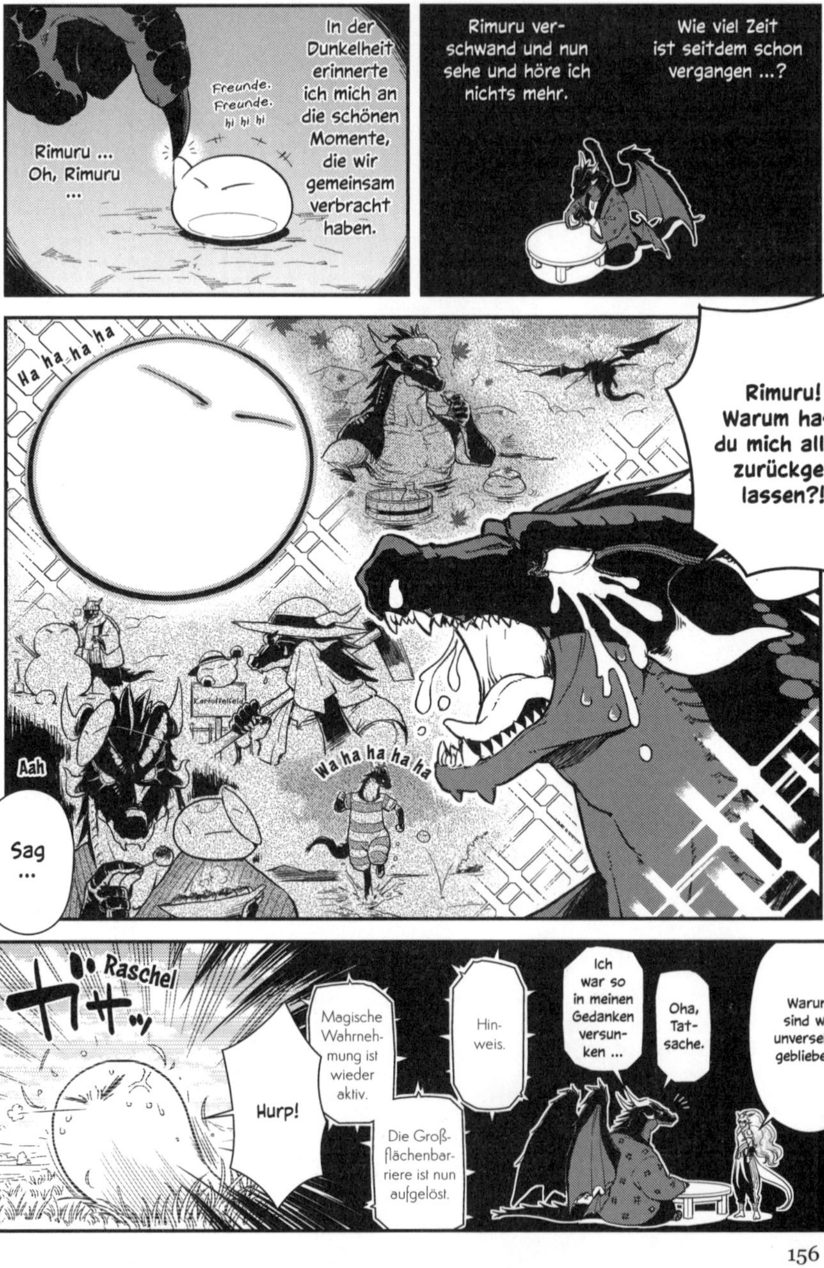

Rimuru verschwand und nun sehe und höre ich nichts mehr.
Wie viel Zeit ist seitdem schon vergangen ...?
In der Dunkelheit erinnerte ich mich an die schönen Momente, die wir gemeinsam verbracht haben.
Freunde. Freunde. hi hi hi
Rimuru ... Oh, Rimuru ...
Rimuru! Warum hast du mich allein zurückgelassen?!
Ha ha ha ha
Wa ha ha ha ha
Kartoffelfeld
Aah
Sag ...
Warum sind wir unversehrt geblieben?
Oha, Tatsache.
Ich war so in meinen Gedanken versunken ...
Hinweis.
Magische Wahrnehmung ist wieder aktiv.
Die Großflächenbarriere ist nun aufgelöst.
Hurp!
Raschel

Angestaute Sorgen

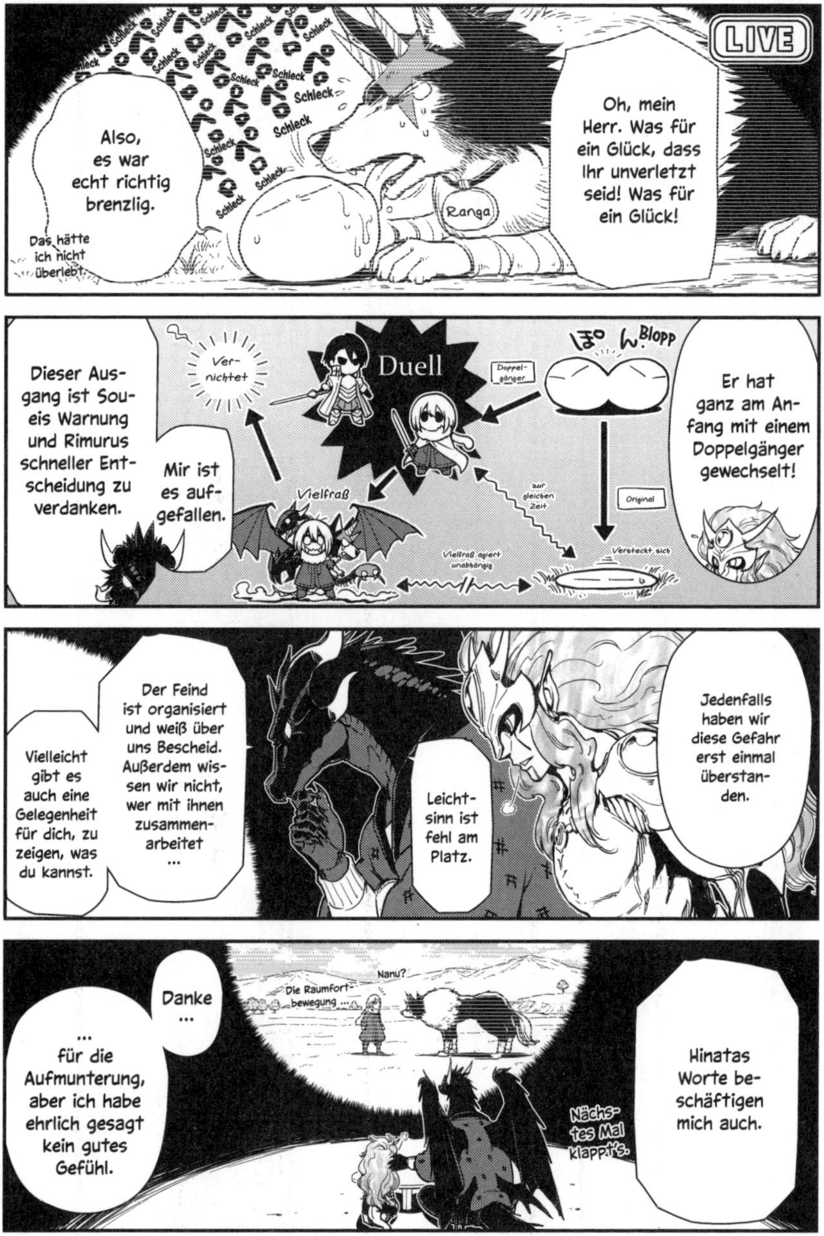
LIVE
Oh, mein Herr. Was für ein Glück, dass Ihr unverletzt seid! Was für ein Glück!
Schleck Schleck Schleck
Ranga
Also, es war echt richtig brenzlig.
Das hätte ich nicht überlebt.
Er hat ganz am Anfang mit einem Doppelgänger gewechselt!
Blopp
Doppelgänger
Original
Versteckt sich
Duell
Vernichtet
zur gleichen Zeit
Vielfraß agiert unabhängig
Vielfraß
Mir ist es aufgefallen.
Dieser Ausgang ist Soueis Warnung und Rimurus schneller Entscheidung zu verdanken.
Jedenfalls haben wir diese Gefahr erst einmal überstanden.
Leichtsinn ist fehl am Platz.
Der Feind ist organisiert und weiß über uns Bescheid. Außerdem wissen wir nicht, wer mit ihnen zusammenarbeitet …
Vielleicht gibt es auch eine Gelegenheit für dich, zu zeigen, was du kannst.
Hinatas Worte beschäftigen mich auch.
Nächstes Mal klappt's.
Nanu?
Die Raumfortbewegung …
Danke …
… für die Aufmunterung, aber ich habe ehrlich gesagt kein gutes Gefühl.

Ein weiterer Zuschauer

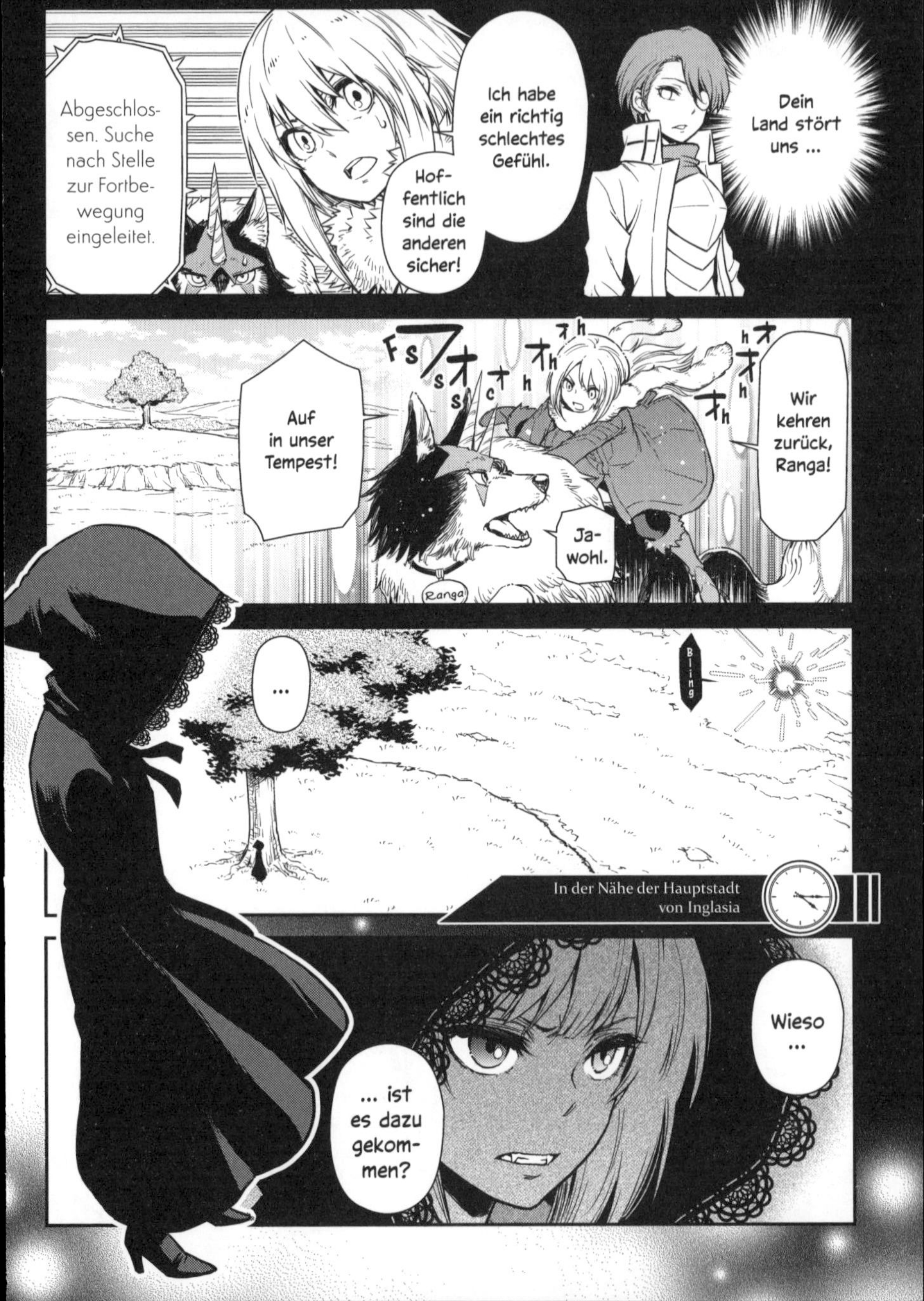
Dein Land stört uns ...
Ich habe ein richtig schlechtes Gefühl.
Hof-fentlich sind die anderen sicher!
Abgeschlos-sen. Suche nach Stelle zur Fortbe-wegung eingeleitet.
Wir kehren zurück, Ranga!
Ja-wohl.
Ranga
Auf in unser Tempest!
Fs
Bling
...
In der Nähe der Hauptstadt von Inglasia
Wieso ...
... ist es dazu gekom-men?

Besonderer Dank an:

Fuse: Story

Mitz Vah: Character Design

Kawakami Taiki: Hauptmanga

Sho Okagiri: *Der Schleim-Reiseführer in das Land der Dämonen*

Tae Tono: Ibun – *Makoku Gurashi no Trinity*

Chacha: *Tenchura!*

Moryo: Kinderroman

Anime: *Die Schleim-Tagebücher*

Alle Mitarbeiter, Synchronsprecher und Beteiligten

Alle in der Redaktion von Sirius

Und alle, die diesen
Band im Anschluss
an den vorigen gelesen haben.

Vielen Dank!

Auf dass wir uns im wilden Tempest oder
den umliegenden Ländern wiedersehen!

Mai 2022, Shiba

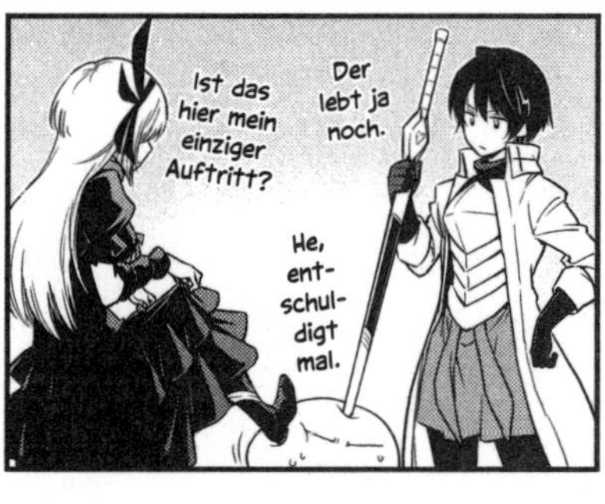
Der lebt ja noch.
Ist das hier mein einziger Auftritt?
He, ent-schul-digt mal.

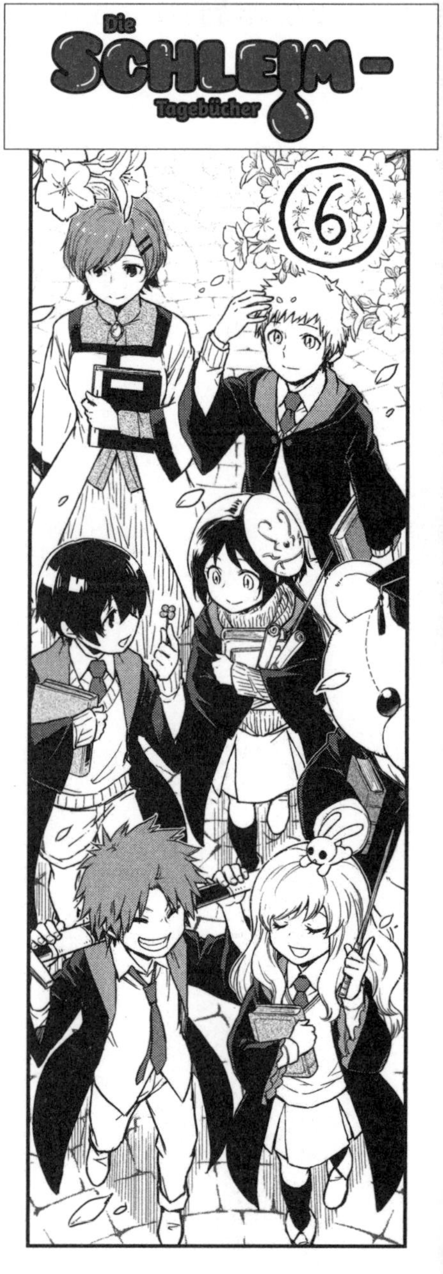
Die SCHLEIM-Tagebücher
6

altraverse

Deutsche Ausgabe / German Edition
Altraverse GmbH – Hamburg 2023
Aus dem Japanischen von Anja Truong und Jan Lukas Kuhn

TENSURA NIKKI TENSEI SHITARA SLIME DATTA KEN
© 2022 Fuse, Shiba. All rights reserved.
First published in Japan in 2022 by Kodansha Ltd., Tokyo.
Publication rights for this German edition arranged
through Kodansha Ltd., Tokyo.

KODANSHA

Redaktion: Johannes Marschallek, Jörg Bauer
Herstellung: Vivien Bergau
Lettering: Vibrant Publishing Studio

Druck: CPI books GmbH, Leck
Printed in Germany

MIX Papier FSC® C083411

Alle deutschen Rechte vorbehalten.
ISBN 978-3-7539-1279-0
1. Auflage 2023

www.altraverse.de